SÉRIE DE SERMÕES — C. H. SPURGEON

SERMÕES DE
SPURGEON
SOBRE O
SERMÃO DO MONTE

SÉRIE DE SERMÕES — C. H. SPURGEON

SERMÕES DE
SPURGEON
SOBRE O
SERMÃO DO MONTE

C. H. SPURGEON

Sermões de Spurgeon sobre o Sermão do Monte
por Charles Haddon Spurgeon
Sermões compilados por Dayse Fontoura
Copyright © 2021 Publicações Pão Diário
Todos os direitos reservados.

Coordenação editorial: Dayse Fontoura
Tradução: Dayse Fontoura
Revisão: Dalila de Assis, Lozane Winter, Rita Rosário
Projeto gráfico e capa: Audrey Novac Ribeiro
Diagramação: Audrey Novac Ribeiro

Dados Internacionais de Catalogação na Publicação (CIP)

Spurgeon, Charles Haddon, 1834–92.
Sermões de Spurgeon sobre o Sermão do Monte, Charles Haddon Spurgeon.
Tradução: Dayse Fontoura — Curitiba/PR, Publicações Pão Diário.
1. Teologia prática   2. Religião prática   3. Vida cristã
4. Bíblia   5. História da Igreja   6. Sermão do Monte

Proibida a reprodução total ou parcial sem prévia autorização, por escrito, da editora. Todos os direitos reservados e protegidos pela Lei 9.610, de 19/02/1998.
Permissão para reprodução: permissao@paodiario.com

Exceto quando indicado o contrário, os trechos bíblicos mencionados são da edição Revista e Corrigida de João F. de Almeida © 2009 Sociedade Bíblica do Brasil.

Publicações Pão Diário
Caixa Postal 4190,
82501-970 Curitiba/PR, Brasil
publicacoes@paodiario.org
www.publicacoespaodiario.com.br
Telefone: (41) 3257-4028

UT487
ISBN: 978-65-86078-78-7

1.ª edição: 2021 • 2.ª impressão: 2022

Impresso na China

SUMÁRIO

Apresentação.. 7

1. As bem-aventuranças
   (Mateus 5:1-12) 9
2. A primeira bem-aventurança
   (Mateus 5:3) 31
3. A terceira bem-aventurança
   (Mateus 5:5) 53
4. A quarta bem-aventurança
   (Mateus 5:6) 71
5. A quinta bem-aventurança
   (Mateus 5:7) 89
6. A sexta bem-aventurança
   (Mateus 5:8) 109
7. O pacificador
   (Mateus 5:9) 129
8. Um padrão celestial para nossa vida na Terra
   (Mateus 6:10) 151
9. "E não nos induzas à tentação"
   (Mateus 6:13) 173
10. A perpetuidade da lei de Deus
    (Mateus 5:18) 195

11. "Batei!"
   (Mateus 7:7) 217
12. O desconhecido
   (Mateus 7:21-23) 239
13. Os dois construtores e suas casas
   (Mateus 7:24-27) 257

APRESENTAÇÃO

Jesus ainda estava no início de Seu ministério terreno. Seus primeiros discípulos estavam sendo escolhidos, os primeiros milagres públicos se multiplicavam diante de multidões carentes. Como um pregador itinerante, Cristo percorria todo o território da Galileia atraindo ouvintes sedentos pela verdade. De repente, Ele para e observa atentamente a aglomeração que não para de se avolumar ao Seu redor e os atrai para o alto de uma montanha. Lá, Ele profere Seu primeiro discurso público registrado nos evangelhos.

A importância do Sermão do Monte para a história da Igreja e para as doutrinas cristãs é imensurável. Em um paralelo bem observado por Spurgeon, quando Deus firmou a Aliança no Antigo Testamento, Ele o fez sobre o monte Sinai. Agora, era o tempo da Nova Aliança, aquela que seria firmada pelo sangue de Jesus e com caráter eterno. O Mestre dos mestres conduz Seus seguidores a um novo monte, onde não há limites para que as pessoas se aproximem dele. A Lei do Sinai é pessoalmente interpretada pelo Legislador. A riqueza de seu significado é esclarecida por Aquele que a estabeleceu. Os alicerces sobre os quais a fé cristã se firmaria estavam sendo estabelecidos.

É crucial que os filhos de Deus meditem nessas palavras de Jesus, que as entendam, que as ruminem em seu coração e as convertam em prática que lhes traga a necessária resistência contra os dias maus que enfrentamos deste lado da eternidade, como aquele homem que construiu sua casa sobre a rocha.

Os sermões de Charles Spurgeon que você lerá neste volume o conduzirão a uma jornada reflexiva sobre a profundidade dessa mensagem de Cristo e o efeito que Deus planejou que elas tivessem sobre sua vida. Não há nada confortável em ser confrontado com os próprios pecados e erros, mas muitas vezes precisamos passar por esse bisturi divino para que tudo aquilo que há em nós que não glorifica a Deus seja eliminado, para que a obra de santificação avance em nosso ser.

Nosso intuito é que você, ao concluir sua leitura, esteja tão impressionado pelas novas percepções deste sermão mais famoso do mundo quanto a audiência original: "Quando Jesus acabou de proferir estas palavras, estavam as multidões maravilhadas da sua doutrina; porque ele as ensinava como quem tem autoridade…" (Mateus 7:28-29 ARA).

Boa leitura!

Dos editores

1

AS BEM-AVENTURANÇAS[1]

Jesus, vendo a multidão, subiu a um monte, e, assentando-se, aproximaram-se dele os seus discípulos; e, abrindo a boca, os ensinava, dizendo: Bem-aventurados os pobres de espírito, porque deles é o Reino dos céus; bem-aventurados os que choram, porque eles serão consolados; bem-aventurados os mansos, porque eles herdarão a terra; bem-aventurados os que têm fome e sede de justiça, porque eles serão fartos; bem-aventurados os misericordiosos, porque eles alcançarão misericórdia; bem-aventurados os limpos de coração, porque eles verão a Deus; bem-aventurados os pacificadores, porque eles serão chamados filhos de Deus; bem-aventurados os que sofrem perseguição por causa da justiça, porque deles é o Reino dos céus; bem-aventurados sois vós quando vos injuriarem, e perseguirem, e, mentindo, disserem todo o mal contra vós, por minha causa. Exultai e alegrai-vos, porque é grande o vosso galardão nos céus; porque assim perseguiram os profetas que foram antes de vós. (Mateus 5:1-12)

---

[1] Este sermão foi pregado no Metropolitan Tabernacle em 1873.

Aproveita-se melhor um sermão quando se sabe algo sobre o *pregador*. É natural que, como João em Patmos, voltemo-nos para ver de quem é a que voz fala conosco. Voltem-se aqui, então, e aprendam que o Cristo de Deus é o pregador do Sermão do Monte! Aquele que proferiu as Bem-aventuranças não era apenas o Príncipe dos Pregadores, mas Ele era, acima de todos os demais, qualificado para discursar sobre o *assunto* que escolhera. Jesus, o Salvador, era o mais capacitado para responder à pergunta: "Quem é o salvo?". Sendo Ele mesmo o próprio eternamente bendito Filho de Deus e o canal de todas as bênçãos, estava mais habilitado para nos informar quem são, sem dúvida, os benditos do Pai. Como juiz, será atribuição Sua separar os benditos dos malditos no final e, portanto, é apropriado que, pela majestade do evangelho, Ele declarasse o princípio desse julgamento, para que todo homem esteja previamente avisado.

Não caia no erro de supor que os versículos de abertura do Sermão do Monte expõem sobre como seremos salvos, ou poderá fazer sua alma tropeçar. Você encontrará mais luz sobre esse tópico em outras partes do ensinamento de nosso Senhor, porém aqui Ele discursa sobre a questão: "*Quem* são os salvos?" ou, "Quais são as marcas e evidências da obra da graça na alma?". Quem conheceria os salvos tão bem quanto o Salvador? O pastor discerne melhor as ovelhas que são suas, e o Senhor, e somente Ele, conhece infalivelmente aqueles que são Seus. Podemos considerar as marcas dos benditos expostas aqui como sendo as testemunhas certeiras da verdade, pois foram promulgadas por Aquele que não comete erros, que não pode ser enganado e que, como o Redentor deles, conhece os que são Seus. As Bem-aventuranças derivam muito de seu peso da sabedoria e glória daquele que as pronunciou, assim, desde o início, sua atenção é chamada para esse fato. Lange diz que "o homem é a boca da criação, e Jesus a boca da humanidade". Contudo, nesse caso, preferimos pensar em Jesus como a boca da divindade e receber cada palavra Sua como envolta de poder infinito!

A ocasião desse sermão é notável! Foi pregado quando nosso Senhor foi descrito como "vendo a multidão". Ele aguardou até que a congregação, ao Seu redor, chegasse a seu número máximo e estivesse muito impressionada com Seus milagres — então aproveitou a maré, como todo sábio faria. A visão de uma grande afluência de pessoas sempre deve nos mover à compaixão, pois ela representa a massa de ignorância, pesar, pecado e de necessidade tão imensa que é difícil de se calcular. O Salvador olhou para as pessoas com olhos oniscientes que enxergaram toda sua triste condição. Ele *viu* a multidão em sentido enfático e Sua alma se comoveu dentro dele diante dessa visão. Sua empatia não foi como as lágrimas efêmeras de Xerxes quando pensou na morte de sua miríade armada. Pelo contrário, foi empatia prática pelas multidões da humanidade. Ninguém se importava com elas — estavam como ovelha sem pastor, como grãos de trigo prontos para serem incinerados pela falta de ceifeiros para os recolher. Portanto, Jesus se apressou em seu resgate. Ele percebe, sem dúvida, com prazer, a avidez da multidão para ouvir — e isso o incitou a falar. Um escritor mencionado na Catena Áurea[2] disse de forma apropriada: "Todo homem se alegra quando vê uma oportunidade de exercer seu próprio ofício ou profissão. O carpinteiro, se vê uma bela árvore, deseja derrubá-la para que possa empregar suas habilidades sobre ela. O mesmo com o pregador, quando vê uma grande congregação, regozija-se em seu coração e se alegra pela ocasião de ensinar". Se os homens se tornarem negligentes para ouvir, e nosso público se reduzir a um punhado de pessoas, será grande nossa agonia ao lembrar que, quando muitos estavam ávidos por aprender, nós não fomos diligentes em pregar para eles. Aquele que não ceifa quando os campos estão brancos para a colheita terá de culpar apenas a si próprio se, em outras estações, não puder encher seus braços com os feixes!

---

[2] Coleção de comentários de Tomás de Aquino sobre os evangelhos.

As oportunidades deveriam ser prontamente usadas sempre que o Senhor as colocar em nosso caminho. É bom pescar onde há muito peixe, e quando os pássaros se reúnem ao redor do caçador, é tempo de ele espalhar suas redes!

O local onde essas bem-aventuranças foram apregoadas é quase igualmente notório. "Jesus, vendo a multidão, subiu *a um monte*". Quer a montanha escolhida seja ou não esta que agora é conhecida como os Cornos de Hattin[3], não é um argumento que esteja ao nosso alcance contestar. Ele ter subido uma elevação é suficiente para nosso propósito. Naturalmente, foi assim principalmente por causa da acomodação que a escarpa de uma montanha permitiria às pessoas e da prontidão com que o pregador poderia se sentar sobre um rochedo saliente para ser ouvido e visto. No entanto, cremos que o local escolhido para essa reunião também traz uma lição. Doutrinas exaltadas podem bem ser simbolizadas por uma escalada a um monte. Que cada ministro sinta que deve ascender em espírito, em qualquer proporção, quando estiver para abordar os sublimes temas do evangelho! Uma doutrina que não pôde ser ocultada e que produziria uma igreja comparável a uma cidade estabelecida sobre um monte muito apropriadamente começou a ser proclamada de um lugar visível! Uma cripta ou caverna sem dúvida não seria o lugar certo para uma mensagem que deve ser anunciada dos telhados e pregada a toda criatura debaixo do céu!

Além disso, as montanhas sempre estiveram associadas com distintas eras na história do povo de Deus. O monte Sinai é sagrado para a Lei de Deus, e o monte Sião é simbólico à Igreja. O Calvário também foi, no devido tempo, ligado à redenção, e o monte das Oliveiras com a ascensão do Senhor ressurreto. Era apropriado, portanto, que a abertura do ministério do Redentor estivesse ligada a uma montanha como "o monte das Bem-aventuranças". Foi de uma

---

[3] Pequeno conjunto de montanhas que se localiza a oeste do mar da Galileia.

montanha que Deus proclamou a Lei. É sobre uma montanha que Jesus a expõe! Graças a Deus não foi uma montanha ao redor da qual se estabeleceram limites — não foi esta que ardeu com o fogo do qual Israel retrocedeu em temor! Sem dúvida, ela estava toda forrada por grama e enfeitada com belas flores — sobre sua escarpa floresciam a oliveira e a figueira em abundância, com exceção onde as rochas se pronunciavam por entre a relva e entusiasticamente convidavam seu Senhor para as honrar fazendo delas Seu púlpito e trono! Não deveria eu acrescentar que Jesus sentia profunda afinidade pela natureza e, assim, alegrava-se num auditório cujo assoalho fosse o gramado e cuja abóboda fosse o céu azul? O espaço aberto estava em consonância com Seu grande coração! A brisa era familiar ao Seu espírito livre, o mundo ao redor estava cheio de símbolos e parábolas que confirmavam as verdades de Deus que Ele ensinava. Melhor do que um extenso corredor ou fileira sobre fileira de uma galeria lotada era o local de reunião na encosta verdejante! Quem dera Deus nos permitisse ouvir mais sermões em cenários inspirativos para nossa alma! Certamente o pregador e o ouvinte seriam igualmente beneficiados pela mudança da casa construída por homens para o templo natural criado por Deus!

Havia ensinamento na *postura* do pregador. "…e, assentando-se", Ele começou a falar. Não achamos que tenha sido cansaço ou que a duração do discurso sugeria que se sentasse. Com frequência, Ele ficava em pé ao pregar sermões consideravelmente longos. Inclinamo-nos a crer que, quando Ele se tornou o pleiteante com os filhos dos homens, ficou de pé com mãos estendidas, eloquente dos pés à cabeça — suplicando, implorando e exortando com cada membro do Seu corpo, bem como com cada faculdade de Sua mente. Contudo, agora que estava, por assim dizer, como um juiz concedendo as bênçãos do reino, ou como um Rei em Seu trono separando Seus verdadeiros súditos dos forasteiros e estrangeiros, Ele estava assentado. Como um professor cheio de autoridade, Ele ocupava oficialmente a cadeira da doutrina e falava *ex cathedra*[4], como dizem, como um Salomão atuando como o mestre das assembleias ou um Daniel no julgamento! Sentou-se como um refinador, e Sua palavra era o fogo.

Sua postura não é considerada pelo fato de que era costume oriental os mestres sentarem e os alunos permanecerem em pé, pois nosso Senhor era mais do que um professor didático — Ele era um pregador, um profeta e um pleiteante — e, consequentemente, adotava atitudes diferentes quando cumpria esses papéis. No entanto, nessa ocasião Ele se sentou em Seu lugar como o Rabi da Igreja, o distinto legislador do reino do Céu, o monarca no meio de Seu povo. Chegue aqui e ouça o Rei em Jeshurun[5], o autor da Lei, não entregando os Dez Mandamentos, mas sete, ou, se preferir, as nove Bem-aventuranças de Seu bendito reino!

Depois acrescenta-se "abrindo a boca", para indicar o *estilo* de Seu discurso. E alguns críticos de inteligência superficial perguntam: "Como Ele poderia ensinar sem abrir a boca?". A esses, a resposta é que Ele muitas vezes ensinava, e ensinava muito, sem dizer uma palavra já que a totalidade de Sua vida era um ensinamento, e Seus milagres e obras de amor eram lições de um instrutor magistral. Não é supérfluo dizer que "abrindo a boca, os ensinava", pois Ele os ensinara muitas vezes quando Sua boca permanecia fechada. Além disso, os cristãos professores frequentemente se encontram entre aqueles que raramente abrem a sua boca — eles sibilam o evangelho eterno por entre os dentes ou o resmungam dentro de sua boca como se nunca lhes tivesse sido ordenado: "Clama a plenos pulmões, não te detenhas"! Jesus Cristo falou como um homem em sofreguidão. Enunciou claramente e falou bem alto. Ergueu Sua voz como uma trombeta e publicou a salvação em alto e bom som — como um homem que

---

[4] Termo latino, de origem Católica Romana, em referência às decisões tomadas pelo papa de seu trono. Utilizado como figurativo de uma pessoa que fala com conhecimento e autoridade de doutor no assunto.
[5] Nome poético para Israel usado na Bíblia hebraica, que é símbolo de afeição.

tivesse algo a dizer e desejava que Seu público ouvisse e sentisse! Ó, que o modo e a voz daqueles que pregam o evangelho fossem tal que evidenciasse seu zelo por Deus e seu amor pelas almas! Deveria ser assim, mas nem sempre é. Quando um homem cresce terrivelmente em avidez enquanto fala, sua boca parece alargar-se em empatia com seus ouvintes — essa característica tem sido observada em veementes oradores políticos —, e os mensageiros de Deus deveriam corar se tal característica não for encontrada em sua vida!

"Abrindo a boca, os ensinava" — não temos aqui uma dica a mais de que, assim como Ele em dias passados abrira a boca de Seus santos profetas, agora abre Sua própria boca para inaugurar uma revelação de Deus ainda mais plena? Se Moisés falou, quem criou a sua boca? Se Davi cantou, quem abriu seus lábios para que proclamasse os louvores a Deus? Quem abriu a boca dos profetas? Não foi o Senhor, por Seu Espírito? Portanto, não é bem dito que agora Ele abria Sua própria boca e falava diretamente como o Deus encarnado aos filhos dos homens? Agora, por Seu poder e inspiração inerentes, Ele começou a falar, não por intermédio da boca de Isaías, ou de Jeremias, mas por Sua própria! Havia nesse momento uma fonte de sabedoria, cujo selo seria abcrto, da qual todas as gerações beberiam regozijando! Agora o mais majestoso e, ainda assim, o mais simples de todos os discursos seria ouvido pela humanidade! A abertura da fonte que fluiu da rocha no deserto não estava nem metade tão cheia de alegria para os homens! Que a nossa oração seja: "Senhor, assim como abriste Tua boca, abre nosso coração", pois, quando os lábios do Redentor se abrem com bênçãos — e nosso coração está aberto e desejoso —, o resultado será um preenchimento glorioso com toda a plenitude! E então nossa boca será aberta para declarar nossos louvores ao nosso Redentor!

Consideremos, neste momento, as Bem-aventuranças em si, crendo que, pelo auxílio do Espírito de Deus, perceberemos sua riqueza de significado santo. Não há palavras em todo o conjunto dos escritos sagrados que sejam mais preciosas ou mais carregadas de significado solene.

A primeira palavra do grande sermão de nosso Senhor sobre padrões é "bem-aventurado". Vocês não erraram ao notar que a última palavra do Antigo Testamento é "maldição", e é sugestivo que o sermão de abertura do ministério de nosso Senhor comece com a palavra "bem-aventurado". Não foi que Ele tivesse começado dessa maneira e depois, imediatamente, mudado Seu tom, pois essa palavra encantadora sai de Seus lábios nove vezes em rápida sucessão. Já foi dito apropriadamente que os ensinamentos de Cristo podem bem ser resumidos em duas palavras: "Creia" e "abençoado". Marcos nos diz que Ele pregava, dizendo: "arrependei-vos e crede no evangelho". E Mateus nos informa que Ele veio e disse: "Bem-aventurados os pobres de espírito". Todo Seu ensinamento era para abençoar os filhos dos homens, pois "Deus enviou o seu Filho ao mundo, não para que julgasse o mundo, mas para que o mundo fosse salvo por ele". —

Suas mãos não emitem trovões,
Nem terrores cobrem Sua fronte!
Não há raios para dirigir nossas almas culpadas
Às ardentes chamas infernais no horizonte.

Seus lábios, como um favo de mel, destilam doçura. As promessas e bênçãos fluem de Sua boca. "…nos teus lábios se extravasou a graça", disse o salmista, e consequentemente a graça emana de Seus lábios! Ele era bendito para sempre e continuou a distribuir bênçãos por toda Sua vida, até que "enquanto os abençoava, ia-se retirando deles, sendo elevado para o céu". A Lei teve dois montes, o Ebal e o Gerizim — um para a bênção e o outro para a maldição —, mas o Senhor Jesus abençoa eternamente e não amaldiçoa.

As Bem-aventuranças diante de nós, relacionadas ao caráter, são sete. A oitava é uma bendição sobre as pessoas descritas nas sete

Bem-aventuranças quando sua excelência tiver provocado a hostilidade dos perversos e, assim, seja tomada como confirmação e resumo das sete bênçãos que a precederam. Colocando-a de lado então, como um resumo, consideramos as Bem-aventuranças como sendo em número de 7 e falaremos delas como tal. *Todas elas descrevem o caráter perfeito e perfazem a perfeita bendição.* Cada Bem-aventurança é, separadamente, preciosa, sim, mais preciosa que o ouro muito refinado. Contudo, fazemos bem em tomá-las como um todo, pois foi assim que foram pronunciadas, e desse ponto de vista são uma corrente maravilhosamente perfeita de sete elos unidos com tal acabamento artístico como somente o Bezalel[6] celestial, o Senhor Jesus, possuía! Tal conhecimento na arte de abençoar não pode ser encontrado em qualquer outro lugar. Os estudiosos reuniram 288 opiniões diferentes dos antigos com relação à felicidade — e não há uma sequer que acerte o alvo! Mas nosso Senhor, pronunciando poucas frases, disse-nos tudo sobre isso sem usar sequer uma palavra redundante, ou permitir a mais ligeira omissão! As sete frases áureas são perfeitas como um todo, e cada uma ocupa seu lugar adequado. Juntas são uma escada de luz —, e cada uma é um degrau de puro fulgor solar!

Observe cuidadosamente e verá que *cada uma se ergue sobre aquela que a precede*. A primeira Bem-aventurança não é, de forma alguma, mas elevada do que a terceira, nem a terceira do que a sétima. Há um grande avanço do pobre de espírito até o puro de coração e o pacificador. Eu disse que elas se elevam, mas seria igualmente correto dizer que elas *descendem*, pois, do ponto de vista humano, elas o fazem — chorar está um degrau abaixo, embora acima de ser humilde de espírito. E o pacificador, mesmo sendo a forma mais elevada de um cristão, verá a si mesmo sendo convocado a tomar o lugar mais degradante por amor à paz. "As Bem-aventuranças marcam um aprofundamento em *humilhação* e um crescimento em *exaltação*." Na

---

[6] Êxodo 31:1-5.

proporção que os homens se elevam na recepção da bênção divina, eles afundam em sua própria estima e consideram honra realizar os trabalhos mais humildes.

Não somente as Bem-aventuranças se elevam umas sobre as outras, mas também *brotam umas das outras* como se cada uma dependesse das que a precederam. Cada broto alimenta outro broto mais elevado, e o sétimo é produto de todos os outros seis! As duas primeiras Bem-aventuranças que consideraremos primeiramente têm essa relação. "Bem-aventurados os que choram" brota de "Bem-aventurados os pobres de espírito". Por que eles choram? Porque são "pobres de espírito". "Bem-aventurados os mansos" é uma bênção que nenhum homem atingirá até que tenha sentido sua pobreza espiritual e chorado sobre ela. "Bem-aventurados os misericordiosos" segue a bênção do manso porque os homens não adquirem o espírito perdoador, compassivo e misericordioso até que tenham se tornado mansos pela experiência com as duas primeiras bênçãos. Essa mesma elevação e brotamento podem ser vistos em todas as sete. As pedras foram colocadas, uma sobre a outra, em belas cores e polidas à semelhança de um palácio — são a sequência natural e se completam umas às outras — como os sete dias da primeira semana do mundo.

Observem, também que, nessa escada de luz, embora cada degrau esteja acima do outro e brotem um do outro, ainda assim *cada um é perfeito em si* e contém em si uma bênção inestimável e completa. O menor entre os abençoados, a saber, o humilde de espírito, tem sua bênção peculiar e, certamente, ela é de tal ordem que é usada como o resumo de todas as demais! "…deles é o reino do céu" é tanto a primeira quanto a oitava bendição. Dos de caráter mais elevado, isto é, dos pacificadores, que são chamados filhos de Deus, não se diz que sejam mais do que abençoados — sem dúvida eles desfrutam mais da bênção, mas não possuem mais de provisão da aliança.

Perceba também, com alegria, que, *em cada caso, a bem-aventurança está no tempo presente* — uma felicidade a ser desfrutada e na qual se regozijar agora! Não é "bem-aventurado *será*", mas "bem-aventurado *é*". Não há um degrau em toda a experiência divina do fiel — sequer um elo na maravilhosa corrente da divina graça — na qual haja um retraimento do sorriso divino ou uma ausência da verdadeira felicidade! Bem-aventurado é o primeiro momento da vida cristã na Terra — e bem-aventurado o último! Bendita é a fagulha que tremula no pavio, e bendita a chama que sobe aos Céus em santo êxtase! Bendita é a cana ferida, e bendita é a árvore do Senhor que é cheia de seiva, o cedro do Líbano, que o Senhor plantou! Bem-aventurado é o bebê na graça, e bem-aventurado o homem perfeito em Cristo Jesus! Assim como a misericórdia do Senhor dura para sempre, também será com nossa bem-aventurança!

Não devemos falhar em perceber que, nas sete Bem-aventuranças, *a bênção de cada uma é adequada ao caráter*. "Bem-aventurados os pobres de espírito" é apropriadamente ligado ao enriquecimento na posse de um reino mais glorioso do que todos os tronos da Terra! Também é mais apropriado que aqueles que choram sejam consolados. Que os mansos, que renunciam a todo autoengrandecimento, devem desfrutar mais da vida e herdar a Terra. É divinamente conveniente que os que sentem fome e sede de justiça devam ser fartos, e que os que demonstram misericórdia a outros a obtenham para si mesmos! Quem, a não ser os puros de coração, deveria ver o Deus infinitamente puro e santo? E quem, se não os pacificadores, deveria ser chamado de filho do Deus da paz?

No entanto, olhos cuidadosos perceberão que *cada bem-aventurança*, embora adequada, é fraseada *paradoxalmente*. Jeremy Taylor[7] diz: "Elas são tantos paradoxos e impossibilidades reduzidos à razão". Isso é claramente visto na primeira Bem-aventurança, pois os pobres de espírito são descritos como possuindo um reino. E é igualmente

---

[7] Jeremy Taylor (1613–67) foi um clérigo da Igreja Anglicana e celebrado autor inglês, descrito por muitos como o Shakespeare da teologia.

vívida toda essa coleção como um todo, pois ela se refere à felicidade e, mesmo assim, o pobre lidera o comboio, e a perseguição evoca a retaguarda! A pobreza é o oposto de riquezas e, mesmo assim, quão ricos são os que possuem um reino! E da perseguição espera-se que destrua o deleite, mas aqui ela se torna objeto de júbilo! Veja a arte sagrada daquele que falou como jamais um homem havia falado! Ele consegue, ao mesmo tempo, fazer Suas palavras simples e paradoxais — com isso ganhando nossa atenção e instruindo nosso intelecto. Tal pregador merece os ouvintes mais atentos.

Todas as Bem-aventuranças que compõem essa ascensão celestial à casa do Senhor conduzem os fiéis a uma mesa elevada sobre a qual habitam sozinhos e não são contados entre o povo. Sua separação santa deste mundo lhes traz perseguição por causa da retidão, mas nisso eles não perdem sua alegria; ao contrário, veem-na aumentada e confirmada pela dupla repetição da bendição! O ódio dos homens não priva os santos do amor de Deus — até mesmo os injuriadores contribuem com a sua bem-aventurança! Quem, dentre nós se envergonhará da cruz que deve estar acompanhada com uma coroa de bondade e ternas misericórdias? Quaisquer que sejam as maldições dos homens, elas são apenas um pequeno inconveniente à consciência de ser bem-aventurado sete vezes mais pelo Senhor, que não podem ser comparadas com a graça já revelada em nós!

Por enquanto, pausaremos aqui e, com a ajuda de Deus, consideraremos uma das Bem-aventuranças em nossa próxima homilia.

EXPOSIÇÃO POR C. H. SPURGEON
MATEUS 5:1-30

Jesus, vendo a multidão, subiu a um monte, e, assentando-se, aproximaram-se dele os seus discípulos; e, abrindo a boca, os ensinava, dizendo... (vv.1,2). Nosso Salvador logo reuniu uma congregação. As multidões perceberam nele o amor por elas e a disposição de lhes conceder bênçãos. Portanto, reuniram-se ao redor dele. Jesus escolheu a montanha e o ar livre para entregar esse grande discurso — e nos alegraríamos de encontrar tal local para nossas assembleias —, mas em nosso clima instável não o podemos. "...e assentando-se". O pregador sentou-se e o povo permaneceu de pé. Poderíamos fazer uma mudança útil se, de vez em quando, adotássemos um plano semelhante. Temo que a comodidade da postura pode contribuir para o surgimento de uma letargia de coração nos ouvintes. Lá, Cristo assenta e "aproximaram-se dele os seus discípulos". Eles formavam o círculo íntimo que sempre estava próximo a Ele, e a estes Jesus comunicou Seus diletos segredos. Porém, Ele também falou à multidão, por isso se diz "abrindo a boca", como fazia sempre que houvesse grandes verdades de Deus para dela proceder e multidão tão vasta para o ouvir! "...abrindo a boca, os ensinava, dizendo...".

Bem-aventurados os pobres de espírito, porque deles é o Reino dos céus... (v.3). Este é um grande começo para o discurso do Salvador: "Bem-aventurados são os pobres". Ninguém jamais considerou os pobres como Jesus, porém aqui Ele falava da pobreza de espírito, uma sujeição de coração, a ausência de autoestima. Onde esse tipo de espírito for encontrado, é doce a pobreza! "Bem-aventurados os pobres de espírito, porque deles é o Reino dos céus".

...bem-aventurados os que choram, porque eles serão consolados (v.4). Há uma bênção que sempre acompanha o choro em si, mas, quando a

tristeza é de procedência *espiritual* — prantear o pecado —, então, ela é certamente abençoada!

> *Pai, que eu não pranteie senão pelo pecado*
> *E diante de ninguém, a não ser do Senhor.*
> *E que assim eu seja — como deveria —*
> *Um constante pranteador!*

...bem-aventurados os mansos... (v.5). Os de espírito tranquilo, os gentis, os que se autossacrificam.

...porque eles herdarão a terra... (v.5). Parece que eles serão expulsos do mundo, mas não serão porque "herdarão a terra". Os lobos devoram as ovelhas, mesmo assim há mais ovelhas do que lobos. E as ovelhas continuam a se multiplicar e a se alimentar em pastos verdejantes.

...bem-aventurados os que têm fome e sede de justiça... (v.6). Os que anseiam por serem santos, que desejam ardentemente servir a Deus, ansiosos por espalhar cada reto princípio — esses são benditos!

...porque eles serão fartos; bem-aventurados os misericordiosos (vv.6,7). Aqueles que são bondosos, generosos, solidários, prontos a perdoar quem os feriu — esses são bem-aventurados.

...porque eles alcançarão misericórdia; bem-aventurados os limpos de coração... (vv.7,8). É uma aquisição muito abençoada ter esse anseio pela pureza que leva a amar tudo o que é casto e santo e ter aversão a tudo o que é questionável e ímpio. Benditos são os de coração puro.

...porque eles verão a Deus... (v.8). Há uma maravilhosa ligação entre o coração e os olhos! Um homem que tenha máculas de impureza

em sua alma não pode ver Deus. Contudo, aqueles que são purificados no coração são purificados na visão também, pois "verão a Deus".

...bem-aventurados os pacificadores... (v.9). Aqueles que sempre encerram uma discussão, se puderem. Os que se expõem para evitar a discórdia.

...porque eles serão chamados filhos de Deus; bem-aventurados os que sofrem perseguição por causa da justiça, porque deles é o Reino dos céus... (vv.9,10). Eles compartilham o "Reino dos céus" com o pobre de espírito! Normalmente são mal falados. Às vezes têm de sofrer o sequestro de seus bens — muitos entregaram sua vida por amor a Cristo. Porém, são verdadeiramente bem-aventurados porque "deles é o Reino dos céus".

...bem-aventurados sois vós quando vos injuriarem, e perseguirem, e, mentindo, disserem todo o mal contra vós, por minha causa (v.11). Prestem atenção, deve ser dito *mentindo*, e deve ser *por causa de Cristo*, se você deseja ser bem-aventurado. Não há bênção em ser mal falado justamente, ou que haja mentira sobre você porque você tem alguma amargura em seu próprio espírito.

Exultai e alegrai-vos, porque é grande o vosso galardão nos céus; porque assim perseguiram os profetas que foram antes de vós (v.12). Você está na verdadeira sucessão profética se alegremente suporta censura desse tipo por amor a Cristo — você prova que tem a marca e o selo daqueles que estão a serviço de Deus!

Vós sois o sal da terra... (v.13). Seguidores de Cristo, vocês são o sal da Terra. Vocês ajudam a preservá-la e dominar a corrupção que há nela!

...e, se o sal for insípido, com que se há de salgar? (v.13). Um cristão professo sem a graça em si — um religioso cuja religião é morta — para que serve? E ele está em uma condição sem esperança. Você pode salgar a carne, mas não pode salgar o sal!

Para nada mais presta, senão para se lançar fora e ser pisado pelos homens (v.13). Há pessoas que creem que você pode ser filho de Deus hoje e filho do diabo amanhã. Depois, novamente filho de Deus e no dia seguinte, filho do diabo. No entanto, creiam-me, não pode ser assim! Se a obra da graça for realmente efetuada por Deus em sua alma, ela durará por toda sua vida! E se não permanecer, isso prova que não é obra de Deus! O Senhor não coloca Suas mãos à obra uma segunda vez! Não há segunda regeneração. Você pode ser nascido de novo, mas não pode nascer de novo vez após vez, como alguns ensinam! Não há qualquer nota nas Escrituras desse tipo. Portanto, alegro-me que a regeneração uma vez verdadeiramente efetuada pelo Espírito de Deus é semente incorruptível que vive e permanece para sempre! No entanto, cuidado, professo, para não ser como o sal que perdeu o sabor e, portanto, não ter mais utilidade.

Vós sois a luz do mundo... (v.14). Cristo jamais considerou a produção de cristãos secretos — cujas virtudes nunca seriam exibidas —, peregrinos que viajariam para o Céu à noite e não seriam vistos por seus companheiros de peregrinação ou qualquer outra pessoa.

...não se pode esconder uma cidade edificada sobre um monte; nem se acende a candeia e se coloca debaixo do alqueire, mas, no velador, e dá luz a todos que estão na casa (vv.14,15). Os cristãos precisam ser vistos e precisam deixar sua luz ser contemplada! Jamais deveriam tentar disfarçá-la. Se você é uma candeia, não tem o direito de estar debaixo do alqueire, ou da cama; seu lugar é no velador, onde sua luz pode ser vista.

Assim resplandeça a vossa luz diante dos homens, para que vejam as vossas boas obras e glorifiquem o vosso Pai, que está nos céus (v.16). Não para que glorifiquem você, mas para que glorifiquem o Pai que está no Céu.

Não cuideis que vim destruir a lei ou os profetas; não vim ab-rogar, mas cumprir. Porque em verdade vos digo que, até que o céu e a terra passem, nem um jota ou um til se omitirá da lei sem que tudo seja cumprido (vv.17,18). Nem o traço do "T" ou o ponto do "i" será extraído da Lei de Deus! Os requisitos dela serão sempre os mesmos — imutavelmente resolutos e nunca diminuídos, nem por coisas tão pequenas quanto "um jota ou til".

Qualquer, pois, que violar um destes menores mandamentos e assim ensinar aos homens será chamado o menor no Reino dos céus; aquele, porém, que os cumprir e ensinar será chamado grande no Reino dos céus. Porque vos digo que, se a vossa justiça não exceder a dos escribas e fariseus... (vv.19,20). Parecia que tinham alcançado o nível mais elevado de justiça — na verdade, eles achavam que haviam superado a marca em vez de estar abaixo dela. Porém, Cristo diz a Seus discípulos: "se a vossa justiça não exceder a dos escribas e fariseus...".

...de modo nenhum entrareis no Reino dos céus (v.20). Essas são palavras solenes de advertência! Deus permita que tenhamos a justiça que excede a dos escribas e fariseus, uma justiça realizada pelo Espírito de Deus, uma justiça de coração e de vida!

Ouvistes que foi dito aos antigos: Não matarás; mas qualquer que matar será réu de juízo (v.21). A antiguidade é frequentemente invocada como autoridade, mas nosso Rei faz pouco caso dos "antigos". Ele começa com uma das alterações deles na Lei de Seu Pai. Haviam acrescentado aos preservados oráculos. A primeira parte do dito que nosso

Senhor citou era divina, mas esse dito fora arrastado para um nível inferior pelo acréscimo da corte humana e da responsabilidade do assassino em lá comparecer. Assim, acabou se tornando mais um provérbio entre os homens do que uma declaração inspirada pela boca de Deus. Seu significado, como pronunciado pelo Senhor, possuía um âmbito mais amplo do que o contido no assassinato em si, de forma que poderia ser trazido diante de um assento de juízo humano. Reduzir um mandamento é comparável a anulá-lo. Também não podemos nos fiar na antiguidade para nos assegurar. É melhor toda a verdade recentemente afirmada do que uma velha mentira em uma língua antiga.

Eu, porém, vos digo que qualquer que, sem motivo, se encolerizar contra seu irmão será réu de juízo, e qualquer que chamar a seu irmão de raca será réu do Sinédrio; e qualquer que lhe chamar de louco será réu do fogo do inferno (v.22). O assassinato está contido na ira, pois desejamos o mal ao objeto de nossa cólera, ou até desejamos que ele não existisse — e isso é matá-lo em desejo. A ira "sem motivo" é proibida pelo mandamento que diz: "Não matarás", pois a cólera injustificada é assassinato no *intento*. Tal ira sem motivação nos coloca sob um juízo mais elevado do que o das cortes policiais judaicas. Deus conhece as emoções das quais os atos de ódio podem brotar e nos chama para prestar contas tanto pelo sentimento de raiva quanto pelo ato de assassinato! As palavras também estão debaixo da mesma condenação — um homem será julgado *pelo que diz para seu irmão*. Chamar um irmão de *raca*, ou sujeito indigno, é matá-lo em sua reputação. E lhe dizer "louco" é assassiná-lo na mais nobre característica de um homem. Dessa forma, tudo está debaixo da mesma condenação que os homens distribuem em seus júris. Sim, e o que é ainda pior: a punição concedida pela corte mais superior do Universo condena os homens ao "fogo do inferno". Assim nosso Senhor e Rei restaura a Lei de Deus à sua força original e nos adverte que denuncia não apenas o ato de assassinato, mas o próprio pensamento, sentimento e palavras que tendem a ferir um irmão ou aniquilá-lo pelo desprezo.

Portanto, se trouxeres a tua oferta ao altar e aí te lembrares de que teu irmão tem alguma coisa contra ti, deixa ali diante do altar a tua oferta, e vai reconciliar-te primeiro com teu irmão, e depois vem, e apresenta a tua oferta (vv.23,24). O fariseu ressaltaria, como uma cobertura para sua maldade, que trouxe um sacrifício para fazer expiação, mas o nosso Senhor pede *primeiramente* que perdoemos nosso irmão e depois que façamos a apresentação da oferta. Precisamos adorar a Deus ponderadamente e, se no curso dessa ponderação lembrarmos que nosso irmão tem algo contra nós, devemos parar. Se prejudicamos alguém, devemos pausar, cessar a adoração e apressar-nos em buscar a reconciliação. Lembramos com facilidade quando temos alguma coisa contra *nosso* irmão, mas agora a memória deve se voltar para outra direção! Somente quando nos lembramos de *nosso* erro e nos reconciliamos, podemos esperar a aceitação do Senhor. A regra é: primeiro a paz com o homem e depois a aceitação de Deus. O santo deve ser percorrido primeiro para depois alcançar o mais santíssimo. Depois de ter a paz estabelecida com nosso irmão, podemos concluir nosso culto ao nosso Pai — e nós o faremos com o coração leve e zelo verdadeiro. Anseio estar em paz com todos os homens antes de tentar adorar a Deus, para que eu não apresente a Ele um sacrifício de tolo.

Concilia-te depressa com o teu adversário, enquanto estás no caminho com ele, para que não aconteça que o adversário te entregue ao juiz, e o juiz te entregue ao oficial, e te encerrem na prisão. Em verdade te digo que, de maneira nenhuma, sairás dali, enquanto não pagares o último ceitil (vv.25,26). Anseie pela paz em todas as disputas. Abandone o conflito antes de começá-lo. Busque acordos pacíficos em todos os processos judiciais. Nos tempos de nosso Senhor, esse era com frequência um meio muito lucrativo e, normalmente, hoje é assim também. Melhor perder seus direitos do que cair nas mãos daquele que o depenará em nome da justiça e o apreenderá enquanto houver qualquer coisa parecida com uma demanda que possa ser contra você ou outro centavo possa lhe ser extraído! Em um país em que a "taxa de justiça" significava usurpação, era sábio ser assaltado e não reclamar. Até mesmo em nosso país, um magro acordo é melhor de que um processo gordo. Muitos procuram a corte para ganhar lá e saem de lá quase tosquiados. Não leve processos raivosos à corte, ao contrário, faça as pazes o mais rápido possível!

Ouvistes que foi dito aos antigos: Não cometerás adultério. Eu porém, vos digo que qualquer que atentar numa mulher para a cobiçar já em seu coração cometeu adultério com ela (vv.27,28). Neste caso, nosso Rei coloca de lado as interpretações humanas dos mandamentos de Deus e faz com que a Lei seja vista em toda sua amplitude espiritual. Ao passo que a tradição tinha confinado a proibição a um ato flagrante de falta de castidade, o Rei mostra que ela proibia os *desejos impuros do coração*. Aqui a Lei divina é mostrada como se referindo não apenas à prática da atividade criminosa, mas até mesmo ao desejo, imaginação ou paixão que sugeririam tal infâmia! Que Rei é esse nosso, que estende Seu cetro sobre o reino de nossa luxúria interior! Quão soberanamente Ele declara: "Eu porém, vos digo"! Quem, a não ser um ser divino, tem autoridade para falar desse modo? Sua palavra é lei. Então é assim que deve ser, visto que Ele aborda o vício em sua origem e proíbe a impureza no coração. Se o pecado não for autorizado na mente, ele jamais será manifesto no corpo! Essa, portanto, é uma maneira muito eficaz de tratar com o mal. Contudo, quão esquadrinhadora é! E quão condenatória! Olhares enviesados, desejos não castos e fortes paixões são a própria essência do adultério — e quem pode alegar ter a vida inteira livre deles? E são essas coisas que maculam o homem. Senhor, afasta-as de minha natureza e faz-me puro interiormente!

Portanto, se o teu olho direito te escandalizar, arranca-o e atira-o para longe de ti, pois te é melhor que se perca um dos teus membros do que todo o teu corpo seja lançado no inferno (v.29). Deve-se abrir mão daquilo que causa o pecado tanto quanto do pecado em si. Não é pecado ter um olho, ou cultivar uma percepção aguçada — porém, se o olhar do conhecimento especulativo nos conduzir a ofender pelo pecado intelectual, ele se torna a causa do mal e deve ser mortificado. Devo me livrar de qualquer coisa, mesmo que inofensiva, que me leve a fazer, ou pensar, ou sentir erradamente, tanto quanto se fosse o próprio mal! Mesmo que me desapegar disso envolva privação, deve ser descartado mesmo assim, pois até uma perda séria em uma direção é muito melhor do que perder o homem por completo! Melhor um santo cego do que um pecador míope! Se a abstinência do álcool causa enfraquecimento do corpo, seria melhor ser fraco do que forte e cair em embriaguez. Posto que as vãs especulações e arrazoamentos colocam os homens em incredulidade, não faremos qualquer uma delas! Ser "lançado no inferno" é um risco muito grande a se correr para meramente se permitir ter um olho mau de luxúria ou curiosidade.

E, se a tua mão direita te escandalizar, corta-a e atira-a para longe de ti, porque te é melhor que um dos teus membros se perca do que todo o teu corpo seja lançado no inferno (v.30). A causa da ofensa pode ser ativa como a mão, em vez de intelectual como o olho, mas é melhor ser atrasado em nosso trabalho do que atraído para a tentação. A mão mais hábil não deve ser poupada caso ela nos encoraje a fazer o mal! Não é porque algo nos torna mais inteligentes e bem-sucedidos que nos é permitido colocá-lo em prática — se ficar provado que é uma causa frequente de nossa queda no pecado, é melhor abandoná-lo e nos colocar em desvantagem em nossa carreira profissional do que arruinar todo nosso ser pelo pecado. A santidade deve ser nosso primeiro objetivo — tudo o mais deve tomar lugar secundário. O olho direito e a mão direita não serão mais direitos se nos levarem ao erro.

Mesmo mãos e olhos devem ser deixados para que não ofendamos a Deus com eles. No entanto, que nenhum homem leia essa passagem *literalmente* e, assim, mutile seu próprio corpo como alguns tolos fanáticos já fizeram! O significado verdadeiro é bem claro.

2

A PRIMEIRA BEM-AVENTURANÇA[8]

*Bem-aventurados os pobres de espírito,
porque deles é o Reino dos céus...*
(Mateus 5:3)

antendo em mente o objetivo do discurso de nosso Salvador, que era descrever o salvo e não declarar o plano da salvação, agora vamos considerar a primeira das Bem-aventuranças:

"Bem-aventurados os pobres de espírito, porque deles é o Reino dos céus".

Uma escada, para que tenha alguma utilidade, deve ter seu primeiro degrau próximo ao solo, ou os mais débeis não conseguirão escalá-la. Seria um lamentável desencorajamento à fé relutante se a primeira Bem-aventurança fosse para o puro de coração — o jovem

---

[8] Este sermão foi pregado no Metropolitan Tabernacle em 1873.

iniciante não faz asseverações de possuir essa excelência —, ao passo que a pobreza de espírito pode ser alcançada sem ter de ir além de seu limite! Se o Salvador dissesse: "Bem-aventurado são os ricos em graça divina", Ele teria dito uma grande verdade de Deus, mas poucos dentre nós poderiam extrair disso alguma consolação. Nosso Instrutor divino começa do início — com o próprio ABC da experiência — e dessa forma capacita os bebês na graça a aprenderem dele. Se tivesse iniciado com as grandes realizações, Ele teria de deixar para trás os pequeninos. Um degrau gigantesco ao pé dessa escadaria sagrada teria, com efeito, impedido muitos de começarem a escalá-la. No entanto, incitados pelo degrau mais baixo, que traz em si a inscrição "Bem-aventurados os pobres de espírito", milhares se sentem encorajados a trilhar o caminho celestial.

É digno de uma nota de agradecimento o fato de que *essas bênçãos do evangelho se inclinam até o ponto exato onde a Lei nos deixa, quando ela faz por nós o melhor em seu poder ou desígnio.* O máximo que a Lei pode realizar por nossa humanidade decaída é deixar evidente nossa pobreza espiritual e nos convencer dela. Não há qualquer possibilidade de que ela enriqueça um homem — seu melhor serviço é despi-lo de sua pretensa riqueza de autojustiça, mostrar-lhe seu impagável débito com Deus e dobrá-lo até o pó do desespero a respeito de si mesmo. Como Moisés, ela o retira de Gósen, o conduz ao deserto e o traz às margens de uma correnteza instransponível — e nada mais que isso! O Josué Jesus é necessário para interromper a correnteza do Jordão e conduzi-lo à Terra Prometida. A Lei rasga a bela capa babilônica de nosso mérito imaginário em dez pedaços e prova que nossa cunha de ouro não passa de escória. Desse modo, ela nos deixa "desgraçado, e miserável, e pobre". Jesus desce até esse ponto — toda a Sua sequência de bem-aventuranças chega ao limiar da destruição, resgata o perdido e enriquece o pobre! O evangelho é igualmente pleno e gratuito!

A primeira Bem-aventurança, embora assim situada em um adequado ponto mais baixo onde pode ser alcançada por aqueles que estão nos estágios iniciais da graça, não é, no entanto, menos rica em bendição. A mesma palavra é usada com o mesmo sentido tanto no início quanto no fim da sequência das Bem-aventuranças — o pobre de espírito é tão verdadeira e enfaticamente abençoado quanto o manso, ou o pacificador. Não é dado qualquer indício quanto a um nível menor, ou medida inferior. Pelo contrário: a maior das bênçãos, que é usada no décimo versículo como um resumo de todas as sete Bem-aventuranças, é atribuída à primeira e mais inferior ordem dos benditos — "deles é o Reino do céu". O que mais é dito até dos coerdeiros com os profetas e mártires? O que mais, de fato, poderia ser dito além disso? O pobre de espírito é elevado do calabouço e colocado não entre os servos contratados no campo, mas entre os príncipes no reino de Deus! Bendita é essa pobreza de alma da qual o próprio Senhor afirma tais benesses! Ele aprecia mais aquelas coisas pelas quais o mundo demonstra pouca afeição, pois Seu juízo é contrário ao tolo veredito do orgulhoso. Como Watson bem observa: "Quão pobres são aqueles que a si mesmos se acham ricos! Quão ricos são aqueles que a si mesmos se veem como pobres! Chamo-o de *a joia da pobreza*. Há alguns paradoxos na religião que o mundo não consegue entender: que o homem se faça de tolo para que possa ser sábio, que salve sua vida ao perdê-la e seja enriquecido ao se tornar pobre. Contudo, deve-se buscar mais essa pobreza do que as riquezas — sob esses trapos escondem-se tecidos de ouro, e dessa carcaça extrai-se mel".

O motivo de se colocar essa Bem-aventurança primeiro é encontrado no fato de que *ela acontece primeiro como experiência*. Ela é essencial aos demais traços de caráter, fundamenta cada um deles e é o único solo no qual eles podem ser produzidos. Nenhum homem jamais chora diante de Deus até que seja pobre de espírito! Nem se tornará manso com os outros até que tenha uma visão humilde de si próprio. Ter fome e sede de justiça não é possível àqueles que possuem uma alta avaliação de sua própria excelência — e a misericórdia para com aqueles que o ofendem também é uma graça, difícil para aqueles que permanecem inconscientes de suas próprias necessidades espirituais. A pobreza de espírito é o alpendre do templo da bendição. Da mesma forma que um homem sábio jamais pensaria em construir as paredes de sua casa até ter lançado o fundamento, nenhuma pessoa habilidosa nos assuntos divinos esperará ver qualquer das virtudes mais elevadas onde a pobreza de espírito esteja ausente. Até que sejamos esvaziados de nós mesmos, não podemos ser cheios de Deus. O despir-se deve ser exercido em nós antes que possamos ser revestidos com a justiça que vem do Céu. Cristo jamais será precioso, até que sejamos pobres em espírito — devemos enxergar nossas necessidades antes que possamos perceber Sua riqueza. O orgulho cega os olhos, e a humildade sincera deve abri-los ou a formosura de Jesus será, para sempre, oculta de nós. A porta estreita não é larga o suficiente para permitir que o homem que é grande em sua própria estima entre por ela. É mais fácil um camelo passar pelo fundo de uma agulha do que o homem soberbo de suas riquezas espirituais entrar no reino do Céu. Portanto, é claro que o caráter descrito em conexão com a primeira Bem-aventurança é essencial à produção daqueles que o seguirão. E, a menos que o homem o possua, ele pode procurar o favor das mãos do Senhor em vão! O orgulhoso é amaldiçoado, seu orgulho lhe garante a maldição e o trancafia para fora da estima divina! "...ao soberbo, conhece-o de longe". O contrito de coração é abençoado, pois para ele e para suas orações Jeová sempre tem terna consideração.

É digno de dupla menção que *essa primeira bênção seja concedida à ausência, e não à presença, de qualidades louváveis* — não é uma bênção sobre o homem que é distinto por essa virtude ou notável por essa excelência —, mas sobre aquele cuja característica principal é a sua confissão de suas lamentáveis deficiências! É intencional, a fim de que a graça possa ser ainda mais manifestamente vista como graça de fato, que se volte o olhar primeiramente não para a pureza, mas para a pobreza. Não para o derramamento da misericórdia, mas para aqueles que dela necessitam. Não para os que são chamados filhos de Deus, porém para os que choram: "não sou digno de ser chamado teu filho". Deus não quer qualquer coisa de nós, a não ser nossas necessidades, e isso lhe fornece espaço para demonstrar Sua generosidade quando Ele nos é graciosamente propício! É a partir do pior lado de um homem decaído, não de seu melhor, que Deus ganha glória para Si mesmo. Não é o que possuo, mas o que não tenho que é o primeiro ponto de contato entre minha alma e Deus. Os bons podem apresentar sua bondade, mas Ele declara: "Não há justo, nem um sequer". O piedoso pode oferecer suas cerimônias, contudo Ele não se compraz em todas as suas oblações. O sábio pode apresentar suas invenções, no entanto, Deus considera sua sabedoria como tolice. Porém, quando o pobre de espírito se achega a Ele em sua absoluta pobreza e agonia, Ele logo o recebe! Sim, Ele inclina o Céu para os abençoar e abre o armazém da aliança para os satisfazer. Como o cirurgião busca o doente e como o doador de esmola busca o pobre, da mesma forma o Salvador busca os que necessitam dele — e sobre eles Ele exercita Seu ofício divino. Que cada pecador necessitado beba do consolo desse poço!

Não devemos nos esquecer de que, desse tom menor na oitava das Bem-aventuranças, *essa nota, de toda a música, emana certo som quanto à espiritualidade da dispensação cristã*. Sua primeira bênção não está ligada a uma característica exterior, mas, sim, à do homem interior; a um estado de alma e não a uma postura do corpo; ao pobre de espírito e não ao perfeito em ritual. Essa palavra, espírito, é uma das senhas da dispensação do evangelho. Vestimentas, genuflexões, rituais, oblações e coisas semelhantes são ignoradas — os olhos de favor do Senhor repousam sobre os corações quebrantados e sobre os espíritos humildes diante dele. Mesmo as habilidades mentais são deixadas na gélida sombra, e o espírito se torna o condutor do vagão — a alma, o verdadeiro homem, é considerada e todas as outras coisas são deixadas como comparativamente tendo menor valor! Isso nos ensina, acima de tudo, a nos preocupar com aquilo que concerne ao nosso espírito. Não devemos nos satisfazer com a religião exterior. Se, no cumprimento de qualquer ordenança, nosso espírito não entrar em contato com o grande Pai dos espíritos, não devemos nos sentir satisfeitos. Tudo acerca de nossa religião que não seja obra do coração deve ser insatisfatório para nós. Como homens não podemos viver da palha e do farelo do trigo, mas precisamos da sua farinha. Assim, precisamos de algo além da forma da piedade e da letra da verdade, necessitamos dos significados ocultos, do enxerto da palavra em nosso espírito, do trazer da verdade de Deus para dentro do mais profundo de nossa alma — qualquer coisa desprovida disso será desprovida de bênção!

O grau mais elevado de nossa religião exterior não é abençoado, mas a menor forma de graça espiritual é favorecida com o reino do Céu! É melhor ser espiritual, embora nossa maior realização seja ser pobre de espírito, do que permanecer carnal, mesmo que nessa carnalidade venhamos a nos gabar de perfeição na carne. O menor na graça é mais elevado do que o maior em sua natureza! A pobreza de espírito do publicano era melhor do que a plenitude de excelência exterior do fariseu. Da mesma forma que o homem mais fraco e mais pobre é mais nobre do que todas as bestas do campo, o homem espiritualmente mais modesto é mais precioso à vista do Senhor do que o mais eminente entre os autossuficientes filhos dos homens. O menor diamante tem mais valor do que o maior seixo, o menor grau de graça excede à maior conquista da natureza! O que você diz disso, amado amigo? Você é espiritual? Pelo menos, é suficientemente espiritual para ser pobre de espírito? Existirá para você um reino espiritual, ou está trancafiado na limitada região das coisas visíveis e audíveis? Se o Espírito Santo lhe rompeu uma porta para aquilo que é espiritual e invisível, então você é abençoado, embora sua única percepção até o momento seja a dolorosa descoberta de que você é pobre de espírito! Jesus o abençoa da montanha, e você é abençoado!

Aproximando-nos ainda mais de nosso texto, observamos primeiramente que A PESSOA DESCRITA DESCOBRIU UM FATO: foi-lhe confirmada sua pobreza espiritual. E depois, FOI CONSOLADO TAMBÉM POR UM FATO: ele possui "o Reino do céu".

1. O fato que lhe foi confirmado é uma antiga verdade de Deus, pois o homem sempre foi espiritualmente pobre. Desde o seu nascimento, ele era pobre e, na sua melhor condição, não passava de um mendigo. "...um desgraçado, e miserável, e pobre, e cego, e nu", esse é um resumo justo da condição humana por natureza. Ele permanece coberto de feridas diante do portão da misericórdia, não possuindo qualquer coisa além de seu pecado, incapaz de abrir seu caminho e indisposto a implorar — e assim perecendo em penúria do pior tipo.

Essa verdade é também universal, pois todos os homens são, por natureza, pobres. Em um clã, ou família, sempre haverá pelo menos uma pessoa de posses. E na nação mais pobre haverá alguns poucos que possuem riquezas. Mas ai de nossa humanidade! Toda sua excelência acumulada é gasta, e suas riquezas são totalmente perdidas. Entre nós não permanece qualquer remanescente de bondade! O óleo do frasco é gasto, e a refeição do barril se esgota— há fome sobre nós, pior do que a que, na antiguidade, desolou Samaria! Devemos dez mil talentos e não temos como pagar, nem mesmo podemos encontrar um único centavo de bondade em todos os tesouros das nações!

Esse fato é profundamente humilhante. Um homem pode não ter dinheiro algum e isso não ser por erro dele, não implicando, portanto, em ignomínia. Mas nosso estado de pobreza tem um ferrão em si — moral e espiritual — e nos afunda em culpa e pecado. Ser pobre em santidade, verdade, fé e amor a Deus é uma desgraça para nós. Frequentemente o homem pobre esconde sua face como alguém muito envergonhado, porém, teremos ainda mais motivos para fazer isso se vivemos desordenadamente, desperdiçando as riquezas de nosso Pai e levando a nós mesmos à necessidade e desonra. As descrições de nosso estado que nos colocam como miseráveis não estarão completas a menos que nos declarem culpados! Verdadeiramente somos objeto de compaixão, mas ainda mais de censura. Um desprovido pode não ser menos digno de estima por causa da simplicidade de seu traje e da escassez de suas provisões. Contudo, a pobreza espiritual significa erro, culpabilidade, a própria culpa e pecado. Aquele que é pobre de espírito é, portanto, um homem humilde e está no caminho de ser contado entre aqueles que choram, de quem a segunda bênção diz: "eles serão consolados".

O fato descoberto pelo bem-aventurado nesse texto é pouco conhecido. A grande massa da humanidade é excessivamente ignorante sobre isso. Embora a verdade de que a condição de perdição do homem seja ensinada diariamente em nossas ruas, poucos a compreendem. Não estão ansiosos para saber o significado de uma declaração tão desconfortável, tão alarmante — e aumenta o número daqueles que estão cientes da doutrina e reconhecem que ela é bíblica, mas não creem nela, pelo contrário, colocam-na para fora de sua mente e praticamente a ignoram! "Nós enxergamos" é a vanglória universal do cego mundano! Longe de reconhecerem que são destituídos, os filhos dos homens são, em sua própria estima, tão ricamente dotados que agradecem a Deus por não serem como os demais homens. Nenhuma escravidão é tão degradante como aquela que torna o homem satisfeito com sua servidão. A pobreza que nunca aspira melhorar, que está feliz em continuar em seus trapos e imundície, é o pior tipo de pobreza — e assim é a condição espiritual da humanidade.

Onde essa verdade sobre nossa condição é verdadeiramente conhecida, ela foi revelada espiritualmente. Podemos dizer de todos os que reconhecem sua pobreza de alma: "Bem-aventurado és tu, Simão

Barjonas, porque não foi carne e sangue quem to revelou…". Ser espiritualmente pobre é a condição de todo homem — ser pobre de espírito, ou conhecer sua pobreza espiritual é uma conquista especialmente conferida aos chamados e escolhidos! A mão onipotente nos criou a partir do nada, e a mesma onipotência é necessária para nos fazer sentir que somos nada!

Jamais poderemos ser salvos a menos que sejamos vivificados pelo poder infinito, nem poderemos ser vivificados sem que o mesmo poder primeiramente nos faça morrer. É surpreendente o quanto é necessário que o homem seja despido e colocado em seu verdadeiro lugar! Alguém poderia pensar que um mendigo tão desprovido deveria estar ciente de sua penúria, mas ele não está e jamais estará, a menos que o Deus eterno o convença disso! Nossa bondade imaginária é mais difícil de conquistar do que nosso pecado verdadeiro. O homem poderá ser curado mais rapidamente de sua enfermidade do que ser obrigado a renunciar suas crises de saúde. A fraqueza humana é um pequeno obstáculo à salvação se comparada com a força humana — aí está a obra e a dificuldade! Consequentemente, é sinal da graça alguém saber dessa sua necessidade pela graça. Aquele que conhece e sente que está na escuridão tem alguma luz de Deus em sua alma. O próprio Senhor realizou a obra da graça no espírito pobre e necessitado e que treme diante de Sua palavra. E essa obra é tal que carrega em si a promessa, sim, *a certeza de salvação*, pois o pobre de espírito já possui o reino do Céu e ninguém pode tê-lo, senão aqueles que têm a vida eterna.

Uma coisa é certamente verdade sobre o homem cujo espírito reconhece sua pobreza: ele possui pelo menos uma verdade de Deus, ao passo que anteriormente respirava a atmosfera da falsidade e não sabia nada do que precisava saber. Qualquer que possa ser o resultado da pobreza de espírito, é uma consequência da verdade de Deus — e sendo lançado um fundamento da verdade, outras verdades serão acrescentadas e o homem permanecerá na verdade.

Tudo o que os demais pensam saber acerca de sua excelência espiritual é mentira — e ser rico em mentiras é ser terrivelmente pobre. A segurança carnal, o mérito natural e a autoconfiança — por mais falsa paz que possam produzir — são as únicas formas de falsidade, enganando a alma. Porém, quando o homem descobre que é, por natureza e prática, perdido, ele não é mais um mendigo quanto à verdade de Deus; ele possui algo precioso — uma moeda cunhada pela verdade está em sua mão! De minha parte, minha oração constante é que eu conheça o pior de meu caso, não importa o quanto esse conhecimento possa me custar. Sei que uma estima acertada de meu próprio coração nunca poderá ser diferente de uma redução de minha estima pessoal, mas que Deus não permita que eu seja poupado da humilhação que brota dessa verdade! As doces maçãs da estima pessoal são veneno mortal — quem desejaria ser destruído por elas? Os amargos frutos do autoconhecimento são sempre saudáveis, especialmente se lavados com as águas do arrependimento e adoçados com uma gota dos poços da salvação! Aquele que ama sua própria alma não os desprezará. De acordo com nosso texto, bem-aventurado é o pobre desprezado que reconhece sua condição de perdido e está adequadamente impressionado por ela; é um iniciante na escola da sabedoria, e mesmo assim é um discípulo, e seu Mestre o incentiva com uma bem-aventurança. Sim, o Senhor o declara um daqueles a quem o reino do Céu é concedido!

A posição para a qual uma clara compreensão dessa verdade única trouxe a alma é particularmente vantajosa para obter cada bênção do evangelho. A pobreza de espírito esvazia um homem para assim o preparar para ser cheio! Ela expõe as feridas dele ao óleo e ao vinho do bom Médico. Coloca o pecador culpado no portão da misericórdia ou entre aqueles que morrem ao redor do tanque de Betesda, a quem é sabido que Jesus vem. Tal homem abre sua boca e o Senhor a preenche — ele sente fome, e o Senhor o satisfaz com coisas boas! Acima de todos os outros males, o que temos mais razão para temer é nossa abundância! Aquilo que mais nos torna inadequados para Cristo é nossa adequação imaginária! Quando estivermos desconstruídos ao máximo, estaremos perto de sermos enriquecidos com as riquezas da graça divina. O autoesvaziamento é a porta vizinha de estar em Cristo. Quando chegamos ao fim de nós, a misericórdia começa, ou melhor, a misericórdia terá começado e feito muito por nós quando estivermos no fim de nosso mérito, nosso poder, nossa sabedoria e nossa esperança! Quanto mais profunda a destituição melhor —

É somente essa perfeita pobreza
Que prepara a alma para a riqueza —
Enquanto chamarmos uma migalha de nossa,
Da total libertação não teremos posse.

Se o coração está angustiado porque não pode sentir suficientemente sua própria necessidade, tanto melhor — a pobreza de espírito é maior e o apelo à graça livre ainda mais poderoso! Se sentimos a necessidade de ter o coração quebrantado, podemos vir a Jesus *para* que Ele no-lo conceda, caso não tenhamos chegado a Ele *com* esse coração. Se nenhuma bondade ou grau de bem é perceptível, isso também é prova clara de máxima pobreza — e nessa condição podemos ousar crer no Senhor Jesus! Embora não sejamos nada, Cristo é tudo. Devemos encontrar nele tudo de que necessitamos para começar, tão certamente quanto devemos buscar nosso aperfeiçoamento final nessa mesma fonte!

Um homem pode estar iludido a ponto de fazer de seu senso de pecado um mérito e sonhar em se aproximar de Jesus vestido em uma condição de desespero e incredulidade! Isso é, no entanto, o contrário da conduta daquele que é pobre de espírito, pois este é pobre em sentimentos bem como em tudo o mais e não ousa se elogiar por causa de sua humildade e desespero mais do que por causa de seus pecados. Pensa de si mesmo ser um pecador de coração endurecido enquanto reconhece o profundo arrependimento que suas ofensas exigem. Teme ser um estranho à vivificação que torna a consciência sensível e que seja, em qualquer medida, um hipócrita nos desejos que percebe em sua alma. De fato, não ousa pensar de si mesmo outra coisa senão ser um pobre, miseravelmente pobre, em qualquer perspectiva que seja visto em seu relacionamento com Deus e Sua justa Lei. Ouve sobre as humilhações dos verdadeiros penitentes e deseja tê-las. Lê as descrições de arrependimento encontradas na Palavra de Deus e ora para que possa materializá-las, contudo não vê em si qualquer coisa que possa apontar o dedo e dizer: "Pelo menos isso é bom. Há pelo menos uma coisa boa em mim". Ele é pobre de espírito e está desligado de toda vanglória, de uma vez por todas. É melhor estar nessa condição do que considerar a si mesmo um santo e sentar nos lugares de destaque das sinagogas. Sim, essa é uma posição tão segura para se ocupar, que aquele que está pleno de fé em Deus e de alegria no Espírito Santo acha que é um acréscimo à sua paz manter a plena consciência da pobreza de seu estado natural e deixá-la correr paralelamente com sua persuasão de segurança e bem-aventurança em Cristo Jesus! Senhor, mantém-me humilde! Esvazia-me mais e mais! Põe-me no pó! Deixa-me morrer e ser enterrado quanto a tudo que for meu "eu" — então Jesus viverá em mim, reinará em mim e será verdadeiramente meu tudo em tudo!

Para alguns pode parecer insignificante ser pobre de espírito. Que tais pessoas lembrem que *nosso Senhor coloca essa graciosa condição de coração de tal forma que ela é a pedra fundamental para a ascensão celestial das Bem-aventuranças* — e quem pode negar que os degraus que dela ascendem são sublimes além da medida? É indescritivelmente desejável ser pobre de espírito se essa é a estrada para a pureza de coração e para o caráter piedoso do pacificador! Quem não deitaria sua cabeça sobre a pedra de Jacó para poder desfrutar dos sonhos de Jacó? Quem desprezaria o cajado com o qual em pobreza ele cruzou o Jordão se pudesse ver o reino do Céu como esse Patriarca viu?

Celebremos a pobreza de Israel se ela é parte da condição sobre a qual receberemos a bênção do Israel de Deus! Em vez de desprezar o pobre de espírito, faremos bem em considerá-lo como possuindo o amanhecer da vida espiritual, o germe de todas as graças, a iniciativa da perfeição, a evidência da bem-aventurança!

2. Depois de haver falado sobre o caráter daqueles que são pobres de espírito como sendo formado pelo conhecimento de um fato, agora deveremos notar que é POR ESTE FATO QUE ELES SÃO CELEBRADOS E TIDOS COMO BEM-AVENTURADOS — "porque deles é o Reino dos céus".

Essa não é uma promessa quanto ao futuro, mas uma declaração para o presente — não diz *será*, mas "deles *é* o Reino dos céus". Essa verdade é claramente revelada em muitas passagens das Escrituras pela necessária inferência, sabendo que, primeiramente, *o Rei do reino celestial é constantemente representado como reinando sobre o pobre.* Davi afirma no Salmo 72: "Julgará os aflitos do povo, salvará os filhos do necessitado [...]. Compadecer-se-á do pobre e do aflito e salvará a alma dos necessitados". Como a virgem mãe de Cristo cantou: "...depôs dos tronos os poderosos e elevou os humildes; encheu de bens os famintos, despediu vazios os ricos". Aqueles que se alistam sob o estandarte do Filho de Davi são como os que, na antiguidade, vieram ao filho de Jessé na caverna de Adulão: "E ajuntou-se a ele todo homem que se achava em aperto, e todo homem endividado, e todo homem de espírito desgostoso, e ele se fez chefe deles". "Este recebe pecadores e come com eles". Seu título era amigo de "publicanos e pecadores". "...sendo rico, por amor de vós se fez pobre", portanto, é adequado que o pobre de espírito se reúna a Ele. Já que Jesus escolheu o pobre de espírito para ser Seu súdito e disse: "Não temas, ó pequeno rebanho, porque a vosso Pai agradou dar-vos o Reino", vemos o quanto é verdade que eles são bem-aventurados.

A regra do reino é tal que somente o pobre de espírito permanecerá. Para eles, esse é um jugo leve do qual não desejam ficar livres. Dar toda a glória a Deus não lhes é um fardo. Abandonar o "eu" não é um mandamento pesado. O lugar de submissão lhes é adequado, consideram o serviço da humilhação como honra! Podem dizer com o salmista: "Decerto, fiz calar e sossegar a minha alma; qual criança desmamada para com sua mãe, tal é a minha alma para comigo" (131:2). Autonegação e humildade, que são os maiores deveres do reino de Cristo, são fáceis apenas para aqueles que são pobres de espírito. A mente humilde ama as tarefas humildes e está disposta a beijar a menor das flores que cresce no Vale da Humilhação. Porém, para os outros, um belo show na carne é uma grande atração e a autoexaltação o maior objetivo da vida. A declaração de nosso Salvador: "…se não vos converterdes e não vos tornardes como crianças, de modo algum entrareis no reino dos céus" é uma regra férrea que tranca todos para fora, exceto o pobre de espírito! No entanto é, ao mesmo tempo, o portão de pérola que admite todos que possuem esse caráter.

Os privilégios do reino são tais que somente o espiritualmente pobre os valorizará. Para outros, no entanto, são como pérolas lançadas aos porcos. Os presunçosos não se importam com o perdão, embora isso tenha custado ao Redentor o Seu sangue e vida. Eles não prezam pela regeneração, embora esta seja a maior obra do Espírito Santo. E eles não apreciam a santificação, ainda que, por meio dela, o próprio Pai, que nos criou, encontra-nos para sermos participantes da herança dos santos na luz! Evidentemente, as bênçãos da aliança foram estabelecidas para os pobres de espírito — não há uma sequer que o fariseu valorizaria. O manto de justiça sugere a nossa nudez. O maná do céu indica a falta de pão terreno. A salvação é vã se os homens não estão em perigo. A misericórdia é uma zombaria se eles não forem pecadores. O alvará da Igreja foi escrito sobre a suposição de que ela é formada por pobres e necessitados, e, se assim não for, não há propósito nela. A pobreza de espírito abre os olhos para que se enxergue a preciosidade das bênçãos da aliança. Como disse um antigo puritano: "Aquele que é pobre de espírito é um admirador de Cristo. Ele tem pensamentos elevados sobre Cristo, confere um alto valor e apreço a Cristo, esconde-se em Suas feridas, banha-se em Seu sangue, envolve-se em Seu manto. Ele vê a escassez e a fome espiritual em casa, mas olha para Cristo e clama: 'Senhor, revela-te a mim, e isso basta'". Assim, à medida que consideramos que o Senhor não faz nada em vão e que os privilégios do reino do evangelho são adequados somente aos pobres de espírito, adquirimos mais certeza de que eles foram preparados para o que lhes pertence!

Além disso, *é claro que somente aqueles que são pobres de espírito realmente reinam como reis para Deus*. A coroa desse reino não se ajustará a qualquer cabeça. Na verdade, ela não se ajusta a qualquer fronte, a não ser a do pobre de espírito! Nenhum orgulhoso reina — ele é escravo de sua vanglória, servo de sua própria grandeza. O mundano ambicioso se agarra a um reino, mas não possui nenhum. O humilde de coração está feliz e nesse contentamento ele é colocado para reinar! Os espíritos inflados não têm descanso — somente o coração humilde tem paz. Conhecer a si próprio é o caminho para a autoconquista, e essa é a maior de todas as vitórias! O mundo busca o homem grandioso, ambicioso, austero e autossuficiente e afirma que ele se ostenta como um rei e, mesmo assim, na mais pura verdade, o manso e o humilde são os verdadeiros reis entre seus companheiros, como o Senhor de tudo — e em sua inconsciência do "eu" está o segredo de seu poder! Os reis entre a humanidade, os mais felizes, os mais poderosos, os mais honráveis, um dia serão vistos não como Alexandres, Césares ou Napoleões, mas como homens semelhantes Àquele que lavou os pés dos discípulos — aqueles que viveram em quietude para Deus e para seus companheiros, despretensiosos porque são conscientes de suas falhas, altruístas porque seu "eu" foi mantido em baixa estima, humildes e devotos porque sua própria pobreza espiritual os levou para fora de si mesmos a fim de repousarem apenas no Senhor! Virá o tempo quando o brilho e a novidade receberão seu justo valor, então os pobres de espírito serão vistos como possuindo o reino!

O domínio que será concedido como prêmio por essa Bem-aventurança ao pobre de espírito não é comum. É o reino do Céu, um domínio celestial que excede em muito a qualquer coisa que possa ser obtida desse lado das estrelas. O mundo ímpio pode considerar o pobre de espírito como desprezível, porém Deus os escreve entre Seus amigos e príncipes. E Seu julgamento é verdadeiro e bem mais estimado do que a opinião dos homens e até dos anjos! Somente se formos pobres de espírito teremos qualquer evidência de que o Céu é nosso. Porém, tendo aquela marca da bem-aventurança, todas as coisas são nossas, quer presentes ou aquelas porvir. Ao pobre de espírito pertence toda a segurança, honra e felicidade que o evangelho do reino calcula conceder sobre a Terra! Até aqui embaixo eles podem comer de suas delícias sem dúvida e alegrar-se em seus deleites sem temor.

Também são deles as coisas ainda não visíveis, reservadas para futura revelação. Deles é o segundo advento, a glória, a quinta grande monarquia, a ressurreição, a visão beatífica e o eterno êxtase!

"Pobre de espírito". As palavras soam como se descrevessem aqueles que não possuem nada, e, mesmo assim, estão descrevendo os herdeiros de todas as coisas! Feliz pobreza! Milionários afundam em insignificância! Os tesouros das Índias evaporam na fumaça, enquanto ao pobre de espírito permanece um reino sem fronteiras, infinito e sem defeito, que lhes considera abençoados na estima daquele que é Deus sobre tudo, abençoado para sempre! E tudo isso é para esta vida presente na qual eles choram e precisam de consolo, têm fome e sede e necessitam ser saciados. Tudo isso é para eles, mesmo que sejam perseguidos por seu amor à justiça. Qual, então, será sua bem-aventurança quando brilharem como o Sol no reino de seu Pai e neles se cumprir a promessa de seu Mestre e Senhor: "Ao que vencer, lhe concederei que se assente comigo no meu trono, assim como eu venci e me assentei com meu Pai no seu trono"?

EXPOSIÇÃO POR C. H. SPURGEON
MATEUS 5:31-42

Também foi dito: Qualquer que deixar sua mulher, que lhe dê carta de desquite. Eu, porém, vos digo que qualquer que repudiar sua mulher, a não ser por causa de prostituição, faz que ela cometa adultério; e qualquer que casar com a repudiada comete adultério (vv.31,32). Dessa vez, nosso Rei cita e condena a encenação permissiva do Estado Judaico. Os homens eram conhecidos por ordenar a suas esposas: "Vá embora!", e uma palavra precipitada era suficiente como um ato de divórcio. Moisés insistia sobre "carta de desquite" para que o ardor da ira pudesse ter tempo para se esfriar e que a separação, se tivesse que acontecer, fosse realizada com deliberação e formalidade legal. O requisito de uma carta era, até certo ponto, um controle sobre um mau hábito tão enraizado nas pessoas, que recusá-lo totalmente seria inútil — e criaria apenas outro crime. A lei de Moisés foi até onde poderia ser aplicada na prática. O divórcio era tolerado por causa da dureza do coração dos homens — ele jamais foi aprovado.

Contudo, nosso Senhor é mais heroico em Sua legislação. Ele proíbe o divórcio exceto pelo crime de infidelidade aos votos matrimoniais. Aquela que comete o adultério quebra, por esse ato, efetivamente o vínculo conjugal, e este deve, então, ser formalmente reconhecido pelo Estado como rompido. Todavia, por nenhuma outra razão o homem deveria se divorciar de sua esposa. O casamento é para toda a vida e não pode ser desfeito, com exceção do único grande crime que desata seus vínculos, *seja qual for o cônjuge que seja culpado dele*. Nosso Senhor jamais toleraria as maldosas leis de certos estados americanos que permitem aos homens e mulheres casados se separar por conta de um pretexto mínimo. Uma mulher divorciada por qualquer outra razão que não o adultério, e que case novamente, está cometendo adultério diante de Deus, não importa as leis que os homens possam criar! Isso é muito simples e positivo — e assim é concedida a santidade ao casamento que a legislação humana não deve violar. Que não estejamos entre aqueles que assumem as ideias dos romances sobre os laços conjugais e busquemos deformar as leis do casamento sob a pretensão de reformá-las. Nosso Senhor sabe muito mais do que nossos modernos reformadores sociais. Deveríamos deixar as leis de Deus em paz, pois jamais encontraremos lei melhor.

Outrossim, ouvistes que foi dito aos antigos: Não perjurarás, mas cumprirás teus juramentos ao Senhor. Eu, porém, vos digo que, de maneira nenhuma, jureis nem pelo céu, porque é o trono de Deus, nem pela terra, porque é o escabelo de seus pés, nem por Jerusalém, porque é a cidade do grande Rei, nem jurarás pela tua cabeça, porque não podes tornar um cabelo branco ou preto. Seja, porém, o vosso falar: Sim, sim; não, não, porque o que passa disso é de procedência maligna (vv.33-37). O juramento em falso era proibido na antiguidade, mas todo tipo de juramento é proibido agora pela palavra de nosso Senhor Jesus. Ele menciona várias formas de juramentos e proíbe todos eles. Depois prescreve formas simples de afirmação ou negação que todos os Seus seguidores deveriam empregar. Não obstante a tudo que possa ser afirmado em contrário, não há outro sentido claro dessa passagem: todo juramento, por mais solene ou verdadeiro, é proibido ao seguidor de Jesus! Quer nas cortes legais, ou fora delas, a regra é: "Jamais jure". Contudo, neste país cristão[9] temos juras em todos os lugares, *especialmente* entre os legisladores! Eles começam sua existência oficial com um juramento. Para aqueles que obedecem a lei do reino do Salvador, todo o juramento é colocado de lado para que uma simples palavra de afirmação ou negação, calmamente repetida, possa permanecer como um vínculo suficiente da verdade. O homem mau não pode ser crido em seu juramento, e o bom homem fala a verdade sem jurar. A que propósito serve o supérfluo costume dos juramentos

---

[9] Spurgeon referia-se ao Reino Unido.

legais? Os cristãos não deveriam se dobrar a um costume malévolo, por maior que seja a pressão sobre eles! Deveriam permanecer sob o simples e inequívoco mandamento de seu Senhor e Rei.

Ouvistes que foi dito: Olho por olho e dente por dente (v.38). A lei de olho por olho conforme administrada nos apropriados tribunais era fundamentada na justiça e funcionava muito mais equitativamente do que o mais moderno sistema de multas, pois este método permite aos ricos ofender com comparativa impunidade. Mas quando a *lex talionis* (olho por olho) se tornou a regra da vida diária, ela estimulava a vingança, e nosso Salvador não o toleraria como um princípio conduzido por indivíduos. Boas leis em tribunais podem ser um mau costume em uma sociedade comum. Ele falou contra o que se tornara um provérbio e era dito entre o povo: "Ouvistes que foi dito…". Nosso amoroso Rei teria os casos particulares regulados pelo espírito de amor e não pela regra da lei.

Eu, porém, vos digo que não resistais ao mal; mas, se qualquer te bater na face direita, oferece-lhe também a outra… (v.39). A não-resistência e o autocontrole são as regras entre os cristãos. Eles devem suportar maus tratos sem explodir. Devem ser as bigornas quando os homens maus são os martelos, e assim devem sobrepujar pelo perdão paciente. A regra que vale para assento do julgamento não é para a vida comum, mas a regra da cruz e do sofredor que tudo suporta é para todos nós. No entanto, quantos são os que consideram isso como fanatismo, utopia e até covardia? O Senhor, nosso Rei, prefere que suportemos e nos contenhamos, conquistando pela suprema paciência. Conseguiremos fazê-lo? Como poderemos ser servos de Cristo se não tivermos Seu espírito?

…e ao que quiser pleitear contigo e tirar-te a vestimenta, larga-lhe também a capa… (v.40). Larga-lhe tudo o que ele pede e mais. É melhor

perder um terno do que ser levado a um processo judicial. Os tribunais do tempo de nosso Senhor eram perversos e Seus discípulos foram aconselhados a sofrer o mal, em vez de apelar a eles. Nossos próprios fóruns suprem o método mais certeiro de resolver uma dificuldade pela autoridade, e sabemos que recorremos a eles com o objetivo de precaver-nos de conflitos. Contudo, mesmo em um país onde se pode obter justiça, não devemos recorrer à lei por cada ofensa. Devemos preferir suportar o ataque do que estar sempre bradando: "Vou processá-lo!". Por vezes, essa ação do autossacrifício pode exigir que demos passos no sentido de uma medida legal para interromper lesões que atingiriam muito pesadamente outras pessoas. Porém, muitas vezes devemos abrir mão de nossa vantagem, sim, sempre que o principal motivo for o orgulhoso desejo de vingança pessoal. Senhor, dá-me um espírito paciente, para que eu não busque me vingar, mesmo quando eu poderia corretamente fazê-lo!

...e, se qualquer te obrigar a caminhar uma milha, vai com ele duas (v.41). O governo naqueles dias exigia serviços forçados dos oficiais menores. Os cristãos deveriam ser de temperamento dócil e suportar cobrança dupla, em vez de provocar palavras rudes e ira. Não devemos evitar os impostos, mas estarmos prontos a entregar a César o que lhe é devido. "Ceder" é nosso lema! Levantar-nos contra os poderes não é exatamente nossa parte — devemos deixá-lo a outros. Como são poucos os que creem nas doutrinas de longanimidade e não-resistência de nosso Rei!

Dá a quem te pedir e não te desvies daquele que quiser que lhe emprestes (v.42). Seja generoso. O avarento não é seguidor de Jesus. Devemos usar o discernimento ao doar; caso contrário, encorajaremos a preguiça e a mendicância. Mas a regra geral é "dá a quem te pedir". Às vezes um empréstimo pode ser mais útil do que uma doação; não o recuse àqueles que farão bom uso dele. Esses preceitos não se destinam a tolos — são colocados diante de nós como regra geral —, mas toda regra é equilibrada por outros mandamentos bíblicos, e há o ensinamento do conhecimento filantrópico para nos orientar. Nosso espírito deve ser de prontidão para ajudar o necessitado pela doação ou empréstimo — e não é muito provável que erremos pelo excesso nessa direção —, por isso, a ousadia do mandamento.

3

A TERCEIRA BEM-AVENTURANÇA[10]

*...bem-aventurados os mansos,
porque eles herdarão a terra...*
(Mateus 5:5)

Tenho lhes lembrado de que as Bem-aventuranças nesse capítulo [de Mateus] se elevam umas acima das outras e brotam uma das outras, e que aquela que vem primeiro é sempre necessária para a seguinte. A terceira Bem-aventurança, "bem-aventurados os mansos", não poderia ser a primeira, pois ficaria muito deslocada nessa posição. Quando um homem se converte, a primeira ação da graça de Deus em sua alma é lhe conferir a verdadeira pobreza de espírito. Por isso a primeira Bem-aventurança é "bem-aventurados os pobres de espírito". O Senhor primeiramente nos faz conhecer nosso vazio, e assim nos humilha; e a seguir, faz-nos

---

[10] Este sermão foi pregado no Metropolitan Tabernacle em 11 de dezembro de 1873.

chorar sobre as deficiências que são tão patentes em nós. Depois vem a segunda Bem-aventurança: "Bem-aventurados os que choram". Primeiramente há o verdadeiro conhecimento de nós mesmos e logo após um pranto sagrado que brota desse conhecimento. Agora, o homem se torna verdadeiramente manso, no sentido cristão da palavra, até que se conheça a si mesmo e então comece a chorar e a lamentar que esteja tão distante do que deveria ser. A justiça própria nunca é mansa, aquele que se orgulha de si mesmo certamente terá coração endurecido em seu trato com os outros. Para alcançar esse degrau da escada de luz, ele primeiramente deve colocar seus pés sobre os anteriores. Deve haver pobreza de espírito e pranto de coração antes que a graciosa mansidão, da qual o texto fala, possa se instaurar.

Perceba também que essa terceira Bem-aventurança é de uma ordem mais elevada do que as outras duas. Há algo de positivo nela, quanto à virtude. As duas primeiras são expressão de deficiência, mas aqui há algo concedido. O homem é pobre de espírito; isto é, ele sente necessidade de mil coisas que deveria possuir. Esse homem chora, isto é, lamenta sobre seu estado de pobreza espiritual. Todavia, agora há algo que lhe é ofertado pela graça de Deus, não uma qualidade negativa, mas uma prova positiva da obra do Espírito Santo no âmago de sua alma, de forma que se torna manso. Os dois traços de caráter que recebem tal bendição parecem estar envolvidos em si mesmos. O homem é pobre de espírito; isso se relaciona a ele mesmo. Seu pranto é pessoal e termina quando ele é consolado, mas a mansidão tem a ver com outras pessoas. É verdade que se relaciona com Deus, mas a mansidão humana é especialmente para seus companheiros. Ele não é simplesmente manso dentro de si mesmo; esse traço é manifestado em suas atitudes com os outros. Você não falaria de um ermitão, que jamais viu um semelhante, como sendo manso; a única forma com a qual você poderia provar se ele é ou não manso seria colocá-lo com aqueles que provariam seu temperamento. Assim sendo, essa mansidão é uma virtude maior, mais expansiva, trabalhando em esfera mais ampla do que as duas primeiras que Cristo declarou abençoadas. É superior às anteriores, como deveria, já que brota delas. Embora, ao mesmo tempo, há aqui um paralelismo completo com a ascensão, como acontece por todas as Bem-aventuranças. No primeiro caso, o homem é pobre, isso é humilde; no segundo, estava chorando, que também é humilhação; porém, se ele mantiver seu pranto para si próprio, pode ainda parecer valoroso para seus companheiros. No entanto, agora ele terá de ser manso entre os homens — submisso e humilde em meio à sociedade, de forma que se rebaixa mais e mais. Contudo, está ascendendo em exaltação espiritual, embora esteja apequenando quanto à humilhação pessoal, tornando-se assim mais verdadeiramente gracioso.

Depois de falar da ligação dessa Bem-aventurança, faremos duas perguntas com o objetivo de desvendá-las. São estas: Quem é o manso? E, em segundo, como e em qual sentido pode-se dizer que herdam a Terra?

1\. Primeiramente então, QUEM É O MANSO?

Eu já afirmei que são os que foram feitos [pobres] de espírito por Deus e que foram levados a chorar diante do Senhor, sendo consolados. Contudo, aqui aprendemos que também são mansos, isto é, submissos e gentis mentalmente diante de Deus e dos homens.

São mansos diante de Deus, e o bom Watson divide essa qualidade sob duas categorias, a saber, que são submissos a fazer a Sua vontade e flexíveis à Sua Palavra. Que essas duas qualidades expressivas sejam encontradas em cada um de nós!

Assim, os verdadeiramente mansos são, antes de tudo, submissos à vontade de Deus. Independentemente do que o Senhor queira, eles o farão. Têm a mentalidade daquele pastor da Campina de Salisbury[11] a quem o bom Dr. Stenhouse questionou: "Que tipo de clima

---

[11] Do livro *The Shepherd of Salisbury Plain* (O pastor da Campina de Salisbury), de Hannah More (1745-1833).

teremos amanhã?". "Bem", respondeu o pastor, "teremos todo tipo de clima que me agradar". O doutor então inquiriu: "O que você quer dizer, homem?".

E o pastor respondeu: "Qualquer clima que agrade a Deus sempre me agradará". "Pastor", disse o doutor, "sua sina parece, de alguma forma, difícil". "Ó não, senhor!", replicou, "Eu não acho isso, pois ela abunda em misericórdia". "Mas você tem de trabalhar muito duro, não tem?" "Sim", ele respondeu, "há uma boa carga de labuta, mas isso é melhor do que ser indolente". "Mas você tem de enfrentar muitas dificuldades, não é mesmo?" "Ó, senhor", disse o pastor, "muitas mesmo, porém, não tenho tantas tentações quanto aqueles que vivem em meio às cidades, e tenho mais tempo para meditar em meu Deus. Assim, estou plenamente satisfeito de que onde Deus me colocou é a melhor posição que eu poderia estar". Com um espírito tão feliz e satisfeito, aqueles que são mansos não disputam com Deus. Não falam como alguns tolos sobre terem nascido no planeta errado e colocados em circunstâncias desfavoráveis para seu desenvolvimento. E mesmo quando são açoitados por Deus, não se rebelam contra Ele chamando-o de Mestre rígido, mas emudecem em silêncio e não abrem sua boca porque Deus o fez, ou, se falarem, é para pedir graça para que a provação que estão suportando possa ser para os santificar, ou elevá-los tão alto em graça, como à glória em enfermidades, para que o poder de Cristo possa repousar sobre eles. Os de coração orgulhoso podem, se quiserem, levar seu Mestre a juízo, e a coisa formada pode dizer Àquele que a formou: "Por que me fizeste assim?". Contudo, os homens alcançados pela graça não o farão. Para eles, é suficiente Deus querer algo. Se Ele quer assim, que assim seja, o trono de Salomão ou o calabouço de Jó. Eles desejam ser igualmente felizes onde quer que o Senhor os coloque, ou independentemente de como Ele os tratar.

Eles também são flexíveis à Palavra de Deus. Se são realmente mansos, sempre estão dispostos a se inclinar. Não imaginam o que deve ser a verdade e vêm para a Bíblia em busca de textos que provam o que eles acham que deveria estar lá; mas se aproximam do Livro inspirado com a mente aberta e oram com o salmista: "Desvenda os meus olhos, para que veja as maravilhas da tua lei". E quando perscrutam as Escrituras, encontram mistérios profundos que não podem compreender; e onde, muitas vezes, diferentes partes dos textos parecem conflitar um com o outro, eles deixam a explicação para o grande Intérprete, pois somente Ele pode tornar tudo claro. Quando veem doutrinas que são contrárias às suas próprias ideias e difíceis para a humanidade receber, rendem-se ao divino Espírito e oram: "Aquilo que não sabemos, ensina-nos tu". Quando os mansos de espírito encontram qualquer preceito na Palavra de Deus, eles buscam obedecê-lo imediatamente. Eles não o contestam ou pedem para poder evitá-lo, ou levantam aquela pergunta frequentemente repetida: "Isso é essencial à salvação?". Não são tão egoístas a ponto de não fazerem qualquer coisa, a menos que a salvação dependa disso; amam tanto seu Deus que desejam obedecer até mesmo ao menor mandamento que Ele estabelecer, simplesmente por amor a Ele. O manso de espírito é como as placas fotossensíveis do fotógrafo[12]: à medida que a Palavra de Deus passa diante deles, seu desejo é ter a imagem impressa sobre seu coração. E este é como as tábuas feitas de carne nas quais a mente de Deus fica registrada. O Senhor é o Escritor, e eles se tornam epístolas vivas, escritas, não com tinta, mas com o dedo do Deus vivo. Assim, são mansos para com Deus.

Porém, a mansidão é uma qualidade que também se relaciona grandemente com os homens. E acho que isso significa, inicialmente, que o homem é humilde. Ele se comporta, entre seus companheiros,

---

[12] Spurgeon está se referindo ao processo para registro das fotografias, no qual placas de prata cobertas com iodeto de prata, colocadas no interior de uma câmera escura e expostas à luz, que as lentes permitiam entrar, gravavam as imagens focadas. Assim eram as fotografias do século 19.

não como um César que, como diz Shakespeare: "cavalga o estreito mundo como um outro Colosso"[13] debaixo de cujas pernas homens comuns podem andar e espreitar somente para encontrar para si mesmos túmulos desonrados. Porém, ele sabe que é apenas um homem, e que os que se veem como o máximo entre os homens são, no máximo, homens, e nem ao menos reivindica estar entre os melhores homens. Ele se reconhece como sendo o menor entre todos os santos e, em alguns aspectos, o principal dos pecadores. Portanto, não espera ter o primeiro lugar na sinagoga, ou o assento mais elevado na festa. Mas fica bastante satisfeito se passar entre seus companheiros como um notável exemplo do poder da graça divina e puder ser conhecido por eles como o grande devedor à misericórdia do Senhor. Ele não se avalia como sendo um ser muito superior. Se for de origem nobre, não se enaltece por isso; se for de origem pobre, não se coloca no mesmo nível daqueles que estão em um patamar superior na vida. Não se vangloria de suas riquezas, ou seus talentos. Sabe que o homem não é julgado por Deus por qualquer dessas coisas, e, se o Senhor se agradar de lhe conceder muita graça e de fazê-lo muito útil em seu serviço, ele sente que deve ainda mais a seu Mestre e é ainda mais responsável com Ele. Então, se humilha diante de Deus e caminha mais humildemente diante dos homens. O manso é sempre de temperamento e postura humildes. É o oposto do orgulhoso, que você percebe que deve ser, para si próprio, uma pessoa de certa forma importante, e a quem você sabe que deve ceder, senão terá altercações com ele. É um cavalheiro que deseja que seus cavalheirismos sejam sempre evidentes, ele deve ter sempre seu estandarte diante de si, e todos devem prestar-lhe homenagem. O grande "eu" é evidente nele o tempo todo. Mora na residência bem localizada, no melhor cômodo, no salão frontal. Quando acorda pela manhã, cumprimenta a si próprio e se congratula sobre como ele é uma pessoa fina! Isso é o oposto de ser

---

[13] Da peça teatral *Júlio César*, de William Shakespeare, que provavelmente foi encenada pela primeira vez em 1599.

manso, e, portanto, de humildade. Embora não seja tudo o que há na mansidão, essa é uma das suas principais características.

A partir disso nasce a gentileza de espírito. O homem é gentil, não fala grosseiramente; seus tons não são imperiais, seu espírito não é dominador. Ele abrirá mão do que pensa para estar de acordo com a lei, porque não acha que seu pensamento seja fundamental para o bem dos outros. Busca ser um verdadeiro irmão entre seus irmãos e irmãs, acha honroso ser o guarda à porta da casa do Senhor, ou fazer qualquer serviço subalterno para a família da fé. Conheço alguns cristãos professos que são muito severos e repulsivos. Você jamais consideraria contar-lhes seus problemas, não poderia abrir-lhes seu coração. Eles não parecem capazes de descer ao seu nível. Estão no topo da montanha e falam-lhe como se você fosse uma pobre criatura muito inferior a eles. Esse não é o verdadeiro espírito cristão; não é ser manso. O cristão que é realmente superior entre aqueles os quais transita é apenas o homem que se humilha ao menor nível para o bem geral de todos. Ele imita Seu Mestre que, embora fosse igual a Deus, "a si mesmo se esvaziou, assumindo a forma de servo". E, em consequência, é amado e confiável como seu Mestre; até mesmo as criancinhas vêm a ele, e ele não as repele. É gentil com elas, como uma mãe amorosa que evita toda grosseria quando lida com seus filhos.

Além de ser humilde e gentil, os mansos são pacientes. Eles sabem que "é inevitável que venham escândalos", mas são mansos para não os provocar ou os recepcionar. Se outros os afligem, eles suportam. Não perdoam meramente sete vezes, mas setenta vezes sete. De fato, não sentem como se algo tivesse sido feito que necessitasse de perdão, pois não o tomam como afronta. Consideram que um engano foi cometido, então não se irritam com isso. Podem ficar irados por um momento, não seriam humanos se não ficassem. Mas existe o irar-se e não pecar, e o manso volta sua ira totalmente contra o mal e para longe da pessoa que o praticou, e assim está disposto a fazer-lhe algo bom como se essa pessoa jamais houvesse transgredido. Se houver aqui alguém com espírito iracundo, leve, gentilmente, essas afirmações para casa e tente reparar essa questão, pois um cristão deve extrair o melhor de um espírito irado. Panelas pequenas logo transbordam à fervura, e eu já conheci alguns cristãos professos que são como tais panelinhas, que o mínimo fogo já as faz transbordar o caldo. Mesmo que você nunca tivesse desejado ferir seus sentimentos, eles se sentem terrivelmente feridos. A mais básica observação é tomada como insulto, e uma construção, que nunca foi a pretendida, é colocada sobre essas coisas. E eles transformam seus irmãos em ofensores por uma palavra, ou meia palavra, ou até por não proferirem qualquer palavra. Às vezes, se um homem não os vê na rua porque tem problema de visão, eles têm certeza de que os ignorou de propósito e que não lhes dirigiria a palavra, pois não são tão abastados quanto ele. Quer seja algo feito ou que se deixou de fazer, igualmente falha em os agradar. Eles estão sempre alertas para causar aborrecimentos e quase me lembram do irlandês da Feira Donnybrook, que lançava seu casaco sobre a lama e pedia a alguém que passasse por cima dele para que, em seguida, ele tivesse o prazer de derrubar a pessoa. Quando ouço sobre alguém assim perdendo a calma, sempre oro para que ele não a encontre novamente, pois esses geniosos estão perdidos. O manso de espírito pode ser naturalmente muito esquentado e exaltado, mas a graça que mantém seu gênio em sujeição lhe foi concedida. Ele não diz: "Essa é minha constituição, não posso mudá-la", como muitos o fazem. Deus jamais nos desculpará por causa de nossa constituição; Sua graça nos é concedida para nos curar das nossas peculiaridades e para eliminar nossa corrupção. Não devemos poupar qualquer amalequita porque eles são chamados de pecadores naturais, mas devemos trazê-los para fora, mesmo Agague, que age delicadamente, e abatê-los diante do Senhor, que pode nos fazer mais do que vencedores sobre o pecado,[14] quer seja da constituição ou de outra natureza.

---

[14] Conforme registrado em 1 Samuel 15. A obediência parcial de Saul de eliminar totalmente os amalequitas, ao poupar o rei deles, Agague, foi a razão de ele ser rejeitado por Deus.

No entanto, tendo em vista que este é um mundo mau, e que há homens que nos perseguirão e outros que tentarão nos furtar de nossos direitos causando-nos sérios prejuízos, o manso vai além de suportar o que deve ser suportado, pois gratuitamente perdoa a injustiça que lhe foi feita. É um mau sinal quando alguém se recusa a perdoar. Ouvi um pai dizendo que seu filho, infelizmente, apareceria em sua porta novamente. Será que esse pai sabe que jamais poderá entrar no Céu enquanto acalentar um espírito como esse? Ouvi alguém dizer: "Nunca vou perdoar o Fulano de Tal". Você sabia que Deus jamais ouvirá sua oração por perdão até que você perdoe o seu próximo? Essa é a própria condição ensinada por Cristo a Seus discípulos até hoje: "perdoa-nos as nossas dívidas, assim como nós temos perdoado aos nossos devedores". Se você agarra seu irmão pela garganta porque ele lhe deve cem centavos, pode pensar que Deus lhe perdoará os mil talentos que você deve a Ele? Assim, o de espírito manso perdoa os que lhe fizeram mal; ele reconhece que os prejuízos lhe são permitidos como provações de Sua graça, para ver se pode perdoá-los, e ele perdoa, e o faz de todo coração. Costumava-se dizer do arcebispo Cranmer[15]: "Faça mal ao senhor de Catenbury, e ele lhe será amigo enquanto você viver". Esse era um espírito nobre — pegar o homem que fora seu inimigo e transformá-lo dali em diante em amigo. Essa é a forma de imitar aquele que orou por Seus assassinos: "Pai, perdoa-lhes, porque não sabem o que fazem"; e é o contrário de um espírito vingativo. Há alguns que afirmam que foram maltratados e retaliarão; "retaliação" não é uma palavra cristã. "Vingança" não é um termo que deveria ser encontrado no dicionário cristão; ele o considera um dialeto babilônico e uma linguagem satânica. A única vingança do manso é amontoar brasas viva sobre a cabeça do seu adversário fazendo todo o bem que pode em retribuição ao mal que o outro lhe fez.

---

[15] Thomas Cranmer (1489–1556) foi o primeiro arcebispo de Canterbury, líder da Igreja Anglicana, no início do protestantismo na Inglaterra. Atuou como conselheiro de Henrique VIII e de Eduardo VI. Foi o responsável por disponibilizar a Bíblia em inglês a todas as paróquias e compôs o *Livro de Oração* Comum (liturgia oficial anglicana).

Penso que mansidão também envolve contentamento. O espírito manso não é ambicioso; ele está satisfeito com o que Deus lhe provê. Ele não diz que sua alma detesta o maná diário e a água da rocha nunca perde a doçura ao seu paladar. Seu lema é: "A providência divina é minha herança". Ele tem seus altos e baixos, mas bendiz o Senhor Seu Deus que é o Deus da montanha, e também dos vales. E se puder ter a face de Deus brilhando sobre ele, não se importa se é sobre montes ou vales que caminha. Ele está satisfeito com o que tem e diz: "O suficiente é tão bom quanto um banquete". O que quer que lhe aconteça, sabendo que seu tempo está nas mãos de Deus, está tudo bem para ele, no melhor e mais enfático sentido. O manso não é Napoleão, que se arrastaria sobre o sangue humano para alcançar um trono e fecha os portões da misericórdia à humanidade. O manso não é avarento, acumulando com avidez devoradora tudo que lhe vem à mão e acrescentando casas, e campo sobre campo enquanto viver. Ele tem um desejo salutar de usar seus talentos divinamente concedidos e encontrar para si próprio uma posição na qual possa fazer mais bem aos seus companheiros; porém não é inquieto, ansioso, impaciente, lutuoso, tenaz. É satisfeito e agradecido.

Coloque estas cinco qualidades juntas e terá um homem manso: humilde, gentil, paciente, perdoador e satisfeito. Totalmente o oposto do homem que é orgulhoso, áspero, iracundo, vingativo e ambicioso. Somente a graça de Deus, à medida que age em nós pelo Espírito Santo, pode nos tornar mansos. Há alguns que consideram a si mesmos mansos, mas na realidade não o são. Os Homens da Quinta Monarquia,[16] nos dias de Cromwell, diziam que eram mansos e que, portanto, herdariam a Terra. Assim queriam retirar outros homens de suas propriedades e casas para que pudessem se apossar delas. Dessa forma, provaram não ser mansos, pois, se fossem, estariam satisfeitos

---

[16] Seita Puritana inglesa extremista do século 17, que, interpretando erradamente a Bíblia, afirmava que o tempo da Quinta Monarquia estava próximo. Essa monarquia estaria na sucessão dos Impérios Assírio, Babilônico, Grego e Persa, e nela Cristo governaria por mil anos com Seus santos.

com o que tinham e deixariam as outras pessoas usufruírem do que lhes pertencia. Todos somos de temperamento muito bom enquanto as coisas seguem da nossa maneira; no entanto, a verdadeira mansidão, que é obra da graça, suportará o fogo da perseguição e o teste da hostilidade, crueldade e maldade, do mesmo modo que a mansidão de Cristo na cruz do Calvário.

2. Segundo, meditemos sobre COMO O MANSO HERDARÁ A TERRA.

Jesus disse: "bem-aventurados os mansos, porque eles herdarão a terra". Essa promessa é semelhante à inspirada declaração de Paulo: "a piedade para tudo é proveitosa, tendo a promessa da vida presente e da que há de vir". Assim, é o manso que herda a Terra, pois ele é o seu conquistador. É o conquistador do mundo onde quer que vá. William, o Conquistador, veio à Inglaterra com uma espada e fogo, mas o conquistador cristão ganha a vitória de maneira superior pelas armas da bondade e mansidão. Na época dos Puritanos, havia um pastor eminente e piedoso chamado Sr. Deering[17], de quem ainda temos alguns escritos valiosos. Certo dia, enquanto sentado à mesa, um rapaz grosseiro o insultou lançando-lhe um copo de cerveja ao rosto. O bom homem simplesmente pegou seu lenço, enxugou a face e continuou a jantar. O rapaz o provocou uma segunda vez fazendo o mesmo, e o fez uma terceira vez com muitas injúrias e blasfêmias. O senhor Deering não lhe respondia, somente enxugava o rosto. Na terceira vez, o rapaz caiu aos seus pés e lhe disse que a sua demonstração de mansidão cristã e o olhar de amor terno e misericordioso que o Sr. Deering lhe lançava o haviam subjugado. Dessa forma, o bom homem foi o conquistador do malvado. Nenhum Alexandre jamais foi maior do que o homem que pôde suportar insultos como aqueles. E o santo Sr. Dodd[18], quando falou com um homem que

---

[17] Edward Deering (1540–76), puritano inglês nascido em Kent.
[18] John Dodd, ministro puritano inglês do século 17.

lançava impropérios na rua, recebeu um golpe na boca que lhe retirou dois de seus dentes. O santo homem enxugou o sangue de sua face e disse ao seu agressor: "Você pode me arrancar todos os dentes se me permitir que lhe fale para que sua alma seja salva". E o homem foi ganho pelo domínio próprio cristão. É maravilhoso que naturezas embrutecidas se dobrem diante de naturezas gentis. No fim das contas, não é o forte que conquista o fraco. Há uma longa animosidade, como é de seu conhecimento, entre os lobos e as ovelhas; e as ovelhas nunca entraram na luta, no entanto, conquistaram a vitória, e há mais ovelhas do que lobos no mundo atual. Em nosso país, os lobos já foram todos mortos[19], mas as ovelhas se multiplicaram aos milhares. A bigorna permanece enquanto o martelo bate sobre ela, porém uma bigorna desgasta muitos martelos. E a gentileza e a paciência, no final, ganharão. Neste momento, quem é o mais poderoso? César e suas legiões ou Cristo com Sua cruz? Sabemos por antecipação quem será o vitorioso — Maomé com sua afiada cimitarra[20] ou Cristo e Sua doutrina de amor? Quando todas as forças terrenas caírem, o reino de Cristo permanecerá. Nada é mais poderoso do que a mansidão, e é o manso quem herda a Terra.

Eles herdam a Terra em outro sentido, a saber, alegram-se com o que têm. Se você encontrar um homem que desfrute da vida inteiramente, lhe direi logo que ele é um homem manso e tranquilo. Desfrutar da vida não consiste em posses ou riquezas. Há muitos ricos que são verdadeiramente miseráveis, e muitos pobres que são igualmente miseráveis. Você pode ter miséria ou felicidade, em qualquer situação de vida, de acordo com o estado de seu coração. O manso é agradecido, feliz e contente, e é o contentamento que torna a vida agradável. É assim com nossas refeições ordinárias. Aqui um homem chega a casa

---

[19] Os lobos foram considerados extintos na Inglaterra, Escócia e Irlanda no século 18, devido à caça. No entanto, atualmente, ecologistas estudam como reintroduzir esses animais nas florestas das Terras Altas escocesas em busca de equilíbrio ecológico.

[20] Sabre oriental de lâmina curvada e um só gume.

para jantar. Ele inclina sua cabeça e diz: "Por aquilo que estamos prestes a receber, o Senhor nos faz verdadeiramente agradecidos". Abre seus olhos e resmunga: "O quê?! Esse lombo de carneiro gelado de novo?"[21]. Seu espírito é muito diferente do bom e velho cristão que, quando chegou ao seu lar, encontrou duas sardinhas e duas ou três batatas sobre a mesa e sobre eles pronuncia esta bênção: "Pai celestial, agradecemos-te por teres vasculhado terra e mar para nos encontrares esta alegria". Seu jantar não foi tão bom quanto do outro homem, mas ele estava satisfeito com aquele alimento, e isso tornou a refeição melhor. Ó, as queixas de alguns, mesmo cercados de riquezas, e a alegria de outros quando têm pouco, pois a refeição feita de hortaliças é mais doce do que o boi gordo se há o contentamento. "...a vida de qualquer não consiste na abundância do que possui", porém consiste no espírito manso e tranquilo, que agradece a Deus por tudo aquilo que Ele se agrada em conceder.

"Ó", diz alguém, "isso não é herdar a Terra, é herdar apenas parte dela". Bom, é herdar tanto quanto necessitamos, e há um sentido em que o manso realmente herda toda a Terra. Senti muitas vezes, quando estava com um espírito manso e sereno, como se tudo me pertencesse. Já passei por um zelador de parque e me senti obrigado a agradecer-lhe por mantê-lo em ordem com o propósito de que eu caminhe por ali. Já entrei na casa de alguém, observei sua galeria de pinturas e fiquei-lhe grato por comprar tais quadros maravilhosos. Desejei que pudesse comprar mais alguns para que eu pudesse admirá-los da próxima vez que fosse lá. Estava feliz de eu mesmo não os ter adquirido, e ter de pagar empregados para que os cuidassem, e que tudo estivesse em ordem para mim. Algumas vezes olho de cima de uma colina para um extenso planalto ou algum vilarejo pacato, ou para uma cidade industrial, atulhada de casas e lojas, e sinto como se todos me pertencessem, embora eu não tivesse a preocupação de

---

[21] Do inglês "cold mutton", qualquer receita feita a partir de sobra da carne de carneiro e servida gelada.

coletar os aluguéis, que talvez as pessoas não gostem de pagar. Eu precisava apenas admirá-los enquanto o sol brilhava sobre eles e erguer o olhar para o Céu dizendo: "Meu Pai, tudo isso te pertence e, portanto, pertence a mim, pois sou herdeiro de Deus e coerdeiro com Cristo". Assim, nesse sentido, o manso de espírito herda toda a Terra.

Ele também herda em outro sentido, por assim dizer, tudo que os outros possuem; ele se alegra com o fato de eles o possuírem. Talvez ele esteja andando e se fatigue; alguém passa por ele a cavalo e ele diz a si mesmo: "Graças a Deus que meu vizinho não sofre meu aperto, não gostaria de vê-lo em dificuldades como a minha". Às vezes, quando estou doente, alguém entra em meu aposento e diz: "Acabei de ver alguém que está pior do que você!", mas eu não recebo qualquer consolo com tal observação. Minha resposta mais comum é: "Você me fez sentir pior do que eu estava antes ao me dizer que existe alguém em pior situação que eu". O maior consolo para um manso é: "Embora eu esteja deprimido em meu espírito, alegro-me de que haja cantores com suas doces vozes!". Ou este: "Embora eu seja uma coruja, regozijo-me em que haja cotovias para voar e cantar, e águias para ascender em direção ao Sol". O de espírito manso fica feliz em saber que os outros são felizes, e a felicidade deles é sua felicidade. Ele usufruirá de muitos Céus, porque o Céu de todos os demais será um Céu para ele. Será Céu para ele saber que outros tantos estão no Céu, e louvará a Deus por todos que ele encontrar lá. A mansidão nos traz prazer com o que pertence a outros, e, no entanto, eles não perdem nada por causa de nosso deleite no que possuem.

Novamente, o manso herda a Terra neste sentido: se houver qualquer um que seja bom perto dele, ele certamente o perceberá. Conheço alguns que se unem a uma igreja e depois de um curto tempo dizem: "Lá não há amor!". Quando um irmão diz: "Não há amor lá!", sei que está olhando em um espelho e que seu próprio reflexo sugere tal observação. Outros clamam contra o engano e a hipocrisia na igreja, e até têm motivos para fazê-lo. É lamentável, no entanto, que não consiga ver as boas pessoas, os verdadeiros santos, que lá estão. Ainda há pessoas que amam e temem ao Senhor, um povo que será Seu no dia em que recolher Suas joias. E é triste se não conseguirmos enxergar o que o Senhor tanto admira. Se somos mansos, devemos mais prontamente ver as excelências dos outros. Há uma passagem linda em *A peregrina*[22] que conta que, quando Cristã e Misericórdia já haviam sido banhadas e revestidas de linho fino, puro e alvo, elas começaram a elogiar uma à outra como mais bela que si mesma. Se também o fizermos, não pensaremos tão mal, como alguns de nós, desta pobre vida presente, mas a atravessaremos agradecendo a Deus e louvando Seu nome, e assim herdando a Terra.

Com um temperamento gentil e um espírito sereno, e com a graça para preservá-lo assim, herdará a Terra sob qualquer circunstância. Se o problema vier, você se inclinará a ele, como o salgueiro se dobra ao vento e, assim, escapa aos ferimentos que recaem sobre as árvores mais robustas. Se vierem aflições, você não se permitirá ser atormentado por elas, mas dirá: "Com um pouco de paciência, todas elas passarão". Creio que nunca admirei tanto o arcebispo Leighton[23] do que quando li sobre certo incidente registrado a respeito de sua vida. Ele morava em uma pequena casa na Escócia e tinha apenas um servo além dele. John, o servo, era muito esquecido e, uma manhã quando ele acordou antes de seu mestre, pensou que gostaria de tirar o dia para pescar. Assim, lá se foi e trancou seu mestre em casa. Pescou até tarde naquele dia, esqueceu-se totalmente de seu senhor e, quando voltou, o que vocês acham que o bispo lhe disse? Disse simplesmente: "John, se você tirar outro dia para pescaria, por favor, deixe-me a chave". Ele havia desfrutado um dia feliz em oração e estudo totalmente sozinho. Se fosse com alguns de nós, ficaríamos

---

[22] *A peregrina*, Publicações Pão Diário, 2020.
[23] Robert Leighton (1611–84), arcebispo de origem inglesa que serviu como ministro em Glasgow e diretor da Universidade de Edimburgo, Escócia. Durante boa parte de seu ministério tentou promover a paz entre anglicanos e presbiterianos, evitando a perseguição dos últimos. Mas não foi bem-sucedido.

furiosos, irritados e elaborando o sermão para o John quando ele voltasse, e ele certamente merecia isso. Contudo, não suponho que valeria à pena que o bom homem assim se elevasse sobre o servo. Penso que esse incidente seja uma boa ilustração de nosso texto.

Todavia, o texto quer dizer mais do que falei, pois a promessa "eles herdarão a terra" pode ser lida "eles herdarão a Terra Prometida", isto é a Canaã celestial. Esses são os que herdarão o Céu porque lá todos são mansos. Não há rivalidade lá; o orgulho também não tem lugar. A raiva, a ira e a hostilidade jamais poluíram a atmosfera da Cidade Celestial. Lá, todos se inclinam diante do Rei dos reis e se regozijam na comunhão com Ele e uns com os outros. Ah, amados, se vamos entrar no Céu, devemos lançar fora a ambição, a insatisfação, a ira e o egocentrismo e o egoísmo. Que a graça divina nos livre de tudo isso, pois, enquanto esse mau fermento estiver em nossa alma, não podemos ir aonde Deus está.

E, por fim, amados amigos, o texto significa ainda mais que isso: possuiremos esta Terra por pouco tempo. Davi escreveu: "Mas os mansos herdarão a terra e se deleitarão na abundância de paz". Depois que esta Terra for purificada pelo fogo, após Deus reduzir as obras dos homens a cinzas e todo o traço da humanidade corrupta for destruído pelo calor fervente, então esta Terra será renovada, e os anjos descerão cantando novas canções, e a Nova Jerusalém virá do Céu de Deus em toda sua glória. E sobre esta Terra, onde havia guerras, o clarim não mais tocará, não haverá espadas ou lanças, e os homens não mais aprenderão as artes da guerra. Os mansos então possuirão a terra, e todos as colinas e vales se alegrarão, e todo planalto frutífero ressoará com sons de júbilo, paz e alegria por todo o milênio. O Senhor o enviou, e que todos nós possamos estar entre os mansos que possuirão o novo Éden cujas flores jamais murcharão e onde o rastro da serpente nunca mais será visto.

Contudo, isso deve ser obra da graça. Precisamos nascer de novo, senão nosso espírito orgulhoso jamais será manso. E se somos nascidos de novo, que seja nossa alegria, enquanto vivermos, demonstrar que somos os seguidores do manso e humilde Jesus, com cujas palavras cheias de graça encerro minha abordagem: "Vinde a mim, todos os que estais cansados e oprimidos, e eu vos aliviarei. Tomai sobre vós o meu jugo, e aprendei de mim, que sou manso e humilde de coração, e encontrareis descanso para a vossa alma. Porque o meu jugo é suave, e o meu fardo é leve".

Que assim seja, por amor a Cristo! Amém!

4

A QUARTA BEM-AVENTURANÇA[24]

...bem-aventurados os que têm fome e sede de justiça, porque eles serão fartos...
(Mateus 5:6)

Observei anteriormente que cada uma das sete Bem-aventuranças se eleva quanto àquela que a precede e se eleva a partir dela. É mais elevado ter fome e sede de justiça do que ser manso ou chorar, ou ser pobre de espírito. Contudo, nenhum homem se torna faminto e sedento pela justiça, a menos que tenha primeiramente passado pelos estágios preliminares: tenha se convencido da pobreza de sua alma, chorado pelo pecado e se rendido humildemente diante de Deus. Já mostrei que o manso é aquele que está satisfeito com o que Deus lhe deu neste mundo, cuja ambição está em extinção e cujas aspirações não são pelas coisas

---

[24] Este sermão foi pregado no Metropolitan Tabernacle em 14 de dezembro de 1873.

debaixo do Sol. Muito bem, depois de cessar sua fome e sede por este mundo, ele é o homem que anseia por algo melhor! Depois de despedir-se dessas coisas rudimentares e perecíveis, ele é o homem que lança toda a intensidade de sua natureza na busca por aquilo que é celestial e eterno — que aqui é descrito como "justiça". O homem precisa primeiramente ser curado de seu anseio pelas coisas terrenas antes que possa sentir fervor pelas celestiais. "Ninguém pode servir a dois senhores". Até que o antigo princípio egoísta tenha sido extirpado e esse homem se torne humilde e manso, ele não começará a ter fome e sede de justiça.

1. Procedendo de uma vez para considerar nosso texto, percebemos aqui, primeiramente, o OBJETIVO DESEJADO PELO BEM-AVENTURADO. Ele tem fome e sede de justiça.

Assim que o Espírito de Deus o desperta e o torna um abençoado, *ele começa a almejar a justiça diante de Deus*. Ele sabe que é pecador e que como tal é injusto, portanto, é condenado no tribunal do Altíssimo. Porém ele deseja ser justo. Deseja ter sua iniquidade removida e a degradação do passado eliminada. Como isso pode acontecer? A pergunta que faz continuamente é: "Como posso ser transformado em justo à vista de Deus?". E nunca se satisfaz até que lhe digam que Jesus Cristo "o qual para nós foi feito por Deus sabedoria, e justiça, e santificação, e redenção". Então vê que Cristo morreu no lugar do pecador e entende como os pecados são apagados. E quando compreende que Cristo efetuou a perfeita justiça, não para si mesmo, mas para o injusto, ele entende como, pela imputação, foi feito justiça à vista de Deus pela justiça de Jesus Cristo! No entanto, até que o saiba disso, ele tem fome e sede de justiça e é bem-aventurado em assim se sentir.

Depois que descobre que Cristo deve ser sua justiça, no que tange à justificação, esse homem então *começa a desejar ter uma natureza justa*. "Ora", diz ele, "não me basta saber que meu pecado é perdoado.

Tenho uma fonte de pecado dentro, em meu coração, e águas amargas vertem continuamente dele. Ó, que minha *natureza* possa ser transformada para que eu, o amante do pecado, possa tornar-me um amante daquilo que é bom! Para que eu, agora cheio de maldades, possa me tornar pleno de santidade!". Ele começa a clamar por isso e é bem-aventurado nesse clamor — porém, nunca descansa até que o Espírito de Deus o faça uma nova criatura em Cristo Jesus. É renovado no espírito de sua mente, e Deus lhe dá, pelo menos em certa medida, aquilo pelo que teve fome e sede, a saber, a justiça de natureza. Passou da morte para a vida, das trevas para a luz! As coisas que anteriormente amava agora abomina e aquilo que detestava agora ama!

Após ser regenerado e justificado, ainda almeja por justiça em outro sentido — *quer ser santificado*. O novo nascimento é o início da santificação e esta é a continuação da obra começada na regeneração, assim o bem-aventurado clama: "Senhor, ajuda-me a ser justo em meu caráter. Tu desejas a verdade no íntimo, mantém toda minha natureza pura. Não permita que as tentações me dominem. Subjuga meu orgulho, corrige meu julgamento, mantém minha vontade sob controle. Faz-me um santo no mais íntimo templo de meu ser e que minha conduta com meus companheiros seja, em todos os aspectos, tudo o que deveria ser. Que eu fale de tal modo que possam sempre acreditar em minha palavra. Permita-me agir de maneira que ninguém possa me acusar de injustiça. Que minha vida seja transparente. Que ela seja, tanto quanto possível, a vida de Cristo escrita novamente". Assim, vejam, o verdadeiro bem-aventurado tem fome e sede de justificação, regeneração e santificação!

Quando alcança tudo isso, *ele deseja a perseverança na graça*. Tem sede de ser *preservado* santo. Se supera um mau hábito, anela destruir todos os demais. Quando adquire uma virtude, aspira obter ainda outras. Se Deus lhe concede muita graça, ele tem sede por mais. Se, em alguns aspectos, ele se assemelha a seu Mestre, percebe seus defeitos e lamenta por estes — e prossegue em ter sede de ser mais semelhante a Jesus. Está sempre faminto e sedento por ser corrigido e preservado na correção. Assim ora pela perseverança final e por perfeição. Sente ter tal fome e sede por justiça que nunca se satisfará até que desperte à imagem de seu Senhor, de modo que nunca se satisfará até que seu último pecado interior seja subjugado e ele não mais tenha propensão ao mal, ao contrário, deseja ficar fora da linha de tiro da tentação!

E tal homem, amados, *deseja honestamente ver a justiça promovida entre seus semelhantes*. Deseja que todos os homens pratiquem o que é correto e tenta, por seu próprio exemplo, ensinar-lhes a fazê-lo. Almeja que não haja fraudes, falsos testemunhos, perjúrio, roubo, lascívia. Anela que a santidade domine todo o mundo. Consideraria um dia feliz se cada pessoa pudesse ser bem-aventurada e se não houvesse punição para ofensas porque estas teriam cessado. Anseia ouvir que a opressão foi exterminada. Quer ver o justo governo em cada nação. Aspira a que cessem as guerras e que as regras e princípios dos justos, e não a força e o afiado gume da espada, possam governar toda a humanidade. Sua prece diária é: "Senhor, venha o Teu reino, pois Teu reino é justiça e paz". Quando vê algum mal sendo feito, pranteia sobre ele. Se não puder desfazê-lo, lamenta ainda mais! E esforça-se para, tanto quanto depender dele, erguer um protesto contra todo tipo de injustiça. Ele tem fome e sede de justiça. Não está ansioso para que seu partido político possa chegar ao poder, mas tem fome e sede de que a justiça seja feita em seu país. Não anela para que suas opiniões se destaquem e que sua seita ou denominação possa crescer em número e influência, mas deseja realmente que a justiça seja evidente. Não anseia poder fazer seus semelhantes oscilarem de acordo com seus próprios desejos, mas, sim, que possa influenciá-los para o que é bom e verdadeiro, pois sua alma arde com este desejo único — a justiça —, justiça para si, justiça diante de Deus, justiça entre os homens! É isso que deseja ver e por isso tem fome e sede — e, por isso, Jesus diz que ele é bem-aventurado.

2. Agora PERCEBA O DESEJO EM SI.

Diz-se que ele tem fome e sede de justiça — uma descrição dupla de seu desejo ardente. Certamente, teria sido suficiente que o homem tivesse fome por justiça, mas ele tem sede também. Todos os apetites, desejos e anseios de sua natureza espiritual dirigem-se ao que ele anela acima de tudo o mais, isto é, a justiça. Ele sente que não a atingiu ainda, por isso está faminto e sedento por ela. Também lamenta que outros não a tenham atingido e, portanto, tem fome e sede por eles — para que também possam adquiri-la.

Primeiramente podemos dizer que *essa paixão é verdadeira.* Ter fome e sede são fatos, não fantasia. Suponha que você encontre um homem que lhe diz que está quase morrendo de tanta fome e você lhe diga: "Tolice, meu caro amigo, esqueça isso! É só um capricho seu, pois pode muito bem viver sem comida se quiser". Ora, ele sabe que você zomba dele! E se você pudesse surpreender algum pobre desgraçado que vagueia em um barco à deriva no mar e, por dias, não tivesse hidratado sua boca a não ser com a água salgada, o que só fez aumentar sua sede, e você lhe dissesse: "Com sede? É um devaneio seu, está nervoso, só isso, e não precisa de bebida", o homem logo lhe diria que ele tem certeza de que, se não tomar água, morrerá. Não há qualquer coisa neste mundo que seja mais real do que a fome e a sede — e o verdadeiramente bem-aventurado tem tal paixão, desejo e anelo pela justiça que só poderia ser comparado a estar faminto e sedento. Ele *precisa* que seus pecados sejam perdoados, *precisa* ser revestido da justiça de Cristo e *precisa* ser santificado! E sente que partirá seu coração se não puder livrar-se do pecado. Ele se consome, anseia e ora para ser feito santo! Não consegue se satisfazer sem essa justiça, e sua fome e sede por ela é extremamente verdadeira.

E não é apenas verdadeira, *é também muito natural.* É natural aos homens, que precisam de pão, sentir fome. Você não precisa lhes dizer quando ter fome ou sede. Se não tiverem pão ou água, naturalmente terão fome e sede. Então, quando o Espírito de Deus transforma nossa natureza, esta ficará faminta e sedenta pela justiça. A velha natureza jamais ficou assim, não poderia e nem ficaria — ela anseia pelas alfarrobas que os porcos comem —, mas a nova natureza tem fome e sede de justiça. E tem de ser assim; ela não consegue evitá-lo. Não é necessário dizer ao avivado: "Deseje santidade!". Ele abriria mão de seus olhos para possuí-la! Não precisa falar para um homem que esteja sob convicção de pecados: "Deseje a justiça de Cristo". Ele cederia sua vida, se pudesse, para obtê-la! Ele tem fome e sede de justiça que aflora de todas as necessidades de sua natureza.

E esse desejo é descrito com termos que nos fazem perceber que *ele é intenso*. O que é mais intenso do que a fome? Quando alguém não consegue achar nutrição, sua fome parece devorá-lo — seu anseio por pão é terrível. Ouvi dizer que, nos tumultos em busca de pão, os clamores dos homens e mulheres por comida é algo mais terrível de se ouvir do que o grito de "Fogo!" quando há uma grande cidade em chamas. "Pão! Pão!" Aquele que não o possui sente que deve tê-lo. No entanto, o anseio provocado pela sede é ainda mais intenso. Diz-se que você pode atenuar o sofrimento pela fome, mas que a sede torna a vida em si um fardo — o homem precisa beber água ou morrerá. Bem, assim é o intenso anelo pela justiça do homem que Deus tem abençoado! Ele a deseja tão urgentemente que diz, na angústia de seu coração, que não pode viver sem ela. O salmista afirma: "A minha alma anseia pelo Senhor mais do que os guardas pelo romper da manhã; sim, mais do que aqueles que esperam pela manhã".

Não há outro desejo que se assemelhe ao de um homem avivado pela justiça e, portanto, *esse desejo normalmente se torna doloroso*. A fome e a sede duram até certo ponto, envolvem dores mais agudas, e o homem que busca a justiça de Cristo está cheio de dores indescritíveis até que a encontre. O cristão que guerreia contra suas corrupções é levado a bradar: "Miserável homem que sou!" até que entenda que Cristo conquistou a vitória para ele. E o servo de Cristo que deseja reivindicar as nações e trazer seus semelhantes para seguir o que é certo e bom fica, muitas vezes, sujeito a sofrimentos indizíveis. Ele suporta o fardo do Senhor e vai para seu trabalho como quem tem um fardo muito pesado para carregar! É sofrido, de fato, para a alma ser levada a ter fome e sede de justiça.

A expressão em nosso texto também indica que *é um desejo muito vigoroso*. O que um homem faminto não será levado a fazer? Há um antigo provérbio que diz que o faminto quebra muralhas de pedra, e certamente, um homem com fome e sede de justiça quebrará tudo para consegui-la! Não ouvimos falar de penitentes sinceros viajando muitos quilômetros para chegar onde possam ouvir o evangelho? Não perdem seu descanso noturno e chegam às portas da morte, de tanta determinação de clamar pelo perdão de Deus? E quanto ao salvo que deseja que outros sejam salvos, com que frequência, em seu desejo de os conduzir pelo caminho certo, ele não abrirá mão do conforto de seu lar para ir a um país distante? Quantas vezes ele traz sobre si o escárnio e a hostilidade dos pagãos porque o zelo pela justiça age grandiosamente em seu espírito? Eu gostaria de ver muitos desses famintos e sedentos como membros de nossas igrejas, pregando em nossos púlpitos, trabalhando com afinco em nossas Escolas Dominicais e missões — homens e mulheres que sentem que *devem* ver o reino de Cristo vir ou dificilmente sobreviverão! Esse anseio santo pela justiça que o Espírito Santo implanta na alma do cristão, torna-se dominante — não é apenas vigoroso, mas domina todo seu ser! Ele coloca todos os outros anseios e desejos de lado. Ele pode ser um perdedor, mas precisa ser justo! Pode ser ridicularizado, mas deve apegar-se à integridade! Pode suportar o escárnio, mas precisa declarar a verdade de Deus! Ele deve ter justiça! Seu espírito o exige por meio de um apetite que domina sobre todas as demais paixões ou propensões! Verdadeiramente bem-aventurado é o homem que é assim.

Pois, anotem, *sentir fome de justiça é sinal de vida espiritual*. Ninguém que esteja morto espiritualmente jamais sentiu essa fome.

Em todas as catacumbas jamais se encontrou um morto faminto ou sedento — e nunca se encontrará. Se você sentir fome ou sede de justiça, estará espiritualmente vivo! *Também é prova de saúde espiritual.* Os médicos lhe dirão que consideram o bom apetite como sendo um dos sinais de que o corpo está em condições saudáveis — acontece o mesmo com a alma.

Ó, ter tal apetite voraz por Cristo! Ó, ter avidez pelas coisas excelentes! Ó, almejar a santidade — de fato, sentir fome e sede de tudo o que é justo, bom, puro, amável e de boa fama. Que o Senhor nos envie mais dessas intensas fome e sede! Essa é a condição oposta àquela de autossuficiência e de virtude própria. Os fariseus jamais sentem fome e sede de justiça. Eles têm toda a justiça que precisam e até acham que possuem alguma de reserva para aquele pobre publicano logo ali que clama: "Ó Deus, tem misericórdia de mim, pecador!". Se um homem pensa ser perfeito, o que ele pode entender sobre ter fome e sede? Já está pleno com tudo o que precisa e pensa que pode conceder de suas riquezas redundantes a esse pobre irmão que suspira sobre suas imperfeições! De minha parte, estou satisfeito em ainda ter a bem-aventurança de ter fome e sede, pois essa bênção emparelha com outra experiência, a saber, de ser farto, e quando alguém está farto, em um sentido, ainda assim, em outro, tem fome por mais. Isso forma a bem-aventurança completa: "…bem-aventurados os que têm fome e sede de justiça, porque eles serão fartos…".

3. Depois de descrever o objetivo e o desejo do homem verdadeiramente bem-aventurado, devo prosseguir, em terceiro lugar, em falar da BEM-AVENTURANÇA EM SI, a bênção que Cristo pronuncia sobre aqueles que têm fome e sede de justiça: "…eles serão fartos".

Essa é *uma bênção singular*. Ninguém mais é "farto". Um homem deseja carne, ele a come e fica farto por um tempo, mas pouco depois tem fome novamente. Outro deseja beber. Ele o faz e logo tem sede de novo. Mas aquele que tem fome e sede de justiça será tão "farto" que jamais ficará sedento como antes! Muitos têm fome e sede de dinheiro, mas ninguém jamais preencheu sua alma com ouro — isso não pode ser feito. O homem mais rico que já viveu nunca foi tão rico quanto ele gostaria de ser. Os homens já tentaram preencher sua alma com posses terrenas. Acrescentam campo sobre campo, fazendas sobre fazendas, ruas sobre ruas e cidades sobre cidades até parecer que poderiam estar sozinhos na terra, mas ninguém jamais satisfez sua alma com propriedades, por maior que estas sejam! Poucos acres a mais seriam necessários para cercar aquele canto ou unir aquela fazenda ao montante principal de seu território — ou se pudesse ter um pouco mais daquele elevado, talvez ficasse satisfeito, mas ele não o adquiriu e assim permaneceu descontente. Alexandre [o Grande] conquistou o mundo, mas não conseguiu fartar sua alma. Ele queria conquistar mais mundos! E se você e eu pudéssemos possuir uma dúzia de mundos, se possuíssemos todas as estrelas e se pudéssemos chamar todo o espaço de nosso, não encontraríamos o suficiente para satisfazer nosso espírito imortal. Seríamos magnificamente pobres, uma companhia de indigentes! Deus criou o coração humano de tal maneira que nada jamais pode preenchê-lo, exceto o próprio Deus. Há tal fome e sede colocadas no homem avivado que ele discerne sua necessidade e sabe que apenas Cristo pode supri-la. Quando o indivíduo é salvo, ele obtém tudo que precisa. Quando consegue Cristo, fica satisfeito. Lembro-me de uma senhora tola me pedindo, anos atrás, que eu a deixasse ler minha sorte. Eu lhe disse: "Eu posso lhe dizer a sua, mas não quero saber da minha, que está completa porque tenho tudo o que preciso". "Mas", disse ela, "não há algo que eu lhe possa prometer para os anos vindouros?". "Não!", respondi. "Não preciso de nada. Tenho tudo o que preciso e estou perfeitamente satisfeito e contente." E posso dizer o mesmo nesta noite! Não sei de nada que alguém poderia me oferecer que aumentaria minha satisfação. Se Deus apenas abençoar a alma dos homens e os salvar, tendo a glória para Si mesmo, estarei pleno de contentamento — não preciso de qualquer outra coisa. Não creio que alguém possa dizer isso honestamente, a menos que tenha encontrado Cristo. Se ele, pela fé, tiver se apegado ao Salvador, então terá agarrado aquilo que sempre traz bênção consigo. "…eles serão fartos" é uma bênção incomparável!

E *a bênção é muito adequada,* tanto quanto singular. Um homem tem fome e sede. Como tirar-lhe a fome sem enchê-lo de comida? E como pode saciar sua sede sem dar-lhe água, pelo menos quantidade suficiente para o satisfazer? Assim a promessa de Cristo concernente ao homem que está faminto e sedento por justiça é: "…eles serão fartos". Ele deseja justiça, e a terá! Ele quer Deus, e o terá! Anela por um novo coração, e assim será. Quer ser livre do pecado, e isso acontecerá. Quer ser tornado perfeito, será tornado perfeito. Deseja viver onde não haja pecado, será levado a habitar onde eternamente não haverá pecadores!

Além de ser singular e adequada, *essa bênção é muito ampla e abundante.* Cristo disse: "…bem-aventurados os que têm fome e sede de justiça, porque eles" — terão um jantar no caminho? Ó, não! "Porque eles" — terão confortos aqui e ali? Ó, não! "Porque eles serão fartos". *Fartos!* E a palavra grega poderia ser melhor traduzida como "eles serão saciados". Terão tudo o que precisarem, o suficiente e para compartilhar! Aqueles que sentem fome e sede de justiça serão fartos, fartos até a borda. Como isso é verdadeiro! Aqui está um homem que diz: "Estou condenado à vista de Deus. Sinto e sei que nenhuma ação minha poderá jamais me tornar justo diante dele. Desisti de toda a esperança de autojustificação". Ouça, homem, você crerá em Jesus Cristo, o Filho de Deus, e o receberá para comparecer diante de Deus como seu substituto e representante? "Crerei!", diz ele. "Confio nele e somente nele." Bem, então saiba que recebeu de Cristo a justiça que certamente o satisfará! Tudo o que Deus poderia lhe pedir, por direito, é a perfeição de homem, pois, sendo você um homem, essa é toda justiça que se pode esperar que você apresente diante de Deus. Mas, na justiça de Cristo, você tem a perfeita justiça de um homem e, mais que isso, também tem a justiça de Deus! Pense nisso! O pai Adão, em sua perfeição, vestia-se da justiça do homem e era agradável observá-la enquanto esta durou. Mas, se você confiar em Jesus, estará se revestindo da justiça de Deus, pois Cristo era Deus, bem como homem. Agora, quando um homem chega a essa experiência e sabe que, tendo crido em Jesus, Deus o vê como se a justiça de Jesus fosse a justiça deste homem — e de fato imputa a ele a justiça divina que é de Cristo —, esse homem é farto! Sim, ele é mais que farto, é saciado! Tudo que sua alma poderia possivelmente desejar, ele já possui em Cristo Jesus!

Eu lhes disse que o homem também queria uma nova natureza. Ele disse: "Ó, Deus, anseio por livrar-me dessas más propensões. Preciso que este meu corpo impuro seja feito templo do encontro para ti. Quero ser feito como meu Senhor e Salvador, para que possa andar com Ele no Céu eternamente". Ouça, ó homem! Se você crê em Jesus Cristo, isso é o que foi feito em você! Recebeu em sua natureza, pela Palavra de Deus, uma semente incorruptível "viva e que permanece para sempre". Ela já está em você se crê em Jesus e, assim como o próprio Deus não pode morrer, ela também não morrerá porque é de natureza divina. "Secou-se a erva, e caiu a sua flor; mas a palavra do Senhor" — esta palavra que você recebeu se creu em Jesus — "permanece para sempre". A água que Cristo lhe deu será em você uma fonte de água que jorra para a vida eterna! No momento em que somos regenerados, uma nova natureza nos é transmitida, sobre a qual o apóstolo Pedro diz: "o Deus e Pai de nosso Senhor Jesus Cristo, que, segundo a sua grande misericórdia, nos gerou de novo para uma viva esperança, pela ressurreição de Jesus Cristo dentre os mortos, para uma herança incorruptível, incontaminável e que se não pode murchar". E o mesmo apóstolo diz que os crentes são "participantes da natureza divina, havendo escapado da corrupção, que, pela concupiscência, há no mundo". Não é esse um abençoado começo para aqueles que têm fome e sede de justiça?

Mas ouçam ainda mais. Deus, o Espírito Santo, a terceira pessoa da bendita Trindade, condescende em vir e habitar em todos os fiéis! Paulo escreve à Igreja do Senhor em Corinto: "não sabeis que o nosso corpo é o templo do Espírito Santo?". Deus habita em você, meu irmão ou irmã em Cristo! Essa verdade não o surpreende? O pecado habita em você, mas o Espírito Santo também veio habitar em você e para expelir o pecado de sua vida. O diabo o assalta e tenta capturar seu espírito e fazê-lo como aqueles que estão em sua cova infernal, mas o Eterno veio e Ele mesmo se abrigou em seu interior! O Espírito Santo habita em seu coração se você é um crente em Jesus! O próprio Cristo é em você "a esperança da glória". Se você realmente deseja a justiça, querida alma, você certamente a tem *aqui* — na natureza transformada e feita em semelhança à natureza de Deus. O princípio governante foi alterado, o pecado destronado, e o Pai, o Filho e o Espírito Santo habitam em seu interior como seu Senhor e Mestre! Ora, penso que, por mais que você possa sentir fome e sede de justiça, deve se considerar bem farto, já que tem essas imensuráveis bênçãos!

E ouça novamente, meu irmão ou irmã em Cristo. Você será mantido e preservado até o fim! Aquele que começou a purificação em você jamais abandonará o trabalho até que o deixe sem manchas, rugas ou coisa semelhante. Ele nunca começa uma obra que não possa ou não vá completar! Ele jamais falhou em qualquer coisa que tenha assumido e jamais falhará! O comando de suas corrupções já está vencido e, embora seus pecados ainda se rebelem, é apenas um arquejar pela vida. As armas da graça vitoriosa os abaterão e finalizarão a contenda para sempre. Os pecados que o importunam hoje serão como aqueles egípcios que perseguiram os filhos de Israel até o mar Vermelho — você nunca mais os verá. "O Deus de paz esmagará em breve Satanás debaixo dos vossos pés." E, tão certo quanto você creu em Cristo, um imperfeito verme de pó como é, você andará com Ele em vestes brancas nas ruas de ouro dentro de cujos portões jamais entrará qualquer coisa corrupta, "mas só os que estão inscritos no livro da vida do Cordeiro". Sim, cristão, você estará perto e será à semelhança de seu Deus! Você ouviu isso? Você faminto e sedento por justiça, você a terá sem economia, pois será um dos "idôneos para participar da herança dos santos na luz". Poderá contemplar Deus em Sua inefável glória e habitar com o fogo devorador e com a eterna combustão de Sua imaculada pureza! Poderá ver Deus que é fogo consumidor e não ter medo, pois não haverá qualquer coisa em você para ser consumida! Você será imaculado, perfeito, puro e imortal como seu Deus — isso não o satisfará?

"Ah", você diz, "isso me satisfaz por mim mesmo, mas eu gostaria de ver meus filhos justos também". Então, entregue-os ao Deus que ama o pai e a mãe deles e peça-lhe que abençoe seus filhos assim como abençoou Isaque por amor a Abraão e abençoou Jacó por amor a Isaque. Você diz: "Ó, mas também quero ver meus vizinhos salvos". Então tenha fome pela alma deles! Tenha sede por suas almas do mesmo modo que sentiu fome e sede por si próprio! E Deus o ensinará como falar-lhes e provavelmente, como você tem fome e sede por suas almas, Ele fará de você o meio para a conversão deles!

Também há esta verdade para consolá-lo: um dia, haverá justiça sobre todo este mundo. Milhões ainda rejeitam a Cristo, mas Ele tem um povo que não o rejeitará. No presente, a massa da humanidade corre para longe dele, mas "o Senhor conhece os que são seus". Todos quantos o Pai entregou a Cristo certamente virão a Ele; Cristo não ficará decepcionado, Sua cruz não terá se erguido em vão. "...verá a sua posteridade, prolongará os dias, e o bom prazer do Senhor prosperará na sua mão. O trabalho da sua alma ele verá e ficará satisfeito". Você pode até lamentar pelos ídolos que não caem, as opressões que não terminam, o pranto das viúvas, o choro dos órfãos e os suspiros dos que se assentam nas trevas e não veem a luz. Porém, tudo isso terá um final. Dias mais brilhantes do que estes estão vindo — o evangelho cobrirá a Terra ou, do contrário, Cristo virá pessoalmente. Não cabe a nós decidir qual dessas opções ocorrerá, mas, de um jeito ou de outro, virá o dia em que Deus reinará sem rivais sobre o mundo. Tenham certeza disso! Chegará o momento em que a grande multidão, como a voz de muitas águas, como a voz do poderoso trovão, declarará: "Aleluia! O Senhor onipotente reina!".

Se temos fome e sede de justiça, estamos do lado vencedor! A batalha pode estar contra nós agora. O sacerdócio pode estar nos forçando dolorosamente e os males que nossos antepassados atacaram podem voltar com força e astúcia superiores e, por um tempo, a coragem dos santos pode ficar enfraquecida e seus exércitos vacilarem, mas o Senhor ainda vive, e como Ele vive, somente a justiça triunfará, e toda iniquidade e todo caminho errado serão pisoteados! Continue lutando, pois no final será vitorioso. Não pode ser derrotado a menos que o próprio Eterno pudesse ser vencido — o que jamais acontecerá. Bem-aventurado é o homem que sabe que a causa que esposou é a correta, pois saberá que, no capítulo final da história mundial, seu triunfo será registrado! Ele pode não estar mais vivo. Pode somente lançar a semente, mas seus filhos segarão a colheita, e os homens falarão dele com solene respeito como um homem que viveu antes de seu tempo e que merece a honra daqueles que vieram depois dele! Erga-se em favor do que é justo! Apegue-se a seus princípios, meus irmãos e irmãs em Cristo! Sigam a santidade e a justiça em todas as suas formas. Que ninguém os suborne ou os afaste desse abençoado Livro e de seus dogmas imortais! Sigam o que é verdadeiro, não o que é padronizado pelos grandes. O que é justo, não o que se abanca no assento da autoridade humana. E siga-o com fome e sede que são insaciáveis e você será "farto".

Você gostaria de estar lá no dia em que o Príncipe da verdade e santidade passar em revista os Seus exércitos? Gostaria de estar lá quando o brado jubiloso rasgar os Céus: "O Rei dos reis e Senhor dos senhores conquistou todos os Seus inimigos, e o diabo e todas as suas hostes foram colocados para correr!"? Deseja estar lá, digo, quando todos os Seus troféus de vitória estiverem expostos, e o Cordeiro que foi morto será o monarca reinante sobre todas as nações, reunindo molhos de cetros debaixo de Seus braços e pisando sobre as desgastadas e inúteis coroas dos príncipes? Você gostaria de estar *lá* naquele dia? Então esteja *aqui* agora — *aqui* onde a luta se intensifica! Aqui onde o estandarte do Rei é desfraldado, e diga a seu Deus: "Ó Senhor, como encontrei a justiça em Cristo, e sou salvo, comprometo-me a levantar-me pelo que é justo e verdadeiro enquanto eu viver! Então, mantenha-me fiel até à morte".

Agora que encerro meu discurso, pronuncio sobre todos vocês que estão confiando em Jesus a quarta bênção pronunciada por Cristo no monte das Bem-aventuranças: "…bem-aventurados os que têm fome e sede de justiça, porque eles serão fartos…". Amém!

EXPOSIÇÃO DE C. H. SPURGEON
MATEUS 5:43-48; 6:1-4

Ouvistes que foi dito: Amarás o teu próximo e aborrecerás o teu inimigo (5:43). Neste caso, mentes depravadas haviam anexado uma antítese humana a um mandamento das Escrituras, e esse acréscimo humano era perverso. Esse é um método comum — suplementar a um ensinamento bíblico algo que parece brotar dele, ou ainda ser sua inferência natural, algo que pode ser falso ou maligno. Esse é um triste crime contra a Palavra do Senhor. O Espírito Santo somente se responsabilizará por Suas próprias palavras. É dele o preceito: "Amarás teu próximo", mas Ele abomina o desenvolvimento "e aborrecerás o teu inimigo". Essa última frase é destrutiva daquilo que ela aparentemente surge, uma vez que aqueles que aqui são intitulados inimigos são, de fato, o próximo! O amor é a lei universal de Deus e nosso Rei, que o ordenou, é, Ele mesmo, seu padrão. Ele não o verá reduzido e embutido em um cenário de ódio. Que a graça nos impeça de cair nesse erro!

Eu, porém, vos digo: Amai a vossos inimigos, bendizei os que vos maldizem, fazei bem aos que vos odeiam e orai pelos que vos maltratam e vos perseguem, para que sejais filhos do Pai que está nos céus; porque faz que o seu sol se levante sobre maus e bons e a chuva desça sobre justos e injustos (vv.44,45). Cabe a nós perseverar no amor, mesmo que os homens persistam em inimizade. Devemos retribuir as maldições com bênçãos, as perseguições com orações. Mesmo nos casos de inimigos cruéis, devemos lhes fazer o bem e orar por eles. Não somos mais inimigos de quem quer que seja, somos amigos de todos. Não apenas cessamos de odiar e ficamos em uma fria neutralidade, mas amamos mesmo onde o ódio pareceria inevitável. Abençoamos quando nossa velha natureza nos impele a amaldiçoar e somos ativos em fazer o bem àqueles que merecem receber o mal de nós. Quando isso é levado à prática, os homens se surpreendem, respeitam e admiram os seguidores de Jesus! A *teoria* pode ser ridicularizada, mas a *prática* é reverenciada e vista como tão surpreendente que os homens a atribuem a alguma qualidade divina nos cristãos e admitem que eles *são os filhos do Pai que está no Céu*. É verdadeiramente filho de Deus aquele que pode abençoar o ingrato e o mau, pois, na providência diária, o Senhor o faz em grande escala, e ninguém o imitará, exceto Seus filhos. Fazer o bem por causa do bem em si, e não por causa do caráter da pessoa que se beneficiou, é uma nobre imitação de Deus. Se o Senhor enviasse Sua chuva fertilizante apenas sobre a terra dos santos, a seca desproveria territórios inteiros de toda esperança de colheita. Também devemos fazer o bem ao mau, ou teremos uma esfera estreita — nosso coração se contrairá e nossa filiação ao bom Deus será considerada duvidosa.

Pois, se amardes os que vos amam, que galardão tereis? Não fazem os publicanos também o mesmo? (v.46). Qualquer tipo comum de pessoa amará aqueles que o amam. Até os coletores de impostos e a escória da Terra pode alcançar essa pobre e esfaimada virtude. Os santos não podem se satisfazer com estilo tão abjeto das coisas. "Amor em troca de amor é humano", mas "amor em troca de ódio" é semelhança a Cristo. Não deveríamos agir de acordo com nosso elevado chamado?

E, se saudardes unicamente os vossos irmãos, que fazeis de mais? Não fazem os publicanos também assim? (v.47). Quer em viagem, nas ruas, ou em casa, não devemos restringir nossos cumprimentos amigáveis àqueles que nos são próximos e queridos. A cortesia deveria ser ampla e jamais menos sincera por ser generalizada. Deveríamos falar bondosamente a todos e tratar cada homem como um irmão. Qualquer um dá um aperto de mãos em um velho amigo, mas devemos ser cordiais com todos os seres humanos. Se não, ficaremos apenas no nível de proscritos. Até os cães se saúdam entre si.

Sede vós, pois, perfeitos, como é perfeito o vosso Pai, que está nos céus (v.48). Ou "sereis perfeitos". Deveríamos buscar a completude em amor — a plenitude do amor a todos que nos cercam. O amor é o vínculo da perfeição e, se temos o amor perfeito, ele formará em nós um caráter perfeito. Aqui está aquilo que almejamos — a perfeição como a de Deus. Eis a maneira de obtê-la, a saber, abundando em amor. E isso sugere a questão de como ou até onde procederemos nesta direção divina, e também a razão pela qual deveríamos perseverar nela até o fim: porque como filhos devemos nos assemelhar a nosso Pai. A perfeição bíblica é atingível, está mais na proporção do que no grau. O caráter de um homem pode ser perfeito e íntegro, não lhe faltando nada, mas, ainda assim, esse homem será o primeiro a admitir que a graça, que está nele, está em seu estágio infantil e, embora perfeito como filho em sua inteireza, ele ainda não alcançou a perfeição do homem maduro. Que padrão é colocado diante de nós por nosso Rei perfeito que, falando de Seu trono no monte, disse: "Sede vós, pois, perfeitos, como é perfeito o vosso Pai, que está nos céus"! Senhor, dá-nos do que nos ordenas, assim, tanto a graça como a glória serão Tuas somente.

Guardai-vos de fazer a vossa esmola diante dos homens, para serdes vistos por eles; aliás, não tereis galardão junto de vosso Pai, que está nos céus (6:1). "Você não pode esperar duplo pagamento. Se, portanto, você receber a recompensa pelos aplausos dos homens, que lhe atribuem um alto caráter de generosidade, não poderá esperar ter qualquer recompensa de Deus." Devemos fixar o olhar somente em Deus, para que aceite o que doamos, e ter pouca ou nenhuma consideração pelo que outros disserem sobre nossas doações.

Quando, pois, deres esmola, não faças tocar trombeta diante de ti, como fazem os hipócritas nas sinagogas e nas ruas, para serem glorificados pelos homens. Em verdade vos digo que já receberam o seu galardão (v.2). E não terão mais que isso! No caso deles, não há qualquer armazenamento de boas obras diante de Deus. Seja o que for que tenham feito, terão obtido crédito total por isso nos louvores dos homens.

Mas, quando tu deres esmola, não saiba a tua mão esquerda o que faz a tua direita... (v.3). "Faça-o furtivamente para que você mesmo dificilmente o reconheça. Pense tão pouco sobre o que fez, com relação a si próprio, que raramente reconheça tê-lo feito. Faça-o para Deus e deixe que Ele o saiba."

...para que a tua esmola seja dada ocultamente, e teu Pai, que vê em secreto, te recompensará publicamente (v.4). Há uma ênfase bendita sobre esta expressão: "teu Pai", pois, se Deus nos recompensar, que recompensa receberemos! Qualquer elogio de Seus lábios, qualquer recompensa de Suas mãos será de valor incalculável! Ó, que vivamos almejando somente essa bênção!

5

A QUINTA BEM-AVENTURANÇA[25]

...bem-aventurados os misericordiosos,
porque eles alcançarão misericórdia.

(Mateus 5:7)

Devo ter como certo que vocês tenham ouvido meus sermões anteriores sobre as Bem-aventuranças. Se não o fizeram, não posso repetir tudo o que tenho dito, mas posso relembrar-lhes que comparei as Bem-aventuranças a uma escada de luz e afirmei que cada uma delas se eleva a partir da anterior que a precedeu. Assim, vocês perceberão que o caráter mencionado aqui é mais elevado do que os anteriores — mais elevado do que o do homem que é pobre de espírito, ou que chora. Essas coisas lhes dizem

---

[25] Este sermão foi pregado no Metropolitan Tabernacle em 21 de dezembro de 1873. Esta era para ser uma série de sermões sobre as Bem-aventuranças pregada por Spurgeon no final do ano de 1873. No entanto, por alguma razão que se desconhece, ele não levou o plano até o fim. Este seria, então, o último sermão desse plano. Os demais, disponíveis neste volume, são de ocasiões muito antes ou depois desta.

respeito. Ele ainda é débil e dessa fraqueza surge a mansidão de espírito que o capacita a suportar os erros dos outros. Porém, ser misericordioso é mais que isso, pois o homem não apenas suporta os prejuízos, mas também concede benefícios. A Bem-aventurança anterior a esta se relaciona com ter fome e sede de justiça, mas aqui o homem foi além da mera justiça — elevou-se além de buscar o que é correto para buscar o que é bom, gentil, generoso e o fazer o bem a seu próximo. Toda a escada se apoia na graça divina, e a graça coloca cada degrau em seu lugar. É essa graça que, aqui, ensina o homem a ser misericordioso, que o abençoa e lhe dá a promessa de que ele obterá misericórdia. Seria errado considerar cada uma dessas bendições isoladamente e dizer que o misericordioso alcançará misericórdia, ou citar erradamente qualquer das outras da mesma maneira. Isso seria torcer as palavras do Salvador e lhes atribuir um significado que Ele jamais pretendeu que tivessem. Lendo essas Bem-aventuranças como um todo, vemos que essa misericórdia, da qual em breve falarei, é uma característica que partiu das outras — brotou de todas as demais obras da graça. E o homem não é meramente misericordioso no sentido humano — com uma humanidade que deve ser comum a todos os humanos —, mas é misericordioso em sentido mais elevado e melhor, com a misericórdia que somente o Espírito de Deus pode ensinar à alma!

Após ter percebido o crescimento desta Beatitude acima das demais, agora vamos observá-la mais de perto. É necessário que estejamos bem embasados enquanto falamos sobre isso e, para esse fim, falaremos primeiramente sobre *quem são os bem-aventurados?* Depois, *o que é essa virtude peculiar?* E, por último, qual é a *bênção especial deles?*

1. QUEM SÃO OS BEM-AVENTURADOS — OS MISERICORDIOSOS QUE ALCANÇARÃO MISERICÓRDIA?

Vocês lembram que no começo de nossas homilias sobre este Sermão do Monte, percebemos que o assunto de nosso Senhor não era como seremos salvos, mas quem é salvo. Aqui Ele não está, de forma alguma, descrevendo o caminho para a salvação. Isso Ele faz em muitos outros lugares, mas aqui nos dá os sinais e evidências da obra da graça na alma. Erraríamos gravemente se disséssemos que precisamos ser misericordiosos para obtermos misericórdia, e que podemos apenas esperar obter a misericórdia divina depois de sermos, nós mesmos, misericordiosos. Agora, para descartar qualquer noção legalista — que seria evidentemente contrária à totalidade da tendência das Escrituras e diretamente oposta à doutrina fundamental da justificação pela fé em Cristo —, peço-lhes que notem que essas pessoas já são abençoadas e obtiveram misericórdia! Muito antes de se tornarem misericordiosas, Deus lhes teve misericórdia. E antes de que toda a plenitude da promessa fosse declarada, como em nosso texto — de que receberiam ainda mais misericórdia —, eles já haviam obtido a grande misericórdia tendo o coração renovado, o que os tornou misericordiosos! Isso é claro a partir do contexto do texto.

Pois, primeiramente, eles *eram pobres de espírito*, e não é qualquer misericórdia que leva ao esvaziamento do orgulho, que nos faz ver quão não merecedores somos à vista de Deus e que nos faz sentir nossas fraquezas pessoais e a necessidade de tudo que possa nos tornar dignos à presença de Deus! Eu não poderia pedir para alguns homens a quem conheço qualquer misericórdia maior do que a de serem abençoados com a pobreza espiritual — que sejam levados a sentir quão pobres são —, pois jamais conhecerão Cristo e jamais se erguerão para serem misericordiosos na prática, até que vejam sua verdadeira condição e tenham obtido misericórdia suficiente para lançar-se ao pé da cruz e lá, com coração quebrantado, confessem que são desprovidos e pobres!

A ligação também mostra que essas pessoas obtiveram misericórdia suficiente para chorar. Pranteiam seus pecados passados com amargo arrependimento. Choram sobre sua condição de efetiva alienação de Deus, à qual foram levados pelo pecado; e choram por sua ingratidão ao Redentor e por sua rebelião contra o Espírito Santo. Pranteiam porque não poderem chorar ainda mais. E choram porque seus olhos não conseguem chorar tudo o que devem com relação ao pecado. Eles "aprenderam a chorar por nada, além do pecado. E por ninguém, a não ser Cristo". É não é pequena bênção ter o coração choroso, quebrantado e contrito, pois esse coração o Senhor não despreza.

Também receberam a graça da mansidão e se tornaram gentis, humildes, satisfeitos, separados do mundo, submissos à vontade do Senhor, prontos a ignorar as ofensas dos outros, tendo aprendido a orar: "Perdoa-nos as nossas dívidas, assim como nós perdoamos aos nossos devedores". Essa não é uma pequena bênção! Verdadeiramente receberam misericórdia quando seu coração orgulhoso foi humilhado, seu espírito soberbo inclinou-se, e se tornaram mansos e humildes, em certa medida, como seu Senhor.

Obtiveram ainda mais graça, pois *foram ensinados a ter fome e sede de justiça*. Tiveram um apetite espiritual por justiça que provém de Deus, através da fé. Também tiveram uma triste fome pela justiça prática herdada, que é obra do Espírito de Deus. Amaram o que é correto e ansiavam por fazê-lo. Ansiaram por ver outros praticarem a justiça, tinham fome de ver o reino de Deus estabelecido e Sua verdade prevalecendo sobre a Terra. Não foi essa, de fato, a graça obtida? E se a partir disso brotou o caráter misericordioso, não pode ser atribuído a qualquer coisa em si mesmos, ou tomado como desdobramento de sua própria disposição, mas como outra graça divina concedida, outro fruto que cresceu a partir de outros frutos que já haviam sido conferidos! Não foi dito a seu respeito: "...deles é o reino dos céus"? Não obtiveram eles misericórdia? Não foi dito deles: "...serão consolados"? Quem ousaria dizer que eles não obtiveram misericórdia? Não foi dito sobre eles: "...herdarão a terra"? Do que vocês podem chamar isso, a não ser de misericórdia? Não foi a voz de Cristo que declarou: "...serão fartos"? Não é isso misericórdia em sua plenitude? Portanto digo que as pessoas mencionadas em nosso texto são aquelas que já receberam misericórdia, que são, elas mesmas, troféus de misericórdia! E o fato de terem demonstrado misericórdia aos outros era inevitável, como resultado do que já fora feito por elas e operado nelas pelo sempre abençoado Espírito de Deus! Elas não eram misericordiosas porque eram naturalmente de coração terno, mas porque Deus as tornou pobres de espírito! Não tinham misericórdia por causa de seus ancestrais generosos, mas porque elas mesmas choraram e foram consoladas! Não eram misericordiosos porque buscavam a estima de seus companheiros, mas porque eram mansas e humildes e herdaram a Terra — e desejaram que outros pudessem desfrutar, como elas, das bênçãos do Céu! Não exerceram misericórdia porque não podiam evitar fazê-lo e se sentiram impelidas a serem assim como resultado de algum constrangimento, do qual poderiam alegremente escapar, mas eram alegremente misericordiosas, pois haviam tido fome e sede de justiça e foram fartas!

2. Agora, em segundo, QUAL É A VIRTUDE SINGULAR QUE AQUI É ATRIBUÍDA A ESSES ABENÇOADOS? Eles são misericordiosos.

Ser misericordioso inclui, primeiramente, a bondade para com os filhos da necessidade e filhas da pobreza. Nenhum homem misericordioso poderia esquecer o pobre. Aquele que contempla as desgraças dele sem sentir empatia e vê seus sofrimentos sem os aliviar pode se orgulhar como quiser da graça interior, mas não poderia haver graça divina em seu coração! O Senhor não reconhece como sendo da Sua família aquele que vê que seu irmão tem necessidades e lhes "cerra o seu coração". O apóstolo João pergunta: "como estará nele o amor de Deus?". Não! O homem verdadeiramente misericordioso é solícito àqueles que são pobres. Pensa neles. Seus próprios confortos lhe faz pensar neles. E outras vezes, seus próprios desconfortos. Quando adoece e, acamado, está rodeado pelo conforto, ele pondera sobre como estão aqueles que, enfermos, vivem na pobreza. Quando o frio lhe é penetrante e suas vestimentas o aquecem, pensa com piedade naqueles que tremem sob o mesmo frio, mas que estão escassamente cobertos com trapos. Seus sofrimentos e alegrias igualmente o ajudam a considerar o pobre. E o considera de modo prático. Não diz somente que lhes têm empatia e esperam que os outros os ajudem, porém doa de suas posses, de acordo com sua possibilidade, com alegria e bom ânimo, para que o pobre não passe necessidade — e quando lida com eles, o misericordioso não é bruto. Ele cede, até onde a justiça lhe permitir, qualquer coisa que lhe seja requerida e não os perseguirá de uma extremidade à outra, não lhes roubará e nem os enganará como aqueles que procuram extorquir as pessoas, como que escavando uma pedra até seu centro, tentando obter a última migalha e o último centavo dos mais miseráveis entre os pobres. Não! Onde Deus deu ao homem um novo coração e um espírito reto, há gentileza com todos os pobres — e especialmente grande amor aos santos necessitados — pois, embora todo santo seja imagem de Cristo, o santo necessitado é o quadro de Cristo colocado na moldura em que deve sempre se encontrar — a moldura da pobreza humilde. Vejo em um santo abastado muitas semelhanças com seu Mestre, mas não vejo como ele poderia honestamente dizer: "Não tenho onde reclinar minha cabeça". Não que eu deseje que ele o diga. Mas quando vejo a pobreza, bem como todas as outras coisas que têm a semelhança de Cristo, penso que meu coração se inclina especialmente nessa direção. Ao cuidar dos mais pobres ainda podemos lavar os pés de Cristo. É assim que as mulheres honráveis ainda podem ministrar a Ele usando suas posses. É desse modo que ainda podemos lhe preparar um grande banquete ao qual podemos convidar Cristo, quando convidamos também os pobres, os aleijados, os coxos e cegos que não podem nos recompensar, e nos contentamos em fazê-lo por amor a Jesus Cristo. Diz-se que Crisóstomo[26] pregava tão frequentemente

---

[26] João Crisóstomo (348–407), arcebispo de Constantinopla. Crisóstomo quer dizer "boca de ouro", uma referência à sua excelência como pregador.

a doutrina de esmolar na igreja cristã, que foi chamado de Pregador das Esmolas — e penso que esse não é um mau título a se portar.

Nestes dias, quase se tornou crime ajudar o pobre. De fato, não sei se há alguns estatutos que quase poderiam nos considerar sujeitos a acusações jurídicas por causa disso. Posso apenas dizer que o espírito desta era pode ser mais sábio sob alguns aspectos, mas não me parece ser tão claramente o espírito do Novo Testamento. O pobre nunca deixará de existir em nossa nação e nem na Igreja de Cristo. Eles são o legado de Cristo a nós! É quase certo que o bom samaritano ganhou mais do miserável que encontrou entre Jerusalém e Jericó do que o pobre homem recebeu dele! Este recebeu um pouco de óleo e vinho, duas moedas, a despesa da hospedaria — mas o samaritano foi citado na Bíblia e de lá foi transmitido à posteridade — um investimento maravilhosamente barato! E, em tudo que doamos, a bênção vem para o que doa, pois vocês conhecem a palavra de Jesus que diz: "Mais bem-aventurada coisa é dar do que receber" (Atos 20:35). Bem-aventurados os que são misericordiosos com os pobres!

Depois, *o misericordioso tem um olhar interessado, olhos que pranteiam pelos abatidos que o cercam.* A pior enfermidade do mundo não é a pobreza — a pior doença é o espírito deprimido. Pelo menos, sei de poucas coisas que podem ser piores do que isso, e há, mesmo entre os mais excelentes de Terra, alguns que raramente têm um dia luminoso em todo o ano. O mês de dezembro parece dominar todos os demais meses. Por motivo de pesar, eles são, em toda a sua vida, sujeitos ao cativeiro. Se eles marcharem ao Céu será em muletas, como o senhor Claudicante. E banham o caminho em lágrimas como a senhora Medrosa.[27] Às vezes temem jamais haver se convertido. Em outras receiam ter caído da graça. Há momentos que temem ter cometido o pecado imperdoável! E algumas vezes temem que Cristo os tenha abandonado e que nunca verão Sua face novamente. Estão cheios de

---

[27] Ambos personagens do livro *A peregrina*, de John Bunyan (Publicações Pão Diário, 2020).

todos os tipos de problemas — "Andam e cambaleiam como ébrios, e esvai-se-lhes toda a sua sabedoria". Há muitos cristãos que evitam pessoas como essas. Ou se cruzam com eles, dizem: "É suficiente doar aos miseráveis. Quem quer conversar com tais pessoas? Eles não deveriam estar tão tristes. Realmente deveriam ser mais alegres, mas estão cedendo lugar à sua ansiedade", e daí para adiante. Isso pode bem ser verdade, mas é lamentável dizê-lo. Você poderia também dizer a alguém com dor de cabeça que ele está cedendo à dor de cabeça, ou quando alguém tem calafrios ou febre, que está se entregando a eles. O fato é: não há nada mais real do que algumas dessas doenças que são atribuídas à imaginação, pois são reais na dor que provocam, embora, talvez, não possamos argumentar sobre quanto ao que as causa.

O misericordioso é sempre misericordioso com essas pessoas. Ele suporta seus devaneios. Sabe que, muitas vezes, eles são tolos, mas compreende que também seria tolo se lhes dissesse isso, pois só os tornaria mais tolos do que são. Não leva em conta seu próprio bem-estar e diz: "Quero receber bem-estar dessa pessoa!" — pelo contrário, ele deseja transmitir bem-estar. Lembra-se do que está escrito: "Confortai as mãos fracas e fortalecei os joelhos trementes" e conhece o mandamento: "Consolai, consolai o meu povo, diz o vosso Deus. Falai benignamente a Jerusalém". Entende que como seu Senhor e Mestre buscava o ferido, enfaixava os que estavam quebrados, curava os enfermos e trazia de volta os desgarrados,[28] da mesma maneira todos os Seus servos devem imitá-lo cuidando com grande interesse daqueles que estão nos mais tristes apuros. Ó filhos de Deus, se, em algum momento, vocês têm o coração endurecido para com os entristecidos, vocês não estão sendo o que deveriam ser. Não são como seu Mestre! Não estão sendo vocês mesmos quando estão em seu devido estado, pois quando estão em seu estado correto, são ternos, cheios de empatia e de compaixão porque aprenderam do Senhor Jesus que os misericordiosos são abençoados e que receberão misericórdia!

---

[28] Conforme Ezequiel 34:4,16.

Também, quando você possivelmente se sentir deprimido, como se sentirá, poderá lembrar dessas palavras sarcásticas e expressões rudes que usou com os outros. Quando nos tornamos muito grandes, pode ser que o Senhor nos abata, e ficaremos felizes com qualquer buraquinho feito por ratos onde possamos esconder nossa cabeça. Alguns de nós já sabem o que é alegrar-se com qualquer pequena promessa se pudéssemos a ela nos agarrar. Corremos com avidez para os próprios textos que usamos para apontá-los aos pecadores e sentimos que esses mesmos textos são os que precisamos. O Dr. Guthrie[29], quando estava enfermo e às portas da morte, disse que gostava de ouvir os cânticos infantis. E os mais fortes homens na família de Cristo, com frequência querem os textos e as promessas das crianças. Até mesmo as promessas das criancinhas servem aos grandes homens quando estão nesse triste estado. Sejam misericordiosos, do mesmo modo que seu Pai Celestial é misericordioso com os que estão abatidos.

Além disso, essa misericórdia se estende ao pleno perdão de todas as ofensas pessoais contra nós. "Bem-aventurados os misericordiosos", isto é, aqueles que não guardam no coração qualquer ferida que lhes é imposta, qualquer insulto, intencional ou não. Certo governador da Georgia, no tempo do senhor Wesley[30], disse que açoitaria seu servo, que estava a bordo do barco, por beber seu vinho. E quando o senhor Wesley implorou para que o homem fosse perdoado naquela ocasião, o governador disse: "Não adianta, sabe, senhor Wesley, eu nunca perdoo". "Bem, então, senhor", disse Wesley, "espero que saiba que nunca será perdoado, ou, de outra maneira, espero que o senhor jamais tenha pecado". Assim, até que tenhamos abandonado o pecado, não podemos falar em não perdoar os outros, pois nós

---

[29] Thomas Guthrie (1803–73), pastor e filantropo escocês que fundou escolas gratuitas para as crianças mais pobres, excluídas do processo de educação formal.

[30] John Wesley (1703–91), clérigo e teólogo anglicano inglês, um dos fundadores do movimento metodista e considerado um dos maiores avivacionistas da história do cristianismo. Sua mensagem se centrava principalmente na obra do Espírito Santo no coração produzindo santidade na vida do convertido.

mesmos necessitaremos de perdão! Vocês sabem que em muitas famílias as contendas se levantam, mesmo entre irmãos e irmãs, mas que estejamos sempre prontos a colocar de lado qualquer coisa que faça escândalo ou cause maus sentimentos visto que o cristão deveria ser a última pessoa a guardar pensamentos maldosos. Ocasionalmente já testemunhei grande severidade para com os servos, que às vezes são lançados em algumas situações e expostos a muitas tentações por uma falta que poderia ser curada se houvesse perdão e palavras bondosas fossem ditas. Não é certo para qualquer um de nós dizer: "Vou exigir que as pessoas ajam corretamente comigo e vou informá-las disso. Estou determinado a não aturar tolices, eu não! Realmente quero que todos façam o que é correto comigo, e, se não, eu os corrigirei".

Ah, queridos amigos, Deus jamais falou assim com vocês. E permitam-me também dizer que se essa é a maneira como falam, não é a linguagem de um filho de Deus! O filho de Deus sente que é imperfeito e que vive com pessoas imperfeitas. Quando agem de forma inadequada com ele, ele o sente, mas ao mesmo tempo pensa: "Já fui muito pior para meu Deus do que eles foram para mim, então vou relevar". Recomendo a vocês, queridos irmãos e irmãs, que tenham um olho fechado e um ouvido surdo. Eu sempre tento mantê-los, e meu olho fechado é o melhor olho, meu ouvido surdo é também o melhor que tenho! Há muitos discursos que você pode ouvir até mesmo de seus melhores amigos que lhe causariam grande pesar e produziriam muito dano — então, não os ouça. Provavelmente seus amigos se arrependerão de ter falado tão duramente se você não o mencionar e deixar a coisa morrer. Contudo, se disser algo sobre isso e o trouxer à tona vez após vez, e se irritar e preocupar, ampliando-o, e falar a alguém mais sobre isso, trazendo meia dúzia de pessoas para dentro da discussão, é assim que as discórdias familiares acontecem, que igrejas cristãs se separam, que o diabo é engrandecido e Deus desonrado! Ó não! Que não seja assim conosco, mas que sintamos, caso haja alguma ofensa contra nós, "bem-aventurados os misericordiosos", e que desejemos ser assim.

Contudo, tal misericórdia vai muito além. *Precisa haver, e haverá, grande misericórdia no coração do cristão em favor daqueles que são pecadores declarados.* O fariseu não tinha misericórdia do publicano. "Bem", disse ele, "se ele se rebaixou a ponto de coletar impostos romanos de seus compatriotas, ele é um camarada deplorável! Pode ficar o mais longe possível de minha digníssima pessoa". E quanto à meretriz, não importava que ela estivesse disposta a derramar lágrimas suficiente para lavar os pés de seu Salvador, ela continuava sendo impura. E o próprio Cristo, foi considerado como impuro por permitir uma mulher que fora pecadora a assim lhe demonstrar seu arrependimento e amor. Simão e os demais fariseus pensavam: "Essas pessoas se colocaram à margem da sociedade e que permaneçam lá. Se desviaram-se dessa forma, que sofram por isso". Ainda há muito desse espírito neste mundo hipócrita, pois grande parte da humanidade é uma massa da mais horrenda hipocrisia que se possa imaginar! Há homens vivendo em vil pecado, e sabem disso, e, mesmo assim, vão à sociedade e são recebidos como se fossem as pessoas mais respeitáveis do mundo! Mas se acontecer de alguma pobre mulher se desviar, ai, ai, ai! Ela é vil demais para que esses cavalheiros sequer considerem sua existência! Os patifes que têm uma pretensa virtude enquanto estão, eles mesmos, se permitindo aos vícios mais grotescos. Mas assim o é, e há um "puritanismo" na sociedade que logo diz: "Levantamos nossas mãos em horror sobre qualquer pessoa que tenha feito algo de ruim contra a sociedade ou contra as leis do país".

Agora, os cristãos pensam coisas piores sobre o pecado do que os mundanos. Julgam o pecado com uma regra muito mais severa do que os demais homens, mas sempre julgam com bondade o pecador. E, se pudessem, entregariam sua vida para ganhá-lo, como fez seu Mestre antes deles! Não dizem: "O problema é seu! Não se aproxime de mim, pois sou mais santo do que você!". Mas reconhecem que seu principal interesse na Terra é clamar aos pecadores: "Eis o Cordeiro de Deus, que tira o pecado do mundo". Desse modo, o cristão misericordioso não é alguém que exclui outras pessoas. Não pensa que alguém seja indigno de ser notado. Ficaria feliz se pudesse trazer a Jesus os mais caídos e os mais depravados! E honramos àqueles queridos irmãos e irmãs que estão mais completamente ocupados nesta obra santa, pois, quanto mais baixo têm de descer, maior é sua honra à vista de Deus, tendo em mente que lhes é permitido assim escavar os antros de pecado para encontrar joias para Cristo. Com certeza as pedras preciosas mais fulgurantes em Sua coroa virão dos lugares mais obscuros e imundos onde estavam perdidas! "Bem-aventurados os misericordiosos", que se importam com os perdidos e com aqueles que se desviaram — "porque eles alcançarão misericórdia".

Contudo, um cristão genuíno tem misericórdia da alma de todos os homens. Não se importa meramente pela classe extremamente decaída, chamada de homens do mundo, mas considera toda a raça como caída! Ele sabe que todos se afastaram de Deus e que os homens estão encarcerados no pecado e incredulidade até que a misericórdia eterna venha em sua libertação. Portanto, sua compaixão se dirige aos respeitáveis, aos ricos, aos grandiosos. Frequentemente ele tem piedade dos príncipes e reis por contarem com tão poucos para lhes dizer a verdade de Deus. Tem compaixão dos pobres ricos, visto que, ao passo que já há esforços para a recuperação da classe trabalhadora, quão pouco esforço é feito para recuperar os nobres e duques e trazer esses grandes pecadores como os "Muito Honoráveis"[31] a conhecer Jesus? Tem compaixão por eles e por todas as nações — aquelas que se assentam nas trevas do paganismo e das que estão encerradas debaixo do papismo. Anseia que a graça alcance a todos e que as verdades do evangelho sejam proclamadas em cada rua, e que Jesus seja conhecido por cada filho e filha de Adão! Ama a todos. E oro para que

---

[31] Título honorífico concedido aos nobres no Reino Unido e a seus filhos e filhas.

vocês, irmãos e irmãs, nunca brinquem com esse verdadeiro instinto da natureza nascida de novo!

A grande doutrina da eleição é muito preciosa a nós e a sustentamos firmemente. Porém, há alguns (isso não pode ser negado) que permitem que essa doutrina esfrie seu amor por seus companheiros. Não parecem ter muito zelo pela conversão deles e estão bastante satisfeitos em se acomodar, ou permanecer no ócio e crer que os decretos e propósitos de Deus se cumprirão. E se cumprirão, irmãos e irmãs, mas será por meio dos cristãos de coração terno, que levam os outros a Jesus! O Senhor Jesus verá o resultado do trabalho de Sua alma, no entanto, será por intermédio daquele salvo que fala da salvação a outro, e esse outro para um terceiro e assim por diante, até que o fogo sagrado se espalhe e a Terra seja envolvida com suas chamas! O cristão é misericordioso para com todos e anela ansiosamente que possam ser trazidos a conhecer o Salvador! Esforça-se para os alcançar — ao máximo de sua capacidade, tenta ganhar almas para Jesus! Também ora por eles. Se é realmente um filho de Deus, tira tempo para clamar a Deus pelos pecadores e dá o que pode para ajudar outros a passar seu tempo falando aos pecadores sobre o caminho da salvação e rogando-lhes como embaixadores de Cristo. O cristão faz deste um de seus grandes prazeres: se puder, por qualquer meio, fazer um pecador voltar, pelo poder do Espírito Santo, do erro de seus caminhos e assim salvar uma alma da morte apagando uma multidão de pecados!

Tenho muito mais coisas a dizer sobre essa misericórdia. É um assunto tão amplo que não consigo dar todos os seus detalhes. Certamente significa um amor a Deus enraizado, que se mostra por *desejos misericordiosos para o bem das criaturas de Deus*. O misericordioso age com misericórdia com seus animais. Não acredito na piedade de um homem que é cruel com um cavalo. Certamente há, às vezes, necessidade de chicotear, mas o homem que usa de crueldade não pode ser convertido! Há algumas coisas que são vistas em nossas ruas que poderiam provocar o Deus do Céu a descer em indignação e punir a crueldade de pessoas brutas com os animais. Contudo, quando a graça de Deus está em nosso coração, não causaríamos dor desnecessária nem mesmo a uma mosca! E se, no curso das necessidades da humanidade, a dor deve ser infligida aos animais inferiores, o coração do cristão fica pesaroso e tentará buscar todos os meios possíveis para prevenir que a dor desnecessária seja sentida por uma simples criatura feita pelas mãos de Deus. Há alguma verdade de Deus naquele dito de um antigo marinheiro: "Ora melhor aquele que ama muito, tanto os homens como os pássaros e animais". Há um toque de algo semelhante à graça, se não for sempre graça, na bondade do coração que cada cristão deveria sentir em relação aos seres vivos que Deus criou.

Além disso, o misericordioso demonstra sua misericórdia aos seus companheiros de muitas maneiras. *Tem misericórdia de seu caráter!* Misericórdia em não crer nos muitos relatos que ouve sobre homens de boa reputação! Ouve uma história assustadora e muito depreciativa do caráter de um irmão cristão e diz: "Ora, se esse irmão ouvisse essa história a meu respeito, eu gostaria que ele não acreditasse nisso, a menos que investigasse e se assegurasse de que é verdade. Não vou acreditar nisso a respeito dele, a não ser que me veja forçado a isso". É algo prazeroso que os cristãos tenham confiança um no caráter do outro. Quando isso prevalece na igreja, evita um mundo de tristezas. Irmão, confio mais em você do que eu jamais confiarei em mim mesmo! E como posso dizer isso sinceramente, você também deveria poder dizer o mesmo de seus irmãos cristãos. Não seja rápido em receber esses relatos — há tanta maldade em crer em uma mentira quanto em dizê-la, se estivermos sempre prontos para crer. Não haveria caluniadores se não houvesse quem os ouvisse e cresse na calúnia. Quando não há demanda por determinado artigo, não há produtores. E, se não crermos em histórias maldosas, o mexeriqueiro ficará desestimulado e abandonará seu maldoso negócio. Mas, suponhamos que sejamos compelidos a crer? Então, o misericordioso demonstra sua misericórdia ao não a propagar. Diz: "Infelizmente é verdade e sinto muito por isso, mas por que deveria eu divulgá-lo?". Se acontecesse de haver um traidor no regimento, não acho que os demais soldados sairiam divulgando em todo lugar, dizendo: "Nosso regimento foi desonrado por um de nossos camaradas". "É doentio o pássaro que prejudica o próprio ninho", e é um mau cristão confesso aquele que usa sua língua para contar as falhas e fracassos de seus irmãos! Então, suponhamos que tenhamos ouvido algo assim. O misericordioso sente ser seu dever não o repetir! Muitos homens já tiveram sua vida arruinada por um erro cometido na juventude, o qual foi tratado com severidade. Um jovem que, ilegalmente, se apropriou de uma soma de dinheiro foi levado diante dos magistrados e conduzido à cadeia, e assim condenado a ser ladrão para sua vida toda. O perdão para a primeira ação, com oração e bondosa repreensão, poderia tê-lo levado à virtude, ou (quem sabe?) à vida de piedade. É próprio do cristão, em qualquer medida, não expor, a menos que seja absolutamente necessário, como às vezes é; porém sempre lidar com o erro da maneira mais gentil possível.

E, irmãos e irmãs, deveríamos ser misericordiosos uns com os outros na busca por jamais observar o pior lado do caráter de um irmão. Ó, quão rápidos somos para explorar as falhas das outras pessoas! Ouvem que o irmão Fulano é muito útil na igreja e dizem: "Sim, ele é. Mas tem um jeito curioso de ir para o trabalho, não tem? Ele é tão excêntrico!". Sim, vocês já conheceram um bom homem que era muito bem-sucedido, que não fosse excêntrico? Algumas pessoas são tranquilas demais para fazerem muito — são as nossas esquisitices que são a força de nosso caráter! Mas por que sermos tão rápidos para apontar todas as nossas fraquezas? Não! Você sai quando o Sol está brilhando em fulgor e fala: "Sim, o Sol é um bom luminar, mas afirmo que ele tem umas manchas". Se você o fizer, seria melhor ter guardado sua observação para você mesmo porque o Sol lança mais luz do que você, quaisquer que sejam as manchas que você tenha ou não! E muitas excelentes pessoas no mundo têm manchas, mesmo assim ainda prestam um bom serviço a Deus e ao seu tempo. Então, não sejamos os achadores de manchas, mas que olhemos para o lado luminoso, em vez do obscuro, do caráter de nosso irmão ou irmã e sintamos que crescemos em reputação quando outros cristãos crescem nela e que, como têm honra em sua santidade, nosso Senhor recebe a glória por isso, e compartilhamos algum consolo advindo dela. E jamais nos unamos aos altos clamores que algumas vezes se levantam contra homens que cometeram ofensas muito pequenas. Muitas e muitas vezes ouvimos homens clamar, suas vozes soando como a matilha de cães uivando contra alguém por causa de um julgamento errado, ou algo pouco pior: "Acabem com ele! Acabem com ele!". E se ele entrar em qualquer problema pecuniário ao mesmo tempo, então deve ser mesmo um sujeito indigno, porque a escassez de ouro é, para alguns, prova evidente de falta de virtude, e a falta de sucesso nos negócios é tida por outros como o mais condenatório de todos os defeitos! Que sejamos livres desses protestos contra bons homens que cometem erros! E que nossa misericórdia sempre tome a forma de estar disposto a restaurar ao nosso amor e à sociedade qualquer homem que tenha falhado, mas que, apesar disso, demonstra arrependimento verdadeiro e de coração e um desejo de, daí para frente, adornar a doutrina de Deus, seu Salvador em todas as coisas! Vocês que são misericordiosos estarão prontos a receber seu irmão pródigo quando ele retornar à casa de seu Pai. Não seja como o filho mais velho que, quando ouve a música e a dança, pergunta: "O que significa isso?", mas considere que deveria haver alegria quando o que estava perdido foi achado, o que estava morto ressuscitou!

Apenas posso lançar conselhos que podem se adequar a um ou outro de vocês. Meus irmãos e irmãs, devemos ser misericordiosos no sentido de *não permitir que outros sejam tentados além do que podem suportar*. Vocês sabem que existe a possibilidade de expor nossos jovens à tentação. Os pais às vezes permitirão que seus meninos comecem a vida em lares onde há chance de crescimento, porém há uma chance ainda maior de que caiam em pecado. Não consideram os riscos morais que muitas vezes correm ao colocar seus filhos em grandes casas onde não há preocupação com a moral e onde há milhares de armadilhas satânicas espalhadas para capturar pássaros distraídos. Tenham misericórdia de seus filhos — não permitam que sejam expostos aos males que foram, talvez, fortes demais para você em *sua* juventude, e que serão muitos poderosos para eles também! Que sua misericórdia os considere e não os coloque nessa posição.

E quanto a seus secretários e empregados, nós às vezes, quando temos tantas pessoas desonestas nos cercando, somos tão culpáveis quanto eles! Não guardamos nosso dinheiro, nem fazemos uso adequado dele. Se fizéssemos, não poderiam roubá-lo. Deixamos as coisas à vontade e, por causa de nossa falta de cuidado, a sugestão vem: "Não deveria eu pegar isso ou aquilo?". E assim somos cúmplices em seus pecados por causa de nossa falta de atenção. Lembrem-se: eles são apenas homens e mulheres — algumas vezes só meninos e meninas — então não coloquem iscas diante deles, não se façam de pata de gato[32] de Satanás, mas, enquanto depender de vocês, mantenham a tentação longe deles.

E que também sejamos misericordiosos com os outros *ao não esperar demais deles*. Creio que há pessoas que esperam que os que trabalham para eles labutem 24 horas por dia, ou perto disso. Não importa quão difícil possa ser a tarefa, nunca lhes ocorre que a cabeça de seus empregados doa ou que suas pernas se fatiguem. "Para que foram criados senão para nos servir de escravos?" Essa é a percepção de alguns, mas não é a percepção de um cristão verdadeiro. Ele sabe que seus empregados e seus dependentes têm de cumprir seus deveres e

---

[32] Expressão inglesa, derivada do conto *The monkey and the cat* (O macaco e o gato), em que o macaco usa a pata de um gato adormecido para tirar castanhas da fogueira. Significa ser usado como tolo por alguém.

lamenta-se em descobrir que muitos não conseguem. Porém, quando os vê tentando diligentemente, preocupa-se ainda mais do que eles mesmos se preocupam, pois é gentil e cuidadoso. Quem gosta de conduzir um cavalo para aquele trecho extra que o fará sucumbir? Quem gostaria de exigir de seu companheiro aquela hora extra que é justamente a que o tornará infeliz? Resumindo tudo o que eu disse em uma frase: caros amigos, que sejamos ternos, cuidadosos, bondosos e gentis com todos.

"Ó", diz alguém, "se formos pelo mundo agindo assim, abusarão de nós e seremos mal tratados", e daí por diante. Bem, tente, irmão! Tente, irmã! E descobrirão que qualquer sofrimento que lhes advenha de ser de coração tão terno, tão gentil e tão misericordioso será uma aflição tão leve que não poderá ser comparada com a paz de espírito que agir assim lhe trará, e a constante fonte de júbilo que isso trará ao seu peito e ao peito de outros!

3. Encerrarei observando brevemente A BÊNÇÃO QUE É PROMETIDA ÀQUELES QUE SÃO MISERICORDIOSOS.

Foi dito a seu respeito que eles "alcançarão misericórdia". Não posso evitar crer que isso significa na vida presente bem como na vida por vir. Certamente é isso que Davi quis dizer no Salmo 41: "Bem-aventurado é aquele que atende ao pobre; o Senhor o livrará no dia do mal. [...] será abençoado na terra" [vv.1,2]. Esse texto foi totalmente invalidado na Nova Dispensação? Essas promessas eram válidas somente para os antigos tempos da Lei? Ah, irmãos e irmãs, temos o Sol, mas lembrem-se de que quando o Sol brilha, as estrelas brilham também — não as vemos em razão do brilho maior, porém cada estrela está brilhando de dia tanto quanto à noite — e aumentado a luz! Assim, embora as grandes promessas do evangelho às vezes nos façam esquecer das promessas da Antiga Dispensação, elas não foram canceladas! Ainda estão lá e confirmadas — e em Cristo têm o "sim" e o "amém", para a glória de Deus em nós! Creio firmemente que, quando um homem está em situação difícil, se ele foi capacitado pela graça de Deus a ser bondoso e generoso com outros, ele pode voltar-se a Deus em oração e dizer: "Senhor, há a Tua promessa. Não reivindico ter qualquer mérito para obtê-la, mas Tua graça me habilitou porque quando vi outros na mesma condição que estou, eu os ajudei. Senhor, levanta um ajudador para mim!". Jó parecia obter algum consolo desse fato. Não é isso nosso maior consolo ou nosso melhor. Como eu disse, não é o Sol, é apenas uma das estrelas. Ao mesmo tempo, não desprezamos a luz estelar. Creio que Deus muitas vezes ajudará e abençoará, em questões temporais, aquelas pessoas que Ele abençoou com um espírito misericordioso para com os outros.

E frequentemente isso é verdade em outro sentido, que aqueles que são misericordiosos recebem misericórdia, *pois obtêm misericórdia dos outros*. Nosso Salvador disse: "Dai, e ser-vos-á dado; boa medida, recalcada, sacudida e transbordando vos darão; porque com a mesma medida com que medirdes também vos medirão de novo". Haverá esse tipo de sentimento geral. Se um homem foi rigidamente justo e nada além disso, quando ele for abatido no mundo, poucos lhe terão piedade. Mas, aquele outro homem, cujo ávido fervor era ser ajudador de outros, quando ele se encontrar em lutas, todos dirão dele: "Sentimos muito por ele!".

Contudo, o significado pleno do texto sem dúvida se relaciona com aquele dia sobre o qual Paulo escreveu a respeito do seu amigo Onesíforo: "O Senhor lhe conceda que, *naquele Dia*, ache misericórdia". Não achem que estou pregando sobre misericórdia como uma obra de mérito — fiz meu melhor, desde o início, para colocar isso de lado. Mas como uma evidência da graça, ser misericordioso é uma marca muito proeminente e distinta. E, se vocês precisam de prova para isso, deixem-me lembrar-lhes da descrição que nosso Senhor deu do dia do julgamento, diz assim: "Então, dirá o Rei aos que estiverem à sua direita: Vinde, benditos de meu Pai, possuí por herança o

Reino que vos está preparado desde a fundação do mundo; porque tive fome, e destes-me de comer; tive sede, e destes-me de beber; era estrangeiro, e hospedastes-me; estava nu, e vestistes-me; adoeci, e visitastes-me; estive na prisão, e fostes ver-me". Essa é, portanto, a evidência de que eles eram os benditos do Pai!

6

A SEXTA
BEM-AVENTURANÇA[33]

*...bem-aventurados os limpos de coração,
porque eles verão a Deus...*
(Mateus 5:8)

Era uma peculiaridade do grande Apóstolo e Sumo Sacerdote de nossa confissão, Jesus Cristo, nosso Senhor e Salvador, que Seu ensino fosse constantemente direcionado ao coração das pessoas. Outros mestres estavam satisfeitos com uma reforma moral exterior, mas Ele buscava a fonte de todo o mal, para que pudesse purificar a fonte de onde os pensamentos, palavras e ações pecaminosos brotavam. Ele insistia continuamente que, até que o coração fosse puro, a vida jamais seria pura. O memorável Sermão do Monte, de onde nosso texto foi extraído, começa com a bem-aventurança: "Bem-aventurados os pobres de espírito",

---

[33] Este sermão foi pregado no Metropolitan Tabernacle em 27 de abril de 1873.

pois Cristo estava tratando com o espírito dos homens — com sua natureza interior e espiritual. Ele o fez mais ou menos em todas as bem-aventuranças, mas esta atinge o centro do alvo, pois não diz: "Bem-aventurado os limpos de linguagem, ou de ação", muito menos: "Bem-aventurados os cerimonialmente limpos, ou em vestuário ou em comida", mas "Bem-aventurados os limpos *de coração*". Ó, amados, qualquer que seja a chamada "religião" que possa reconhecer como seu membro um homem cujo coração seja impuro, na religião de Jesus Cristo isso não acontecerá! Sua mensagem a todos os homens ainda é: "Necessário vos é nascer de novo". Quer dizer, a natureza interior deve ser divinamente renovada, caso contrário você não poderá entrar, ou mesmo *ver*, o reino de Deus que Cristo veio estabelecer neste mundo. Se suas ações parecerem puras, mas as motivações por trás delas forem impuras, todas as suas boas ações serão anuladas! Se sua linguagem for casta, mas seu coração se alegrar em imaginações vãs, você não se apresenta diante de Deus em consonância com suas palavras, mas com seus desejos — de acordo com o padrão de suas afeições, aquilo que você gosta ou não interiormente — você será julgado por Ele. Pureza *exterior* é tudo que o homem pede de você, "pois o homem vê o que está diante dos olhos, porém o Senhor olha para o coração". E as promessas e bênçãos da aliança da graça pertencem àqueles que são feitos limpos de *coração* — e a mais ninguém.

Ao lhes falar sobre nosso texto, quero primeiramente lhes mostrar que *a impureza de coração é a causa de cegueira espiritual*. E depois, que *a purificação do coração nos dá acesso a uma visão mais gloriosa*: o limpo de coração *verá* a Deus. Por último, lhes mostrarei que *a purificação do coração é uma ação divina* que não pode ser realizada por nós mesmos, ou por qualquer método humano — deve ser operada por Ele que é o três vezes santo Senhor Deus *Sabaoth*.[34]

---

[34] *Sabaoth*, ou *Tsebha'oth*, do hebraico "dos exércitos". Na Septuaginta, o termo ficou traduzido como Todo-poderoso.

1. Primeiramente, então, devo observar que a IMPUREZA DO CORAÇÃO É A CAUSA DE CEGUEIRA ESPIRITUAL — a causa de grande parte dela, senão de toda.

Um homem que esteja intoxicado não pode ver claramente. Sua visão é muitas vezes distorcida ou duplicada. Mas há outros cálices, além dos que intoxicam, que impedem os olhos mentais de ter visão clara. E aquele que uma vez bebe profundamente desses cálices se tornará cego, e outros, à medida que sorvem os nocivos goles, ficarão incapazes de enxergar longe.

Há belezas morais e horrores imorais que certos homens não podem ver porque são impuros de coração. Peguem, por exemplo, o homem cobiçoso, e logo verão que não há qualquer outra poeira que nos cegue mais do que aquela que vem do ouro. Há negócios que muitos consideram maus, do começo ao fim, mas, se eles recompensarem o homem que neles se envolver e se esse homem for de disposição tenaz ao sucesso, será quase impossível convencer-lhe que é um negócio maléfico! Você normalmente descobrirá que o cobiçoso não vê atrativo na generosidade. Ele acha que o homem liberal, se não for tolo, está tão próximo em semelhança com o tolo que poderia ser facilmente confundido com um deles. Admira aquilo que pode ser facilmente apropriado — e quanto mais disso puder garantir, mais ele ficará satisfeito. Deleita-se em usar de qualquer estratagema para produzir dinheiro e em oprimir o pobre! Se praticou um truque sujo, no qual sacrificou cada princípio de honra, e isso se reverteu para sua vantagem, diz a si mesmo: "Esse foi um golpe de mestre!". E, se encontrar com outros da mesma disposição, eles gargalharão sobre a transação e dirão o quão belamente a fizeram. Para mim seria inútil tentar argumentar com um homem avarento — mostrar-lhe a beleza da liberalidade —, porém, por outro lado, eu não desperdiçaria meu tempo em tentar obter dele uma opinião correta sobre a justiça de qualquer coisa que ele saiba ser remunerativa. Vocês sabem que há alguns anos havia uma grande luta nos Estados Unidos sobre a escravidão. Quem foram os cavalheiros ingleses que ficaram ao lado dos proprietários de escravos? Bem, principalmente os de Liverpool, que assumiram essa posição visto que a escravidão lhes recompensava! Se não fosse assim, eles a condenariam. E ouso dizer que aqueles de nós que a condenavam agiram assim porque ela não nos trazia benefícios. Os homens podem ver claramente quando não há algo a ser perdido. Contudo, quando se trata da questão de *ganhos*, sendo o coração impuro, os olhos não conseguem ver corretamente! Há inumeráveis coisas que o homem não consegue enxergar se houver um soberano regendo cada um de seus olhos — ele não conseguirá ver o Sol — e, se mantiver o dinheiro dominando seus olhos, ele se tornará cego. O limpo de coração consegue ver. Mas, quando a cobiça entra no coração, ela embaça ou cega a visão.

Peguemos outro pecado — o pecado da opressão. Há quem diga que, em sua opinião, as pessoas que estão nas posições mais elevadas na vida são a própria beleza e glória da nação e que os pobres devem ser mantidos em seu lugar porque foram criados com o propósito de que a "nobreza" possa ser mantida e engrandecida em sua posição exaltada e que outras pessoas respeitáveis possam também acumular para si alguma riqueza. Esses homens dizem, quanto à ideia de que as pessoas precisam de mais dinheiro por seus serviços, que isso não deve ser encorajado por um momento sequer. E se a pobre costureira labuta e passa fome com os poucos centavos que consegue ganhar, você não deve abrir a boca sobre isso — há leis da "economia política" que governam esses casos — então ela deve ser colocada entre as rodas que abundam nesta era das máquinas, e ninguém deve interferir na questão. Certamente o opressor não consegue enxergar ou não enxergará o mal da opressão. Se você colocar diante dele um caso de injustiça, que é tão patente quanto o nariz em sua face, ele não o verá porque sempre está sob a ilusão de que foi enviado ao mundo com um chicote em suas mãos para conduzir os demais, pois ele é alguém importante e os outros são pobres coitados, dignos apenas de rastejar sob suas gigantescas pernas e de lhe pedir humildemente que ele lhes permita viver. Desta forma, a opressão, se entrar no coração, cegará completamente os olhos e perverterá o julgamento do opressor.

Isso é válido também para a *sensualidade*. Frequentemente percebo que, quando os homens reclamam da religião e insultam a santa Palavra de Deus, sua vida está impura. Raramente, se é que alguma vez aconteceu, encontrei alguém com um caso do qual meu julgamento me enganou com relação à vida dos homens que falam contra as coisas sagradas. Lembro-me de pregar, certa vez, em uma cidade do interior durante o tempo da colheita e, quando comentei sobre o fato de alguns fazendeiros não permitirem aos pobres recolher as sobras de seus campos, eu disse que achava que alguns eram tão avarentos que, se pudessem varrer seus campos com um pequeno pente, eles o fariam. Nisso, um fazendeiro marchou barulhentamente em ira para fora do local e, quando lhe perguntaram por que estava tão irado, ele respondeu com a maior simplicidade: "Porque sempre faço varredura em meus campos duas vezes". Naturalmente, ele não via prazer algum em cuidar dos pobres e nem poderia se submeter com boa consciência à repreensão que lhe chegara tão claramente! Quando os homens falam contra o evangelho, quase sempre é porque o evangelho fala contra eles. O evangelho os encontrou, acusou-os da culpa de seus pecados e os prendeu! Veio-lhes como um policial com sua lanterna voltando o foco completamente sobre sua iniquidade, e, por isso, eles ficam consequentemente tão indignados. Não viveriam como estão vivendo se pudessem se enxergar como Deus os vê — não conseguiriam continuar em sua podridão, corrompendo outros, bem como arruinando a si mesmos, se realmente pudessem ver! E à medida que essas coisas ruins adentram seu coração, elas certamente lhes cegarão os olhos.

O mesmo pode ser dito com relação à verdade espiritual bem como à verdade moral. Com frequência encontramos pessoas que dizem que não conseguem entender o evangelho de Cristo. No fundo, nove em cada dez casos, creio ser o seu pecado que os impede compreendê-lo. Por exemplo, no último domingo à noite, eu tentei pregar sobre as reivindicações divinas e busquei lhes mostrar qual direito Deus tem sobre nós.[35] Pode ter havido alguns de meus ouvintes que disseram: "Não reconhecemos as reivindicações de Deus sobre nós". Se algum de vocês falar assim, é porque seu coração não está correto à vista de Deus, pois, se estivesse capacitado a julgar corretamente, veria que as mais altas reivindicações em todo o mundo são as do Criador sobre Suas criaturas e você diria: "Reconheço que Aquele que me criou tem o direito de governar — Ele deve ser Mestre e Senhor, que é, ao mesmo tempo, o maior e o melhor — e que deve ser o Legislador infalivelmente sábio e justo, além de sempre afável e bom". Quando os homens praticamente dizem: "Não trapacearíamos ou roubaríamos nossos companheiros, mas, com relação a Deus, o que importa como o tratamos?", a razão é porque seu coração é injusto e sua chamada justiça com seus companheiros é somente porque seu lema é: "A honestidade é *a melhor política*". Eles não são verdadeiramente justos em seu coração, do contrário admitiriam logo que são justas as reivindicações do Altíssimo.

A grande doutrina central da expiação jamais poderá ser plenamente apreciada até que o coração do homem seja transformado. Vocês provavelmente já ouviram afirmações como: "Não vejo por que deveria haver qualquer reparação feita a Deus por causa do pecado. Por que Ele não poderia perdoar a transgressão de uma vez e acabar com isso? Qual a necessidade de um sacrifício substitutivo?". Ah, senhores! Se vocês alguma vez sentiram o peso do pecado sobre sua consciência, se já aprenderam a detestar o pensamento do pecado, se já sentiram seu coração quebrantado porque foram poluídos pelo pecado, sentiriam que a expiação não é apenas requerida por Deus, mas que também é exigida pelo seu próprio senso de justiça! E, em

---

[35] O tema do sermão mencionado aqui era *Com relação à paciência de Deus*.

vez de rebelarem-se contra a doutrina do sacrifício vicário, abririam seu coração e clamariam: "É exatamente disso que preciso!". As pessoas de coração mais limpo que já viveram foram aquelas que se regozijaram em ver a justa Lei divina vindicada e magnificada pela morte de Cristo na cruz como substituto para todos os que nele creem. E isso para que, ao mesmo tempo em que a misericórdia de Deus é demonstrada em majestade incomparável, sinta-se uma intensa satisfação de que haja um caminho de reconciliação pelo qual cada atributo de Deus produz honra e glória, e que os pobres pecadores perdidos possam ser erguidos à elevada e honrada posição de filhos de Deus! Os limpos de coração não veem dificuldade na expiação — todas as dificuldades com relação a ela surgem da falta de pureza ali.

Isso também se aplica à igualmente importante regeneração. Os *impuros* de coração não conseguem ver qualquer necessidade de nascer de novo. Eles dizem: "Admitimos que não somos exatamente como deveríamos ser, mas podemos facilmente ser transformados. Quanto à conversa sobre ser uma nova criatura, não vemos qualquer necessidade disso. Cometemos alguns poucos erros que serão retificados pela experiência. E há outros erros na vida que confiamos que serão compensados por mais cautela e cuidado no futuro". Porém, se o coração do homem não renovado fosse puro, ele veria que sua natureza se transformou em algo maléfico desde o início e perceberia que os pensamentos maus surgem naturalmente em nós como as faíscas de uma fogueira! E ele acharia ser algo terrível que tal natureza permanecesse sem transformação. Veria em seu coração a inveja, os assassinatos, rebeliões e males de todo tipo. Seu coração clamaria por ser liberto de si mesmo. No entanto, porque seu coração é impuro, ele não enxerga sua própria impureza e não confessa, e não confessará jamais, sua necessidade de ser feito nova criatura em Cristo Jesus. Porém para vocês que são limpos de coração, o que pensam agora sobre sua velha natureza? Não é um fardo pesado que a carreguem continuamente? Não é a praga que está em seu coração a pior praga debaixo do Céu? Não sentem que a própria tendência a pecar lhes é um pesar constante e que, se pudessem se livrar dela toda, seu Céu teria começado aqui embaixo mesmo? Assim, é o limpo de coração que vê a doutrina da regeneração, e aqueles que não a veem não a enxergam porque são impuros de coração.

A mesma observação é verdade com relação ao glorioso caráter de nosso bendito Senhor e Mestre, Jesus Cristo. Quem jamais encontrou qualquer defeito nele, a não ser os homens com pouca acuidade visual? Há homens não convertidos que ficaram impressionados com a beleza e a pureza da vida de Cristo, mas o limpo de coração se enamora disso. Ele sente que é mais do que uma vida humana, que é divina e que o próprio Deus se revelou na pessoa de Jesus Cristo, Seu Filho. Se alguém não vê o Senhor Jesus Cristo assim superlativamente amável, é porque esse homem é, ele mesmo, de coração impuro, pois, se não fosse assim, ele reconheceria em Jesus o reflexo de todas as perfeições e se regozijaria em reverenciá-lo. Mas, infelizmente, é verdadeiro que, assim como é em questões morais, é nas espirituais e, portanto, as grandes verdades do evangelho não podem ser percebidas por quem tem o coração impuro!

Há uma forma de impureza que, acima de todas as demais, parece cegar os olhos a verdades espirituais, e é a duplicidade de coração. Um homem que seja de mente simples, honesto, sincero, como uma criança é aquele que entra no reino do Céu quando sua porta lhe é aberta. As coisas do reino estão escondidas aos homens de mente dobre e aos enganadores, mas são abertamente reveladas aos bebês na graça — as pessoas de coração simples, transparentes e que não escondem suas emoções e sentimentos. É certo que o hipócrita jamais verá a Deus enquanto continuar na hipocrisia. De fato, ele é tão cego que não consegue ver coisa alguma, e certamente não consegue se ver como realmente é à vista de Deus! Aquele que está muito satisfeito com o nome de cristão, sem ter a vida de um cristão, jamais verá Deus nem nada mais até que seus olhos sejam divinamente abertos.

O que importa aos outros qual seja a opinião desse homem sobre qualquer assunto? Não nos importaríamos em receber elogios de um homem que tenha mente dobre e que seja um mentiroso na prática, pois, enquanto é uma coisa em seu coração, ele se esforça para parecer outra coisa totalmente diferente em sua vida.

O formalismo também jamais verá a Deus, pois ele olha para a casca e jamais chega ao miolo. O formalismo lambe o osso, mas nunca chega à medula. Amontoa para si cerimônias, a maior parte invenção sua, e quando as atende, gaba-se de que tudo está bem, embora o coração ainda aspire ao pecado. A casa da viúva está sendo devorada no mesmo momento em que o fariseu faz longas orações na sinagoga ou nas esquinas das ruas. Tal homem não pode ver Deus! Há certo tipo de leitura bíblica que jamais levará o homem a ver Deus. Ele abre a Bíblia, não para ver o que está lá, mas para ver o que pode encontrar para apoiar suas próprias visões e opiniões. Se os textos que precisa não estão lá, ele distorcerá outros até que, de uma forma ou de outra, consiga trazê-los para seu lado. Mas ele somente crerá naquilo que concorde com suas noções preconceituosas! Ele gostaria de moldar a Bíblia como uma massa de cera, a qualquer forma que lhe agradar, então, com certeza, ele não pode enxergar a verdade que não quer ver.

O homem ardiloso também jamais verá a Deus. Não temo tanto pelos demais homens quanto por esse ardiloso, aquele cuja estrela guia é a "política". Já testemunhei rudes marinheiros convertidos a Deus, como também blasfemos, prostitutas e grandes pecadores de quase todos os tipos sendo trazidos ao Salvador e salvos por Sua graça. E muito frequentemente eles foram honestos sobre seus pecados e revelaram a triste verdade de modo muito transparente. E quando se converteram, penso que foram como a terra boa de que nosso Salvador falou — com um coração honesto e bom, apesar de toda a sua maldade passada. Contudo, os homens de natureza como da víbora, que, quando você lhes fala sobre religião, dizem: "Sim! Sim!", mas que não é isso que querem dizer — o homem que nunca pode ser confiável, o Senhor Afago, o Senhor Duas-Caras, o Senhor Interesse-Próprio, o Senhor Boas-Palavras[36] e toda essa classe de pessoas —, o próprio Deus parece nunca fazer algo a respeito deles e os deixa sozinhos! E tanto quanto consigo observar, Sua graça raramente parece vir a esses homens e mulheres de mente dobre, que são instáveis em todos os seus caminhos. Essas são pessoas que jamais veem a Deus.

Foi dito por um excelente escritor, que nosso Senhor provavelmente fez alusão a este fato no versículo de nosso texto: em países orientais, o rei raramente devia ser visto. Ele vivia em isolamento, e conseguir uma entrevista com ele era uma questão de grande dificuldade. E havia toda sorte de conspirações, planos, intrigas e, talvez, o uso de influências secretas, tudo de modo a que o homem conseguisse ver o rei. No entanto, Jesus diz de fato: "Esse não é o modo para ver Deus". Não! Ninguém consegue vê-lo por meio de astúcia, conspirações, planos e esquemas, mas o homem de mente simples que se apresenta diante dele humildemente, exatamente como é, e diz: "Meu Deus, desejo ver-te. Sou culpado e confesso meu pecado. Imploro a ti, por amor a Teu Filho, que me perdoes". Esse é o que vê a Deus.

Penso que há alguns cristãos que jamais veem a Deus tão bem quanto outros — quero dizer alguns irmãos e irmãs que, por causa de sua constituição particular, parecem ser naturalmente de um espírito questionador. Geralmente ficam confusos sobre um ponto doutrinário ou outro, e seu tempo é, em grande parte, investido em responder objeções e remover dúvidas. Talvez alguma pobre senhora do interior que se assenta nos corredores e que saiba, como diz Cowper,[37] não muito mais que sua Bíblia é verdade e que Deus sempre guarda Suas promessas veja muito mais do Senhor do que o irmão instruído e evasivo que se atormenta com tolos questionamentos que não lhe trazem benefício.

---

[36] Personagens do livro *O peregrino*, de John Bunyan (Publicações Pão Diário, 2020).
[37] William Crowper (1731–1800), proeminente poeta inglês.

Lembro-me de contar-lhes sobre um pastor que, em visita a uma senhora enferma, desejou deixar um texto com ela para sua meditação. Assim, abrindo a velha Bíblia dela, ele voltou-se a certa passagem que encontrou a qual ela havia marcado com a letra "P". "O que este 'P' significa, irmã?", perguntou ele. "Isso quer dizer *precioso*, senhor. Achei esse texto muito precioso para minha alma em mais de uma ocasião." Ele buscou outra promessa e novamente encontrou escrito na margem "T" e "A". "E o que significam essas letras, minha boa irmã?". "Elas significam *testado* e *aprovado*, senhor, pois eu testei essa promessa em meio a meu grande sofrimento e ela foi aprovada como verdadeira. Coloquei essa anotação perto dela para que, da próxima vez quando estivesse em lutas, eu pudesse ter certeza de que essa promessa ainda é verdadeira." A Bíblia é toda marcada com esses "Ts" e "As", geração após geração de crentes que testaram as promessas de Deus e as viram aprovadas como verdadeiras! Que vocês e eu, amados, estejamos entre aqueles que dessa forma testaram e aprovaram esse Livro precioso!

2. Nossa segunda observação é que A PURIFICAÇÃO DO CORAÇÃO NOS DÁ ACESSO A UMA VISÃO MAIS GLORIOSA — "Os limpos de coração verão a Deus".

O que isso quer dizer? Isso significa muitas coisas. Mencionarei algumas delas brevemente. Primeiramente, *o homem cujo coração é limpo será capaz de ver a Deus na natureza*. Quando seu coração está limpo, ele ouve os passos de Deus em todos os lugares do jardim terrestre no serenar do dia. Ouvirá a voz de Deus na tempestade, soando nos trovões no topo dos montes. Contemplará o Senhor caminhando sobre as grandes e poderosas águas, ou o verá em cada folha que tremula à brisa. Uma vez que o coração tenha sido purificado, Deus poderá ser visto em toda parte! Para alguém de coração impuro, Deus não pode ser visto em lugar algum, mas para o limpo de coração ele é visto em todo lugar — nas profundas cavernas do mar, no solitário deserto, em cada estrela que reluz na fronte da escura noite!

Além disso, *o limpo de coração vê Deus nas Escrituras*. Mentes impuras não podem ver qualquer traço de Deus em Sua Palavra. Elas veem razão para duvidar se Paulo escreveu ou não a epístola aos Hebreus, duvidam da canonicidade do evangelho de João — e isso é tudo que conseguem ver na Bíblia. Porém, os limpos de coração veem Deus em cada página desse Livro abençoado. À medida que o leem em devoção e oração, bendizem o Senhor que se agradou tão graciosamente em se revelar a eles pelo Seu Espírito e que Ele lhes tenha dado a oportunidade e o desejo de desfrutar da revelação de Sua santa vontade.

Também, *o limpo de coração vê Deus em Sua Igreja*. O coração impuro não consegue ver o Senhor lá de forma alguma. Para eles, a Igreja do Senhor não é mais do que uma aglomeração de seitas divididas. E, ao observá-las, conseguem ver apenas suas falhas, fracassos e imperfeições. Deveria ser lembrado que cada pessoa vê apenas aquilo que está de acordo com sua natureza. Quando o abutre paira no céu, vê o cadáver onde quer que esteja. E quando a pomba, com suas asas prateadas, alça voo ao azul, ela vê o milho peneirado onde quer que esteja. O leão enxerga sua presa na floresta, e o cordeiro vê sua comida nos pastos verdejantes. Corações impuros veem muito pouco ou nada de bom entre o povo de Deus, mas o limpo de coração vê Deus em Sua Igreja e se regozija em encontrá-lo lá.

No entanto, ver Deus significa muito mais do que perceber traços dele na natureza, nas Escrituras e em Sua Igreja — significa que *o limpo de coração começa a discernir algo do verdadeiro caráter de Deus*. Qualquer pessoa presa em uma tempestade, que ouve o ribombar do trovão, que vê os prejuízos causados pelos raios, percebe que Deus é poderoso. Se ele não for tolo para ser um ateísta, dirá: "Que terrível é esse Deus dos raios e trovões!". Mas perceber que Deus é eternamente justo e mesmo assim infinitamente terno, que Ele é firmemente severo e imensuravelmente gracioso e ver todos os vários atributos da divindade se fundindo uns com os outros, como as cores do arco-íris, tornando-os harmoniosos e belos como um todo, é reservado para o homem cujos olhos foram primeiramente lavados no sangue de Jesus e depois ungidos com o olhar celestial salvo pelo Espírito Santo! É somente esse homem que vê que Deus é sempre e completamente bom e que o admira sob cada aspecto, vendo que todos os Seus atributos são lindamente combinados e equilibrados, e que cada um lança esplendor adicional sobre todos os demais. O limpo de coração verá a Deus neste sentido, pois apreciará Seus atributos e compreenderá Seu caráter de modo que os ímpios jamais farão.

Mas, ainda mais que isso, *eles serão admitidos em Sua comunhão.* Quando você ouve alguns falarem sobre não haver Deus nem coisas espirituais, e daí para frente, você não precisa se preocupar com o que eles dizem, pois não estão em posição autorizada para falar sobre o assunto. Por exemplo, um ímpio diz: "Não creio que haja um Deus porque nunca o vi". Não duvido de que falem isso com verdade; porém, quando eu lhes digo que *vi* a Deus, vocês não têm mais direito de duvidar da minha palavra do que eu tenho de duvidar da sua! Certo dia, à mesa de jantar em um hotel, eu conversava com um irmão pastor sobre algumas coisas espirituais quando o senhor que se sentava de frente para nós, com um guardanapo de pano preso debaixo de seu queixo e a expressão facial que indicava sua apreciação por vinho, fez essa observação: "Estou há 60 anos neste mundo e, mesmo assim, jamais estive consciente de qualquer coisa espiritual". Não lhe dissemos o que pensamos, mas achamos que era muito provável que o que ele dizia era perfeitamente verdadeiro — e há muito mais pessoas no mundo que podem dizer o mesmo que ele! Mas isso só provava que *ele* não estava consciente das coisas espirituais — não que outros também não estivessem conscientes delas! Há muitas outras pessoas que podem afirmar: "Nós estamos cientes das coisas espirituais. Pela presença de Deus entre nós, temos sido movidos, prosternados, levados adiante e lançados no chão para depois sermos levantados em alegria, felicidade e paz — e nossas experiências são um fenômeno tão verdadeiro, pelo menos para nós, quanto qualquer fenômeno debaixo do Céu! E não seremos demovidos de nossas crenças porque elas são apoiadas por outras inumeráveis e indubitáveis experiências". "Aquele que habita no esconderijo do Altíssimo, à sombra do Onipotente descansará." "Mas não há tal esconderijo", diz alguém, "e nem tal sombra". Como você sabe disso? Se outra pessoa vier e disser: "Ah, mas eu estou habitando nesse esconderijo e descansando sob essa sombra", o que você lhe dirá? Pode chamá-lo de tolo, se quiser, mas isso não prova que ele seja tolo — embora possa provar que *você* o seja, pois ele é tão honesto quanto você e tão digno de que se acredite nele quanto em você.

Alguns anos atrás, um advogado na América foi a uma reunião religiosa onde ouviu cerca de uma dúzia de pessoas relatando suas experiências com Cristo. Ele se sentou com sua caneta em mãos e anotava suas evidências à medida que eles as forneciam. Por fim, disse a si mesmo: "Se eu tivesse um caso na corte, gostaria de ter essas pessoas no banco das testemunhas, pois sinto que, se tivesse as evidências delas ao meu lado, eu ganharia a disputa". Depois pensou: "Bem, eu tenho ridicularizado essas pessoas como fanáticas, mesmo assim quereria a evidência delas na corte sobre outros casos. Elas não têm nada a ganhar com o que estão dizendo, então tenho de acreditar que o que dizem é verdade". E o advogado foi simples o suficiente, ou melhor, sábio o suficiente — e puro de coração — para analisar a questão corretamente! Assim, ele também veio a ver a verdade de Deus e o próprio Deus. Muitos de nós poderiam testificar, se esse fosse o momento de fazê-lo, que existe tal coisa como a comunhão com Deus até mesmo aqui na Terra, mas os homens só podem usufruir dela na mesma medida em que abandonam seu amor pelo pecado. Não podem conversar com Deus depois de falar de coisas imundas. Não podem conversar com Deus como um homem faz com seu amigo se estão acostumados a se encontrar com companhias nos bares e se deleitar em socializar com os ímpios que se reúnem lá. O puro de coração pode ver Deus e realmente o vê — não com os olhos naturais, e longe de nós tal ideia carnal, mas com seus olhos espirituais ele vê o grandioso Deus que é Espírito! E terá comunhão espiritual, mas muito real, com o Altíssimo.

A expressão "verão a Deus" também pode querer dizer outra coisa. Como eu já disse, aqueles que viam os monarcas orientais eram geralmente considerados como pessoas altamente privilegiadas. Eram certos ministros de Estado que tinham o direito de entrar e ver o rei sempre que decidissem fazê-lo. E o limpo de coração tem o mesmo direito concedido a esses de entrar e ver seu Rei todo o tempo. Em Cristo Jesus, eles têm ousadia e acesso com confiança em achegar-se diante do trono da graça celestial. Sendo purificados pelo precioso sangue de Jesus, eles se tornaram os ministros, isto é, os *servos* de Deus, e Ele os emprega como Seus embaixadores, enviando-os para tarefas elevadas e honradas para Ele — e eles podem vê-lo sempre que suas empreitadas para Ele lhes conferem o direito a uma audiência com Deus.

E, por último, *chegará o tempo em que aqueles que assim viram a Deus na Terra o verão face a face no Céu*. Ó, o esplendor dessa visão! É-me inútil tentar falar sobre isso. Possivelmente, dentro de uma semana, alguns de nós saberão mais sobre ela do que todos os teólogos da Terra poderiam nos ensinar. É apenas um fino véu que nos separa da glória! Pode ser rasgado a qualquer momento e de uma vez —

Longe do mundo de pesar e pecado
Com Deus eternamente encerrado. —

o limpo de coração compreenderá completamente o que é ver Deus! Que essa seja a sua porção, amados, e também a minha, para sempre e sempre!

3. Agora, por último, e muito brevemente, tenho de lembrar-lhes de que ESSA PURIFICAÇÃO DO CORAÇÃO É OBRA DIVINA.

E creiam-me quando lhes digo que *nunca é uma obra desnecessária*. Nenhum homem (com exceção do homem Cristo Jesus) nasceu com coração puro. Todos pecaram e todos precisam ser limpos — não há um justo sequer!

Também permitam-me assegurar-lhes de que *esta obra nunca foi realizada por qualquer cerimônia*. Podem dizer o que quiser, mas nenhuma aplicação de água jamais tornou o coração do homem melhor seja de que forma for! Alguns nos dizem que no batismo, pelo qual querem dizer a aspersão de água sobre bebês, como regra, eles são regenerados e tornados membros de Cristo, filhos de Deus e herdeiros do reino do Céu! No entanto, todos os que passam por esse rito não são melhores do que as outras pessoas. Eles crescem do mesmo modo que os demais. Toda a cerimônia é inútil e pior que isso, pois é claramente contrária ao exemplo e ensinamento do Senhor Jesus Cristo! Nenhuma aplicação de água ou cerimônias exteriores podem afetar o coração!

Tampouco pode o coração ser purificado *por qualquer processo de reforma exterior*. A tentativa sempre tem sido de fazer funcionar de fora para dentro, mas isso não pode ser feito. Você pode tentar dar um coração pulsante a uma estátua de mármore, trabalhando nela com um martelo e um formão! Transformar um pecador em limpo de coração é um grandioso milagre como se Deus fosse fazer uma estátua de mármore viver, respirar e andar!

O coração só pode ser purificado pelo Espírito Santo de Deus. Ele deve vir sobre nós e nos cobrir. E quando Ele vem a nós, nosso coração é transformado, mas nunca antes disso. Quando o Espírito de Deus vem assim sobre nós, Ele purifica a alma. Para prosseguir na linha do ensinamento de nosso Salvador, lembremo-nos do que já vimos até aqui. Primeiro, Ele nos mostrou nossa pobreza espiritual:

"Bem-aventurados os pobres de espírito". De fato, esta é a primeira obra da graça divina: fazer-nos sentir que somos pobres, que somos nada, que não somos merecedores, que somos pecadores que merecem o mal e o inferno! E à medida que o Espírito de Deus continua Sua obra, a próxima coisa que Ele faz é nos fazer chorar: "bem-aventurados os que choram". Choramos ao pensar que tenhamos pecado como pecamos. Choramos por Deus. Pranteamos por perdão. Sendo assim, o grande processo que eficazmente purifica o coração é a aplicação da água e do sangue que fluiu do lado ferido do Cristo sobre a cruz. É aqui, ó pecadores, que vocês encontrarão dupla cura para a culpa e para o poder do pecado! Quando a fé olha para o Salvador sangrando, ela vê nele não meramente o perdão para o passado, mas o afastar da pecaminosidade no presente! O anjo disse a José, antes de Cristo nascer: "…lhe porás o nome de Jesus, porque ele salvará o seu povo dos seus pecados".

Todo o processo da salvação pode ser brevemente explicado da seguinte forma: o Espírito de Deus nos encontra com o coração imundo e vem a nós lançando luz divina sobre nós para que possamos perceber que somos imundos. Depois, Ele nos mostra que sendo pecadores nós merecemos enfrentar a ira divina, e nós percebemos que merecemos mesmo. A seguir nos diz: "Mas essa ira foi suportada por Jesus em seu lugar". Ele abre nossos olhos e vemos que "Cristo morreu por nós" — em nosso lugar! Olhamos para Ele, cremos que Ele morreu como nosso substituto e nos entregamos a Ele. Sabemos, então, que nossos pecados foram perdoados por amor ao Seu nome e o clamor dos pecados perdoados nos percorre com tal tremor como jamais sentimos antes! E no próximo momento o pecador perdoado clama: "Agora que estou salvo, agora que estou perdoado, meu Senhor Jesus Cristo, serei para sempre Teu servo! Mortificarei os pecados que te levaram à morte e, se me deres força, eu te servirei enquanto eu viver!". A torrente da alma desse homem antes corria em direção ao mal, mas no momento em que descobre que Jesus morreu em seu lugar e que seus pecados são perdoados por causa de Jesus, toda a correnteza de sua alma apressa-se em outra direção, buscando aquilo que é correto! E, embora ele continue tendo lutas com sua velha natureza, o homem é limpo de coração daquele dia em diante. Ou seja, seu coração ama a pureza, busca a santidade e se consome à procura de perfeição.

Agora ele é o homem que vê Deus, ama a Deus, deleita-se em Deus, quer ser como Ele e ansiosamente aguarda o dia em que estará com o Senhor e o verá face a face. Esse é o processo de purificação — que todos vocês o experimentem por meio do eficaz agir do Espírito Santo! Se você deseja tê-lo, ele é declarado gratuitamente a você. Se verdadeiramente desejar o novo coração e o espírito reto, eles lhe serão gratuitamente concedidos! Não há necessidade de que tente se adequar para os receber. Deus é capaz de efetuá-lo em você agora mesmo! Aquele que despertará os mortos com um toque da trombeta da ressurreição pode transformar sua natureza com a mera volição de Sua mente graciosa! Ele pode, enquanto você está assentado nesta casa, gerar em você um novo coração, renovar um espírito reto em seu interior e lhe fazer sair um homem completamente diferente do que entrou, como se você fosse uma criança recém-nascida! O poder do Espírito Santo para renovar o coração humano não tem limites! "Ó", diz alguém, "eu gostaria que Ele renovasse meu coração, que transformasse minha natureza!". Se esse é o desejo do seu coração, lance essa oração ao Céu agora mesmo! Não permita que seu desejo morra em sua alma, mas transforme-o em oração e o expire a Deus, ouvindo o que Ele tem a lhe dizer. E é isto que Ele lhe dirá: "Vinde, então, e argui-me, diz o Senhor; ainda que os vossos pecados sejam como a escarlata, eles se tornarão brancos como a neve; ainda que sejam vermelhos como o carmesim, se tornarão como a branca lã". Ou isto: "Crê no Senhor Jesus Cristo e serás salvo" — salvo de seu amor ao pecado, salvo de seus antigos hábitos e tão completamente salvo, que se tornará um dos puros de coração que verão a Deus!

Mas talvez você pergunte: "O que é crer no Senhor Jesus Cristo?". É *confiar* nele, depender dele. Ó, que todos pudéssemos depender de Jesus Cristo agora! Ó, que aqueles jovens preocupados pudessem chegar e confiar em Jesus! Você nunca se livrará de seus problemas até que venha! Mas, querido amigo, você pode ficar livre deles agora mesmo se crer em Jesus! Sim, embora tenha lutado em vão contra seus maus hábitos, embora lute com eles severa e resolutamente, você tem sido derrotado por seus gigantescos pecados e suas horríveis paixões. Há Alguém que pode vencer todos os pecados por você! Há Alguém que é mais forte do que Hércules, que pode estrangular o monstro da luxúria, matar o leão de suas paixões e limpar os estábulos de Áugias[38] de sua má natureza ao desviar os grandes rios de sangue e água de Seu sacrifício expiatório através de sua alma! Ele pode transformá-lo em puro interiormente e mantê-lo assim. Ó, olhe para Ele! Cristo foi pendurado na cruz, rejeitado pelos homens, e Deus o fez pecado por nós, embora Ele não conhecesse pecado, para que em Jesus pudéssemos ser feitos justiça de Deus. Cristo foi condenado a morrer como nossa oferta pelo pecado, para que pudéssemos viver para sempre no amor de Deus. Confie nele, confie nele! Jesus ressuscitou dos mortos, ascendeu à Sua glória e está à direita de Deus intercedendo pelos transgressores. Confie nele! Você jamais perecerá se confiar nele, mas viverá dez milhares de vezes mais com todos os que foram salvos pela graça e cantará sobre o poderoso Salvador capaz de salvar o pior daqueles que por Seu intermédio chegam até Deus!

Que Deus lhes conceda que possam ser assim salvos, para que possam estar entre os limpos de coração que verão a Deus e nunca deixarão de vê-lo. E o Senhor receberá toda a glória! Amém e Amém!

---

[38] Da mitologia grega. Limpar os imundos estábulos do rei Áugias, filho do deus Sol, era um dos trabalhos de Hércules. A tarefa foi completada em um dia porque Hércules desviou as águas de dois rios em direção aos estábulos.

7

O PACIFICADOR[39]

*...bem-aventurados os pacificadores,
porque eles serão chamados filhos de Deus...*
(Mateus 5:9)

Esta é a sétima bem-aventurança. Há um mistério sempre ligado ao número sete. Ele era o número da perfeição entre os hebreus, e parece que o Salvador colocou o pacificador nesta posição, como se ele quase chegasse ao homem perfeito em Cristo Jesus. Aquele que deseja a bênção perfeita, tanto quanto pode ser desfrutada na Terra, precisa labutar para cumprir essa sétima bem-aventurança e se tornar um pacificador. Também há significado na posição do texto, se você considerar o contexto. O versículo que o precede fala da bênção dos "limpos de coração, porque eles verão a Deus". Seria bom que pudéssemos entender isto: primeiramente devemos ser puros e depois pacíficos. Nosso pacifismo

---

[39] Este sermão foi pregado no Metropolitan Tabernacle em 8 de dezembro de 1861.

jamais deve estar ligado ao pecado ou em aliança com o que é mau. Devemos fazer nossos rostos como rochas contra tudo que seja contrário a Deus e Sua santidade. Sendo esse um assunto estabelecido em nossa alma, podemos ir ao pacifismo entre os homens. Não menos do que esse, o versículo seguinte ao meu texto parece ter sido colocado lá propositalmente. Por mais pacíficos que sejamos neste mundo, ainda assim seremos deturpados e malcompreendidos. E não se maravilhem disso, pois até o Príncipe da paz, por causa de Seu pacifismo, trouxe fogo sobre a Terra. Ele mesmo, apesar de Seu amor pela humanidade e de não ter feito mal, foi "desprezado e o mais rejeitado entre os homens; homem de dores e que sabe o que é padecer"[40]. Tampouco, portanto, o pacífico de coração deveria se surpreender quando encontrar inimigos, pois é acrescentado no versículo seguinte: "...bem-aventurados os que sofrem perseguição por causa da justiça, porque deles é o Reino dos céus". Assim, os pacificadores não são apenas considerados abençoados; eles estão cercados de bênçãos! Senhor, dá-nos a graça divina para alçar essa sétima bem-aventurança! Purifica nossa mente para que possamos ser, primeiramente, puros e depois pacíficos, e fortalece nossa alma para que nosso pacifismo não nos leve à surpresa e ao desespero quando, por Tua causa, formos perseguidos entre os homens!

Agora, esforcemo-nos para entrar no significado de nosso texto. Assim, trataremos dele nesta manhã, à medida que Deus nos ajudar. Primeiramente, vamos *descrever o pacificador*; em seguida, *vamos proclamar sua bênção*; depois, *nós o colocaremos em ação*, e, por último, que *o pacificador se torne um pacificador de fato*.

1. PRIMEIRAMENTE DESCREVEREMOS O PACIFICADOR

O pacificador, enquanto distinto em seu caráter, tem a mesma posição e condição exteriores dos demais homens. Em todas as relações na vida, ele ocupa o mesmo lugar que os outros.

---

[40] Isaías 53:3 ARA.

Desse modo, o pacificador é um *cidadão*, e, embora seja um cristão, ele se lembra de que o cristianismo não lhe exige que abandone sua cidadania, mas o usa para melhorá-la, para a glória de Cristo. Então, como um cidadão, o pacificador ama a paz. Se ele vive neste país[41], sabe que mora entre pessoas que são muito sensíveis à sua honra e são rápida e facilmente provocadas — pessoas tão violentas em seu caráter, que a própria menção à guerra lhes aquece o sangue e as quais sentem que iriam a ela com toda a sua força. O pacificador lembra-se da guerra contra a Rússia[42] e recorda-se de como fomos tolos em ter nos metido lá, para trazer sobre nós mesmos grandes perdas em comércio e dinheiro e nenhuma vantagem que seja perceptível. Ele sabe que sua nação tem, muitas vezes, sido atraída à guerra por propósitos políticos e que, normalmente, a pressão e o fardo dela vêm sobre os pobres trabalhadores, que têm de ganhar sua vida com o suor de seu rosto. Portanto, embora ele, como outros homens, sinta seu sangue esquentar e, por ser inglês, sente o sangue dos antigos reis do mar em suas veias[43], ele o reprime e diz a si mesmo: "Não devo contender, pois o servo de Deus deve ser manso com todos, apto a ensinar e sofredor". Assim volta-se à direção contrária à da correnteza e, quando ouve, por todos os lados, o barulho de guerra, vendo que muitos estão anelando por ela, o pacificador faz seu melhor em administrar o refrescante gole e diz: "Sejam pacientes! Deixem para lá! Se isso é um mal, a guerra é ainda pior do que qualquer mal. Jamais houve uma paz ruim, ou uma boa guerra. E qualquer que seja a perda que tenhamos que suportar por sermos tão calmos,

---

[41] Spurgeon referia-se à Inglaterra do seu tempo, século 19.

[42] Parece se referir à guerra da Crimeia (1853–56). A Rússia buscava tirar vantagem do enfraquecido Império Otomano, para controlar os Bálcãs, e enfrentou a oposição de uma coalisão formada por Inglaterra, França e o Reino da Sardenha. A Inglaterra entrou nesta guerra para garantir seu comércio com a Turquia e o acesso terrestre à Índia (parte do Império Britânico nesta época) e, principalmente, ante os clamores populares que exigiam uma resposta vigorosa da rainha Vitória à provocação russa.

[43] Referência às invasões Vikings (possivelmente significa "guerreiros do mar") na Inglaterra, que resultou em guerras e no posterior estabelecimento deles em terras inglesas e à sua fusão com o povo anglo-saxão.

certamente perderíamos centenas de vezes mais por sermos violentos demais". E assim, no caso apresentado, ele pensa o quanto seria pior se duas nações cristãs guerreassem — duas nações que brotaram do mesmo sangue —, dois países que realmente têm uma relação mais próxima do que quaisquer outros dois sobre a face da Terra — rivais em suas instituições liberais, cooperadores na propagação do evangelho de Cristo, duas nações que têm em seu meio mais dos eleitos de Deus e mais dos verdadeiros seguidores de Cristo do que quaisquer outras nações sob o céu! Sim, pondera em seu interior que seria horrível que os ossos de nossos filhos e filhas fossem novamente feitos de adubo em nossos campos, como aconteceu antes. Lembra-se de que os fazendeiros de Yorkshire trouxeram para casa alguns fungos de Waterloo[44], com os quais adubariam seus campos — com o sangue de seus filhos e filhas. E pensa não ser correto que os prados da América sejam enriquecidos com os restos mortais de seus filhos. Por outro lado, pensa que jamais ferirá outro homem, antes escolherá ser ferido por ele, e que o sangue seria para ele uma visão horrorosa. Então, afirma: "Não o farei, não permitirei que outros o façam por mim e, se não serei um assassino, também não quererei que outros morram por mim". Em visão, caminha sobre um campo de batalha, ouve os gritos dos que morrem e os gemidos dos feridos; sabe que até mesmo os conquistadores dizem que todo o entusiasmo da vitória não é capaz de remover o horror da cena apavorante depois da luta; então diz: "Não! Paz, paz!". Se ele tem qualquer influência na Comunidade Britânica, se é um membro do Parlamento, ou escritor em um jornal, ou fala de um palanque, ele brada: "Examinemos isso atentamente antes que entremos nesse conflito! Devemos preservar a honra de nosso país, devemos conservar nosso direito de recepcionar aqueles

---

[44] Refere-se à Batalha de Waterloo, em 1815, entre as tropas de Napoleão Bonaparte e o exército britânico, também integrado por belgas, alemães e holandeses, comandado por Arthur Wellesley. Com a chegada do exército prussiano em apoio aos britânicos, o exército francês foi vergonhosamente derrotado. Calcula-se que 55 mil homens morreram nessa batalha.

que fogem de seus opressores, devemos manter que a Inglaterra seja sempre um lar seguro para todo rebelde que escapar de seu rei, um lugar onde todos os oprimidos jamais serão arrastados pela força do braço". E assim indaga: "Não poderá ser assim e ainda não haver derramamento de sangue?". Propõe aos oficiais da lei que o examinem cuidadosamente para ver se não descobrem que, talvez, tenha havido muitos equívocos cometidos que poderiam ser perdoados ou compensados, sem que haja sangue derramado, sem que a espada precise ser desembainhada. Ele fala que a guerra é um monstro, que, em seu melhor, será um inimigo, e que, entre todos os flagelos, ela é o pior. Olha para os soldados como os ramos avermelhados das varas ensanguentadas e implora a Deus que não fira assim a uma nação culpada, mas que ponha de lado a espada, a fim de que não sejamos lançados em infortúnios, sobrecarregados com pesares e expostos a crueldades que podem levar milhares ao túmulo e multidões à pobreza. Desse modo age o pacificador. E sente que, quando faz assim, sua consciência o justifica, ele é abençoado e que os homens um dia reconhecerão que ele era um dos filhos de Deus!

Contudo, o pacificador não é apenas um cidadão, mas um *homem*, e se vez ou outra deixa a política geral de lado, mesmo assim, como homem, pensa que a política de sua pessoa deve sempre ser a de paz. Se sua honra for maculada por isso, não a defenderá, pois considera que seria mancha ainda maior à sua honra irar-se com seus companheiros do que suportar um insulto. Ouve outros dizendo: "Se você pisar sobre um verme, ele se revolverá". Mas ele responde: "Não sou um verme, sou um cristão, e portanto, não me revolvo a não ser para abençoar a mão que me fere e para orar por aqueles que me usam maliciosamente". Ele tem seu temperamento, pois o pacificador pode se irar, e infeliz é o homem que não pode. Ele é como Jacó mancando sobre sua coxa, porque a ira é um dos sagrados pés da alma quando se volta à direção correta! Porém, mesmo podendo irar-se, ele aprende a "irar-se e não pecar" e não permite que "o sol se ponha sobre a sua ira". Quando está em casa, busca ser sereno com seus servos e empregados. Suporta muitas coisas antes de proferir palavras impróprias e, se repreender, será sempre com gentileza, dizendo: "Por que você fez isso? Por que fez isso?", não com a severidade de um juiz, mas com a ternura de um pai! O pacificador talvez possa aprender algo de uma história com a qual me deparei semana passada ao ler sobre a vida de John Wesley. Viajando em um navio para a América na companhia do senhor Oglethorpe, que seria o governador da Savannah, certa vez ouviu um grande barulho na cabine do governador. O senhor Wesley então dirigiu-se para lá, e o governador disse: "Ouso dizer que o senhor deseja saber do que se trata esse barulho. Tenho uma boa razão para ele. O senhor sabe", disse ele, "que o único vinho que tomo é o do Chipre, e que ele é necessário para mim. Trouxe-o abordo, e esse crápula, meu servo, esse Grimaldi, bebeu-o todo! Vou açoitá-lo no convés, e o primeiro navio de guerra que aparecer vai levá-lo por pressão minha, e ele será alistado ao serviço de Sua Majestade. Assim terá um tempo de dificuldade, pois o farei saber que nunca perdoo". "Prezado", disse o senhor Wesley, "então espero que o senhor jamais peque". A repreenda foi tão bem expressa, tão ao ponto e tão necessária, que o governador logo respondeu: "Infelizmente, senhor, eu peco, e pequei no que disse. Por sua causa, ele será perdoado. E confio que não repetirá mais o que fez". Assim, o pacificador sempre pensa que lhe é melhor, como pecador e responsável diante de seu Mestre, que não seja um mestre muito duro com seus servos, para que quando os provocar, não esteja também provocando a Deus!

O pacificador também *viaja para o exterior* e, quando está na empresa, às vezes encontra difamação e até insultos, mas aprende a suportá-los porque se lembra de que Cristo suportou muita contradição dos pecadores contra si. O santo Cotton Mather, grande teólogo Puritano da América, recebera inúmeras cartas anônimas nas quais era ultrajado. Depois de lê-las e as preservar, ele colocava um pedaço de papel ao redor das cartas e escrevia sobre o papel, antes de colocá-las na prateleira: "Calúnia. Pai, perdoa-lhes". Da mesma forma faz o pacificador! Ele diz de todas essas coisas: "São calúnias. Pai, perdoa-lhes!". E não se apressa a se defender, sabendo que Aquele a quem serve cuidará que seu bom nome seja preservado, se ele mesmo for cauteloso sobre como caminha entre os homens. Ele faz negócios, e algumas vezes o pacificador passa por circunstâncias nas quais é muito tentado a buscar a lei. Porém, ele jamais o faz, a menos que se veja compelido a isso, pois sabe que o trabalho da lei é brincar com ferramentas afiadas, e que mesmo os que sabem usá-las cortam seus próprios dedos! Reconhece que a lei é mais lucrativa para aqueles que a exercem. Também sabe que, ao passo que os homens darão centavos ao pastor pelo bem-estar de suas almas e centenas de libras aos médicos em favor de seus corpos, gastarão milhares com pagamentos extras aos seus advogados na Suprema Corte! Então, diz: "Não! É melhor que eu seja prejudicado pelo meu adversário, e que ele ganhe alguma vantagem, do que ambos perdermos tudo". Assim, releva algumas dessas coisas e descobre que, no geral, ele não é perdedor por algumas vezes abrir mão de seus direitos. Há outras vezes em que é compelido a se defender, mas, mesmo nesse caso, está preparado para qualquer acordo, desejando ceder a qualquer momento e qualquer época. Aprendeu o velho adágio que diz: "Um grama de prevenção é melhor do que um quilo de cura", e lhe dá atenção, a fim de entrar em acordo com seu adversário rapidamente enquanto este está a caminho, abandonando o litígio antes de entrar nele ou, quando já entrou, buscando terminá-lo tão cedo quanto possível, como se estivesse diante de Deus.

O pacificador é um *vizinho* e, nunca busca se intrometer nas discussões de seus vizinhos, principalmente se é entre o vizinho e sua esposa, pois sabe que, se o casal discorda entre si, rapidamente concordarão em discordar dele caso se interponha entre eles! Se for chamado quando houver uma disputa entre dois vizinhos, ele jamais os incitará à animosidade, mas lhes dirá: "Vocês não fazem bem, meus irmãos; por que brigam um com o outro?". E, embora não escolha o lado errado, mas sempre busque fazer justiça, sempre tempera sua justiça com misericórdia e diz ao prejudicado: "Você não pode exercer a nobreza de perdoar?". E algumas vezes se coloca entre os dois, quando estão muito irados, e é golpeado por ambos porque sabe que Jesus também o fez, que foi golpeado pelo Pai e também por nós, para que, ao sofrer em nosso lugar, pudesse ser feita a paz entre Deus e o homem. Assim, o pacificador age sempre que chamado a cumprir seu bom ofício, e mais especificamente, se sua posição o habilitar a fazê-lo com autoridade. Caso ocupe o assento do julgamento, esforça-se para não levar o assunto à corte se puder ser feito de outra forma. Se ele for pastor e houver uma contenda entre seu povo, não entrará em detalhes, pois sabe que há muita tagarelice fútil. Porém, dirá: "Paz" às ondas e "Emudece" aos ventos, mantendo assim os homens vivos. Pensa que eles têm tão pouco tempo para conviverem, que convém que vivam em harmonia. Desse modo, assevera: "Oh! Quão bom e quão suave é que os irmãos vivam em união!".

No entanto, novamente, o pacificador tem como seu título mais elevado que ele é um *cristão*. E assim sendo, ele se une a alguma igreja cristã e lá, como pacificador, é como um anjo de Deus. Até mesmo entre as igrejas há aqueles que estão vergados pelas enfermidades, e estes levam homens e mulheres cristãos a divergir uns dos outros algumas vezes. O pacificador então diz: "Isso é inconveniente, meu irmão, minha irmã; vamos ficar em paz". Lembra-se do que Paulo disse: "Rogo a Evódia e rogo a Síntique que sintam o mesmo no Senhor". E pensa que, se essas duas mulheres receberam tais rogos de Paulo — para que tivessem uma mente concorde—, a unidade deve ser algo abençoado, e ele esforça-se por ela! E outras vezes, quando o pacificador vê que provavelmente se levantarão diferenças entre sua denominação e outras, ele se volta à história de Abraão, lendo como os pastores dele e os de Ló brigaram. Percebe que no mesmo versículo se afirma: "e os cananeus e os ferezeus habitavam, então, na terra". Lamenta que onde havia ferezeus para observar, os seguidores do Deus verdadeiro discordassem! Ele diz aos cristãos: "Não façam isso porque fazemos o diabo se divertir, desonramos a Deus, trazemos prejuízo à nossa causa e arruinamos a alma dos homens!". E continua: "Coloquem suas espadas em suas bainhas; fiquem em paz e não lutem uns contra os outros". Aqueles que não são pacificadores, e são recebidos na igreja, discutirão sobre a menor questão, diferirão nos pontos mais minúsculos. Conhecemos igrejas desmanteladas e cismas[45] cometidos em comunidades cristãs por causa de coisas tão tolas, que um sábio não conseguiria entender a ocasião; coisas tão ridículas, que um homem de bom senso teria menosprezado! O pacificador fala: "Segui a paz com todos". Ora especialmente para que o Espírito de Deus, que é o Espírito da paz, repouse todo o tempo sobre a igreja, unindo os crentes, para que, sendo um em Cristo, o mundo possa conhecer que o Pai enviou Seu Filho ao mundo, aclamado em Sua missão com a canção angelical: "Glória a Deus nas alturas, paz na terra, boa vontade para com os homens!".

Agora, creio que, na descrição que forneci do pacificador, descrevi alguns de vocês, mas receio que a maioria teria de dizer: "Bem, eu falho em muitas dessas coisas". Todavia, devo acrescentar mais isto: se há dois cristãos aqui presentes que estejam em discórdia, eu seria o pacificador e os conclamaria a serem pacificadores também! Dois espartanos haviam querelado, e o seu rei, Aris, propôs-lhes que se encontrassem com ele em um templo. Quando lá estavam, ele ouviu suas diferenças e disse ao sacerdote: "Tranque as portas do templo, esses dois não devem sair até que tenham se unido", e lá, dentro do templo, disse: "Não é correto brigar". Então, resolveram rapidamente suas diferenças e partiram. Se isso

---

[45] Substantivo masculino. Separação de um grupo de pessoas de uma organização ou movimento. O termo costuma referir-se a uma divisão que acontece no âmbito de um corpo religioso, com organização e hierarquia definidas. Por derivação de sentido, a palavra é aplicada a qualquer desacordo ou dissidência. O adepto de um cisma é designado pelo adjetivo "cismático".

foi feito em um *templo idólatra*, que muito mais seja feito na Casa de Deus! Se pagãos espartanos o fizeram, que muito mais o cristão, aquele que crê em Cristo o faça! Neste mesmo dia, coloquem de lado toda amargura e toda a maldade e digam uns aos outros: "Se você me ofendeu em qualquer coisa, está perdoado. Se eu o ofendi em algo, confesso meu erro. Que a brecha seja curada e, como filhos de Deus, que estejamos em união uns com os outros". Bem-aventurados são os que assim podem fazer, pois "Bem-aventurados são os pacificadores"!

2. Tendo assim descrito o pacificador, prosseguirei a DECLARAR A SUA BÊNÇÃO. "…bem-aventurados os pacificadores, porque eles serão chamados filhos de Deus…". Há uma recomendação tripla implícita!

Primeiro, ele é *abençoado*. Quer dizer, Deus o abençoa, e sei que aquele que Deus abençoa é abençoado — e aquele a quem Ele amaldiçoa é amaldiçoado! Dos mais altos Céus Deus o abençoa de forma divina, abençoa-o com bênçãos abundantes que são entesouradas em Cristo.

E enquanto é abençoado por Deus, sua bênção é difundida em sua alma. Sua consciência sustenta o testemunho que, à vista de Deus, por meio do Espírito Santo, ele buscou honrar a Cristo entre os homens. Mais especialmente é mais abençoado se já foi mais assaltado pelas maldições, pois assim a segurança o saúda: "assim perseguiram os profetas que foram antes de vós". E, considerando que tem um mandamento de alegrar-se sempre, ele acha que é especial o mandamento de exultar quando é maltratado. Portanto, aceita bem se for chamado a sofrer por ter feito o bem e se regozija em assim levar uma parte da cruz do Salvador. Ele vai à sua cama, e nenhum pensamento de inimizade perturba seu sono. Ele se levanta e vai ao seu trabalho sem temer a face de qualquer homem, pois pode dizer: "Não tenho qualquer coisa em meu coração a não ser amizade para com todos". Ou, se for atacado com difamação e seus inimigos forjarem uma mentira contra ele, o pacificador poderá todavia dizer —

Aquele que forjou e aquele que lançou o dardo,
Ambos são como amigos por mim considerados.

Amando a todos é pacificador em sua alma e é abençoado como alguém que herda uma bênção do Altíssimo!

E, não muito raramente, acontece de ele ser abençoado pelos maus, pois, embora queiram reter dele uma boa palavra, não o conseguem! Vencendo o mal com o bem, ele amontoa brasas vivas sobre suas cabeças e derrete a frieza de sua inimizade, a ponto de eles mesmos dizerem: "Ele é um bom homem!". E quando ele morrer, aqueles a quem fez que entrassem em paz um com o outro dirão diante de seu túmulo: "Seria bom se o mundo tivesse mais homens como ele, não haveria metade das lutas, nem metade do pecado que há se houvesse mais pessoas como ele".

Segundo, vocês observarão que o texto não diz apenas que ele é bem-aventurado, mas acrescenta que *ele é um dos filhos de Deus*. E o é por adoção e graça, mas a promoção da paz é uma doce evidência da obra do pacífico Espírito nele. Como filho de Deus, além disso, ele tem uma semelhança ao seu Pai, que está no Céu. Deus é pacífico, longânimo e terno, cheio de amor e bondade, piedade e compaixão. Assim é o pacificador. Sendo como Deus, ele carrega a imagem de seu Pai. Desse modo, testifica aos homens que ele é um filho de Deus. Como um de Seus filhos, o pacificador tem acesso a seu Pai. Ele se achega com confiança, dizendo: "Pai nosso, que estás no céu", o que não ousaria dizer a menos que pudesse clamar com consciência limpa: "Perdoa-nos as nossas dívidas, assim como nós perdoamos aos nossos devedores". Ele sente os laços de irmandade com os homens, e, portanto, sente que pode se regozijar na paternidade de Deus! Aproxima-se com confiança e alegria intensa de seu Pai que está no

Céu, pois ele é um dos filhos do Altíssimo, que faz o bem tanto ao ingrato quanto ao homem mau.

Ainda há uma terceira palavra de recomendação no texto. "...eles serão *chamados* filhos de Deus". Não apenas são filhos, mas serão chamados de filhos. Isto é, até mesmo seus inimigos os chamarão assim, o mundo mesmo dirá: "Ah, esse homem é um filho de Deus". Talvez, amados, não haja algo que impressione mais os ímpios do que o comportamento pacífico de um cristão quando insultado! Havia um soldado na Índia, um homem corpulento, que, antes de se alistar, havia sido um lutador e que, depois disso, realizou muitos feitos de valor. Quando ele se converteu por meio da pregação de um missionário, todos os seus companheiros fizeram dele alvo de piadas. Achavam impossível que um homem como ele pudesse se tornar um cristão pacífico. Então, um dia, quando estavam no refeitório, um deles, de forma libertina, lançou-lhe na face e no peito um prato inteiro de sopa escaldante. O pobre homem rasgou suas roupas para limpar o líquido fervente e, ainda calmo em meio à agitação pessoal, afirmou: "Sou um cristão, devo esperar por isso!", e sorriu para eles. Aquele que lhe fez isso, disse: "Se soubesse que você reagiria assim, eu jamais o teria feito. Sinto muito por isso". A paciência dele repreendeu a maldade dos outros, e todos afirmaram ser ele um cristão. Desta forma, ele foi chamado de filho de Deus. Viram nele evidência que lhes foi mais impressionante porque sabiam que eles próprios não fariam o mesmo. Quando o senhor Kilpin, de Exeter, estava andando pelas ruas certo dia, um homem mau o empurrou da calçada para uma vala, e lá caído ouviu o homem dizer: "Fique aí, John Bunyan, isso é o que você merece!". O senhor Kilpin se levantou e prosseguiu em seu caminho e, quando, mais tarde, o homem quis saber como ele reagiu ao insulto, ficou surpreso de que tudo o que Kilpin disse foi que ele lhe fizera mais honra do que desonra, pois achava que para ser chamado de John Bunyan valeria à pena ser jogado na vala mil vezes! Então, seu opositor lhe disse que ele era um bom homem. Assim, aqueles que são pacificadores são "chamados filhos de Deus". Eles o demonstram ao mundo de tal forma que até mesmo o cego pode ver, e os surdos ouvem que Deus está neles! Ó, que tenhamos graça suficiente para receber esse abençoado elogio! Se Deus já o levou longe o suficiente, meu ouvinte, para que tenha fome e sede de justiça, oro para que sua fome nunca cesse até que Ele o leve a ser um pacificador, para que possa ser chamado de filho de Deus!

3. Agora, em terceiro, devo buscar COLOCAR O PACIFICADOR EM AÇÃO.

Não duvido de que vocês tenham muito trabalho a fazer em suas famílias e círculo de conhecidos. Vão e façam-no! Vocês lembram bem aquele texto em Jó: "comer-se-á sem sal o que é insípido? Ou haverá gosto na clara do ovo?" — pelo qual Jó queria que soubéssemos que o que é insípido deve ser acompanhado de outra coisa, se não, não será aprazível como comida. Nossa religião é insípida para os homens; devemos colocar sal nela, e este deve ser nossa disposição calma e pacificadora! Então, aqueles que teriam repelido nossa religião sozinha dirão dela, quando a virem acompanhada de sal: "Isso é bom!", e saborearão essa "clara de ovo". Se desejarem recomendar nossa piedade aos filhos dos homens, asseguremo-nos de fazer um bom trabalho em nossas casas, afastando o velho fermento, para que seus sacrifícios a Deus sejam do tipo santo e celestial! Se houver brigas entre vocês, ou qualquer divisão, oro para que vocês, assim como Deus, que por amor a Cristo lhes perdoou, se perdoem também. Pelo suor em sangue daquele que orou por vocês e pelas agonias do que morreu em seu favor, dizendo enquanto morria: "Pai, perdoa-lhes, porque não sabem o que fazem", perdoem seus inimigos! "Orai pelos que vos maltratam e bendizei os que vos maldizem". Que sempre seja dito de vocês, como cristãos: "Aquele homem é manso e humilde de coração, e antes suportaria a injúria contra si mesmo do que causaria injúria a outros".

Mas a principal ação que quero comentar é esta: Jesus Cristo é o maioral entre os pacificadores. "Ele é nossa paz". Veio para promover a paz com os judeus e os gentios, pois "de ambos os povos fez um; e, derribando a parede de separação que estava no meio". Veio para trazer paz entre todas as nacionalidades em batalha, porque "não há grego nem judeu, circuncisão nem incircuncisão, bárbaro, cita, servo ou livre; mas Cristo é tudo em todos". Ele veio para produzir paz entre a justiça de Seu Pai e nossas almas ofensoras, e o fez por meio do sangue de Sua cruz. Agora, vocês que são filhos da paz, esforcem-se para, como instrumentos em Suas mãos, fazer a paz entre Deus e os homens! Que suas orações mais fervorosas subam ao Céu, pelo amor à alma de seus filhos. Por amor a seus conhecidos e parentes, que suas súplicas jamais cessem! Orem pela salvação de seus companheiros como criaturas de Deus. Dessa maneira serão pacificadores. E quando orarem, usem de todos os meios em seu poder. Preguem, caso Deus lhes tenha dado habilidade para isso, preguem a palavra de vida que traz reconciliação, por meio do Espírito Santo enviado do Céu! Ensinem, se não puderem pregar! Ensinem a Palavra! "…instes a tempo e fora de tempo". "[Semeiem] sobre todas as águas", pois o evangelho "fala melhor do que o [sangue] de Abel" e clama pela paz aos filhos dos homens! Escrevam para seus amigos sobre Cristo, e, se não puderem falar muito, falem um pouco sobre Ele. E ó, façam do objetivo de sua vida o ganhar almas para Cristo! Nunca se satisfaçam com irem sozinhos para o Céu! Peçam ao Senhor que possam ser pais espirituais de muitos filhos, e que Deus os possa abençoar em colher muito da colheita do Redentor. Agradeço a Deus que há muitos entre você que estão vivos para o amor às almas. Alegra meu coração ouvir sobre conversões e receber os convertidos, mas sinto-me ainda mais feliz quando muitos de vocês, convertidos por minha instrumentalidade, sob Deus, são feitos meios para a conversão de outros! Há irmãos e irmãs aqui que me trazem constantemente aqueles que foram trazidos primeiramente a esta casa por intermédio deles, sobre quem vigiaram e oraram, e por fim os trouxeram ao pastor, para que este pudesse ouvir sua confissão de fé! Bem-aventurados esses pacificadores! Vocês "[salvaram] da morte uma alma e [cobriram] uma multidão de pecados". "…os que a muitos ensinam a justiça refulgirão como as estrelas, sempre e eternamente." Sem dúvida, estes "serão chamados filhos de Deus" no Céu. A genealogia daquele livro, no qual os nomes de todo o povo do Senhor estão escritos, terá registrado que, por meio do Deus Espírito Santo, eles trouxeram muitas almas para o vínculo da paz através de Jesus Cristo!

4. Este pastor agora terá, em último lugar, que PRATICAR SEU PRÓPRIO TEXTO E ESFORÇAR-SE, POR MEIO DO DEUS ESPÍRITO SANTO, A SER UM PACIFICADOR NESTA MANHÃ.

Nesta manhã, falo com muitos que não sabem qualquer coisa a respeito de paz, pois "os ímpios não têm paz, diz o Senhor". "Os ímpios são como o mar bravo que se não pode aquietar e cujas águas lançam de si lama e lodo." Não lhes falo com qualquer desejo de fazer uma falsa paz com sua alma. Maldito o profeta que diz: "Paz, paz, quando não há paz"! Em vez disso, permitam-me, antes de tudo e para que possamos fazer um bom trabalho nesta questão, expor-lhes o agitado e beligerante estado de sua alma.

Ó alma, você está nesta manhã em guerra com sua consciência! Você tem tentado calá-la, mas ela o fustigará. Trancafiou esse Registrador da cidade de Alma Humana[46] em um local escuro e construiu uma muralha diante desta porta. No entanto, ainda quando lhe sobrevêm seus ímpetos, sua consciência trovejará sobre você e lhe dirá: "Isso não está correto! Este caminho conduz ao inferno, esta é a estrada para a destruição!". Há alguns de vocês para quem a consciência é um fantasma, assombrando-o dia e noite. Vocês conhecem

---

[46] Referência ao livro *Guerra Santa — A grande batalha entre o bem e o mal na Cidade de Alma Humana*, de John Bunyan, Editora Ágape, 2017.

o bem, embora escolham o mal. Espetam seus dedos nos espinhos de sua consciência quando tentam arrancar a rosa do pecado. Para vocês o caminho descendente não é fácil, ele é escavado e cercado, e há muitas barras e portões e cadeias na estrada, porém vocês pulam por cima deles determinados a arruinar sua alma! Há guerra entre vocês e sua consciência. Esta lhe diz: "Volte!", mas vocês dizem: "Não voltarei!". A consciência diz: "Feche sua loja aos domingos". E: "Altere seu sistema de negociação, isso é fraude!". Também: "Não mintam uns aos outros, pois o Juiz está à porta". "Afaste esse copo de bebida, ele torna o homem em algo pior do que um bruto." "Separe-se desse relacionamento impuro, acabe com o que é mal. Tranque sua porta à luxúria." Mas vocês dizem: "Beberei desta doçura, embora ela me amaldiçoe; voltarei à minha bebida e à minha assombração, embora pereça em meu pecado". Há guerra entre vocês e sua consciência! Ainda assim, sua consciência é o vice-regente divino em sua alma. Deixem-na falar um pouco nesta manhã. Não tenham medo dela, pois é uma boa amiga e, embora fale com dureza, chegará o dia em que saberão que há mais música no rugir da consciência do que em todos os tons doces e hipnotizantes que a luxúria adota para enganá-los para sua ruína! Deixem sua consciência falar.

No entanto, há também guerra entre vocês e a Lei de Deus. Os Dez Mandamentos estão contra vocês nesta manhã. O primeiro se adianta e diz: "Que ele seja amaldiçoado porque me nega! Ele tem outro Deus além de mim; seu deus é seu ventre, ele homenageia a sua luxúria". Todos os Dez Mandamentos, como dez grandes canhões, estão apontados para vocês hoje porque quebraram todos os estatutos de Deus e vivem em negligência diária de Seus mandamentos! Alma, você descobrirá que é difícil guerrear contra a Lei! Quando esta chegou em paz, o Sinai estava todo fumegando, e até Moisés disse: "Estou todo assombrado e tremendo". O que fará quando a Lei vier em terror, quando a trombeta do arcanjo o arrancar da tumba, quando os olhos de Deus arderão fitando sua alma culpada, quando os livros serão abertos e todo o seu pecado e vergonha revelados? Você poderá suportar uma Lei cheia de ira naquele Dia? Quando os oficiais da Lei vierem à frente para o entregar a seus atormentadores e o isolar para sempre da paz e alegria, pecador, o que você fará? Você conseguirá habitar no fogo eterno? Poderá suportar ser queimado eternamente? Ó homem, "concilia-te depressa com o teu adversário, enquanto estás no caminho com ele, para que não aconteça que o adversário te entregue ao juiz, e o juiz te entregue ao oficial, e te encerrem na prisão. Em verdade te digo que, de maneira nenhuma, sairás dali, enquanto não pagares o último ceitil".

Todavia pecador, você sabe que está nesta manhã em guerra contra Deus? Você esqueceu e negligenciou Aquele que o criou e foi seu melhor Amigo! Ele o alimentou, e você usou sua força contra Ele. Esse Amigo o vestiu — essas roupas que estão em vocês hoje são o paramento de Sua bondade — e, em vez de serem servos dAquele cujas roupas você se vestem, são escravos de Seu maior inimigo! O ar que entra em suas narinas são empréstimos de Sua caridade, e vocês o usam para, talvez, praguejarem contra Ele, ou no mínimo, em conversas lascivas ou descuidadas para desonrar Suas Leis. Aquele que os criou se tornou seu inimigo por meio do pecado, e ainda hoje o odeiam e desprezam Sua Palavra. Você diz: "Eu não o odeio!". Então o desafio: "Creia no Senhor Jesus Cristo". "Não!", você replica, "Eu não posso e não vou fazer isso!". Então, você o odeia! Se o amasse, você guardaria Seu grande mandamento. "Seu mandamento não é difícil", é doce e suave. Você creria em Seu Filho se realmente amasse o Pai, pois "todo aquele que ama ao que o gerou também ama ao que dele é nascido". Você está assim em guerra com Deus? Esse é com certeza um triste aperto em que está! Você poderá enfrentar Aquele que vem contra você com dez milhares? Pode resistir contra o que é Todo-poderoso, que faz o céu e a Terra tremerem à Sua reprimenda, e que parte a sinuosa serpente com uma palavra? Espera poder se esconder dele? "Esconder-se-ia alguém em esconderijos, de modo que eu não o veja? — diz o Senhor." Ainda que você escave o Carmelo, Ele o arrancará de lá; embora mergulhe nas cavernas do mar, Ele ordenará a sinuosa serpente e ela lhe morderá. Se fizer sua cama no inferno, Ele o encontrará. Se subir ao céu, lá Ele está. A criação é sua prisão, e Deus o encontrará quando quiser. Ou pensa que poderia suportar Sua fúria? Suas costelas são de ferro? Seus ossos são de latão? Se sim, ainda assim derreterão como cera diante da vinda do Senhor dos Exércitos, pois Ele é Todo-poderoso, e como um leão rasgará em pedaços Sua presa, e como fogo devorará Seu adversário, porque "o nosso Deus é um fogo consumidor".

Esse é o estado de todo homem e mulher não convertidos, que estão neste lugar nesta manhã. Vocês estão em guerra com sua consciência, com a Lei de Deus e com o próprio Deus. E agora, como embaixador de Deus, eu venho falar em paz. Suplico-lhes que prestem atenção. "Rogamos-vos, pois, da parte de Cristo que vos reconcilieis com Deus." "Da parte de Cristo"! Que o pregador desapareça por um momento. Olhem e ouçam! É Cristo falando a vocês agora! Acho que o ouço falando a alguns de vocês. É deste modo que fala: "Alma, eu o amo; amo-o do fundo de meu coração e não quero que fique em inimizade com meu Pai". As lágrimas provam a verdade do que Ele diz: "Quantas vezes quis eu ajuntar os teus filhos, como a galinha ajunta os seus pintos debaixo das asas, e tu não quiseste!". "Ainda assim", diz Ele, "Venho lhe falar de paz. Venha agora e arrazoemos. Farei uma aliança eterna com você, até mesmo as garantidas misericórdias de Davi. Pecador, ouça agora a mensagem divina de paz à sua alma, pois ela assim afirma: 'Você é pecador e condenado. Confessará isso? Está disposto a jogar suas armas no chão agora e dizer — 'Grande Deus, eu me rendo, rendo-me. Não mais serei Teu inimigo'?". Se sim, a paz lhe é proclamada! "Deixe o ímpio o seu caminho, e o homem maligno, os seus pensamentos e se converta ao Senhor, que se compadecerá dele; torne para o nosso Deus, porque grandioso é em perdoar." O perdão é gratuitamente apresentado a toda alma que, sem fingimento, se arrepender de seus pecados. Mas o perdão deve vir a vocês pela *fé*. Assim, Jesus está aqui nesta manhã, apontando para a ferida em Seu peito e estendendo Suas mãos ensanguentadas. E Ele diz: "Pecador, confie em mim e viva!". Deus não mais proclama contra você Sua flamejante Lei, mas Seu doce e simples evangelho de crer e viver. "Quem crê nele não é condenado; mas quem não crê já está condenado, porquanto não crê no nome do unigênito Filho de Deus." "E, como Moisés levantou a serpente no deserto, assim importa que o Filho do Homem seja levantado, para que todo aquele que nele crê não pereça, mas tenha a vida eterna." Ó alma, o Espírito de Deus está se movendo em você nesta manhã? Você diz: "Senhor, eu teria paz contigo"? Está disposto a aceitar Cristo nos termos dele, tendo em vista que eles não são termos, são simplesmente que você não trace os termos nesta questão, mas se entregue corpo, alma e espírito para ser salvo por Ele? Ora, se meu Mestre estivesse aqui visivelmente, creio que Ele apelaria a você de tal modo que muitos diriam: "Senhor, eu creio; vou ficar em paz contigo!". Mas até mesmo Cristo nunca converteu uma alma sem o Espírito Santo, e mesmo Ele como pregador não ganhou muitos para si, porque eles eram duros de coração. Se o Espírito Santo está aqui, Ele pode os abençoar muito quando eu rogar, no lugar de Cristo, como se Ele mesmo rogasse a vocês! Alma, você receberá Cristo ou não? Rapaz, moça, vocês poderão nunca ouvir essa palavra pregada a seus ouvidos novamente. Vocês morrerão em inimizade contra Deus? Vocês que estão assentados aqui, ainda não convertidos, sua última hora pode chegar antes do pôr do sol do próximo *Shabbat*. Vocês podem nunca mais ver outro amanhã. Iriam à eternidade como inimigos de Deus por palavras ímpias? Alma, você receberá ou não a Cristo? Diga "não!" se realmente é o que quer dizer. Diga: "Não, Cristo, eu nunca serei salvo por ti". Diga-o! Olhem-me no rosto! Mas eu oro para que não digam: "Não vou responder". Venham e me deem algumas respostas nesta manhã — sim, nesta manhã! Graças a Deus vocês podem dar uma resposta. Graças a Deus não estão no inferno! Graças a Ele sua sentença ainda não foi pronunciada — que você não recebeu seus devidos desertos. Deus lhes ajude a dar a resposta correta! Vão aceitar a Cristo ou não? "Eu não sou adequado". Não é questão de adequação; é somente vai recebê-lo ou não? "Estou poluído pelo pecado." Ele virá a seu coração impuro e o purificará! "Ah, mais eu sou duro de coração!" Cristo virá a seu coração empedernido e o amaciará. Você o receberá? Poderá tê-lo se o quiser. Quando Deus dispõe uma alma, é prova de que Ele quer dar Cristo a essa alma! E se você estiver disposto, Ele não estará indisposto! Se Ele lhe dispôs, deve recebê-lo.

"Ó", diz alguém, "não consigo nem *pensar* que posso receber Cristo". Alma, você pode tê-lo agora! Maria, Ele a chama! João, Ele o chama! Pecador, quem quer que você seja nesta multidão, se há em sua alma nesta manhã um desejo santo por Cristo; sim, mesmo que haja um desejo *fraco* por Ele, Ele o chama, Ele o chama! Não se demore, mas venha e creia nele. Se eu tivesse um evangelho como esse para pregar às almas perdidas no inferno, que efeito teria sobre elas! Certamente, se pudessem mais uma vez ter esse evangelho pregado a seus ouvidos, creio que lágrimas umedeceriam suas faces, e eles diriam: "Grande Deus, se pudermos escapar de Tua ira, vamos receber Cristo". Mas aqui está, pregado entre *vocês*, pregado todos os dias, até o ponto de que, temo eu, ele seja ouvido como uma velha história! Talvez seja minha pobre maneira de o proclamar, mas Deus sabe que, se eu soubesse como fazê-lo melhor, eu o faria! Ó meu Mestre, envia um embaixador melhor a eles, se isso vai apelar-lhes! Envia-lhes um pleiteante mais zeloso e de coração mais compassivo se isso os trará para ti! Mas, ó, traze-os, traze-os! Nosso coração anseia vê-los trazidos a ti. Pecador, você receberá a Cristo ou não? Sei que esta manhã é o dia do poder de Deus sobre algumas de suas almas! O Espírito Santo batalha com alguns de vocês! Senhor, toma-os! Conquista-os! Vence-os! Você diz: "Sim, dia feliz! Serei conduzido em triunfo, cativo do grande amor de meu Senhor"? Alma, se assim você o diz, será feito se crer! Confie em Cristo e seus muitos pecados serão perdoados — lance a si mesmo diante de Sua amada cruz e diga

Um verme culpado, fraco e indefeso,
Lanço-me em Teus braços de amor;
Sê tu minha força e minha justiça;
Meu Jesus e meu Senhor.

E se Ele o rejeitar, venha me contar sobre isso! Se Ele recusar você, deixe-me saber disso! Tal caso jamais existiu! Ele sempre recebe aqueles que se achegam a Ele. E sempre o fará! Cristo é um Salvador de braços e coração abertos. Ó pecador, que Deus lhe faça colocar sua confiança nele de uma vez por todas! Espírito celestiais, afinem suas harpas novamente! Há um pecador nascido para Deus nesta manhã! Lidere a canção, Saulo de Tarso! Siga o pecador com doces melodias, ó Maria! Deixe a música fluir diante do trono hoje, pois há herdeiros da glória nascendo e pródigos *retornaram*! A Deus seja a glória para sempre e eternamente! Amém.

8

UM PADRÃO CELESTIAL PARA NOSSA VIDA NA TERRA[47]

*...Seja feita a tua vontade,
tanto na terra como no céu.*
(Mateus 6:10)

A vontade de nosso Pai certamente será feita, pois "segundo a sua vontade, ele opera com o exército do céu e os moradores da terra". Que consintamos, em adoração, que assim o seja, sem desejar nisso alteração alguma. Essa "vontade" pode nos custar caro; ainda assim que ela jamais contradiga a nossa vontade, que nossa mente esteja totalmente sujeita à mente de Deus. Ela pode nos trazer privações, enfermidades e perdas, contudo que nós aprendamos a dizer: "É o SENHOR; faça o que bem parecer aos seus olhos". Não deveríamos apenas nos render à vontade divina, mas aquiescer a ela, de modo a nos regozijarmos na tribulação que

---

[47] Este sermão foi pregado Exeter Hall, em 30 de abril de 1884, como o sermão anual da Sociedade Missionária Batista.

ela ordenar. Essa é uma elevada realização, mas nos dispomos a alcançá-la. Aquele que nos ensinou essa oração a usava, Ele mesmo, no sentido mais irrestrito. Quando o suor de sangue estava em Sua face, e todo o temor e tremor de um homem em angústia estavam sobre Ele, Jesus não questionou o decreto do Pai, mas inclinou Sua cabeça e clamou: "não seja como eu quero, mas como tu queres". Quando somos chamados para sofrer privações pessoalmente, ou quando, como uma irmandade santa, vemos nossos melhores homens serem levados para longe de nós, que saibamos que está tudo bem e digamos sinceramente: "Seja feita a vontade do Senhor".

Deus sabe o que ministrará melhor conforme Seus graciosos desígnios. Para nós parece um triste desperdício de vida humana que homem após homem seja levado a uma região de malária e pereça na tentativa de salvar os pagãos. Mas a infinita sabedoria pode ver a questão de modo muito diferente. Perguntamos por que o Senhor não opera um milagre e cobre a cabeça de Seus mensageiros do poço da morte? Nenhuma razão nos é revelada, mas há uma razão, pois a vontade do grande Pai é a soma da sabedoria. As razões não nos são reveladas, pois, de outra maneira, não haveria escopo para a nossa fé, e o Senhor ama que essa nobre graça tenha amplo lugar e espaço suficiente. Nosso Deus não desperdiça vidas consagradas. Ele não faz nada em vão. Ordena todas as coisas de acordo com o conselho de Sua vontade, e esse conselho jamais erra. Se o Senhor pudesse nos favorecer com Sua onisciência, nós não apenas consentiríamos com as mortes de Seus servos, mas desaprovaríamos sua vida mais longa. O mesmo ocorreria quanto ao nosso viver e morrer. "Preciosa é à vista do Senhor a morte dos seus santos", portanto, temos certeza de que Ele não nos aflige com o luto sem uma necessidade do amor. Ainda precisamos ver um missionário após o outro serem abatidos na flor de sua juventude, pois há motivos para isso com Deus, tão convincentes a Ele quanto obscuros a nós, que requerem que os fundamentos da igreja africana sejam lançados por meio do sacrifício heroico.

Senhor, não te pedimos que nos expliques Tuas razões. Podes poupar-nos de grande tentação ao esconder-te de nós, pois, se agora mesmo pecamos por perguntar-te Teus motivos, poderíamos ir ainda além e somente provocar-te por contender com eles. Aquele que exige razões não está no estado adequado para recebê-las. No caso do homem honrado que o Senhor tomou de nós este ano, não há certamente qualquer perda para a grande causa sob a perspectiva divina. Vejam as pedras grandes e caras que foram trazidas, com muito labor, da pedreira até a beira do mar! Poderia ser possível que elas fossem deliberadamente lançadas às profundezas? Elas seriam engolidas! Por que tanto trabalho jogado fora? Essas pedras vivas poderiam ter edificado um templo para o Senhor, por que as ondas da morte as engolfariam? E ainda assim buscamos mais delas, e mais; o famigerado abismo nunca cessará de devorá-las? Infelizmente tanto material precioso é perdido! Não está perdido. Não, nenhuma dessas pedras. Assim o Senhor lança o fundamento de Seu porto de refúgio entre o povo. "...a tua benignidade será edificada para sempre". No tempo devido, as enormes muralhas se levantarão das profundezas, e não mais se perguntará sobre os motivos das perdas dos primeiros dias.

Paz esteja com as memórias dos heróis mortos! Homens morrem para que a causa possa viver! "Pai, seja feita a Tua vontade". Com essa oração em nossos lábios, que nos inclinemos em submissão como a de uma criança à vontade do grande Jeová, e cinjamos nossos lombos novamente com a corajosa perseverança em nosso serviço santo. Ainda que outros mais possam ser-nos tomados no próximo ano, e no seguinte, devemos continuar a orar: "Seja feita a tua vontade, tanto na terra como no céu".

Meu coração está pesaroso pela morte do amado Hartley e daqueles nobres homens que o precederam para o "túmulo do homem branco"[48]. Eu o acompanhei de forma especial, pois foi uma alegria

---

[48] "White man's grave", como inicialmente Serra Leoa e depois todo o oeste africano ficaram conhecidos durante o tempo de grandes incursões missionárias do século 19 e

auxiliá-lo nos três anos de sua preparação para o serviço missionário. Infelizmente essa preparação levou a poucos resultados visíveis! Ele partiu, chegou lá e morreu. Certamente o Senhor deseja usá-lo ainda mais. Se Ele não o tornou um pregador àqueles nativos, deve pretender que ele pregue para nós. Posso dizer de cada missionário abatido: "depois de morto, ainda fala". Fiéis até a morte, eles nos inspiram por seu exemplo. Ao morrer sem arrependimentos na causa de tal Mestre, eles nos lembram de nossa própria dívida com o Senhor. Os espíritos deles ascendendo ao Seu trono são ligações entre essa Sociedade [Missionária] e a glorificada assembleia lá em cima. Que nossos pensamentos não descendam às suas tumbas, mas que se elevem aos seus tronos. O nosso texto não aponta com um dedo flamejante daqui da Terra para o Céu? Esses amados que partiram não desenham um facho de luz entre os dois mundos?

Se a oração deste texto não tivesse sido ditada pelo próprio Senhor Jesus, poderíamos achá-la muito ousada. Poderia ser que esta Terra, um mero pingo de água em um balde, tocasse o grande oceano de vida e luz de lá de cima e não se perdesse nele? Poderia permanecer sendo a Terra e ainda assim ser feita em semelhança do Céu? Ela não perderia sua individualidade no processo? Este planeta está sujeito à vaidade, turvado pela ignorância, manchado pelo pecado, sulcado pelo pesar; poderia a santidade habitar nele como no Céu? Nosso Instrutor Divino não nos ensinaria a orar por impossibilidades. As petições que Ele coloca em nossa boca podem ser ouvidas e atendidas. Certamente essa é uma grande oração e tem o matiz do infinito em si. Pode a Terra afinar-se às harmonias do Céu? Este pobre planeta não se afastou demais para poder ser reduzido à ordem e manter-se alinhado com o Céu? Não está envolvido em brumas tão densas para ser daí retirado? Poderia sua mortalha ser afrouxada? Ó Deus, Tua

---

início do século 20. A taxa de mortalidade entre os missionários era altíssima devido ao clima tropical, às doenças locais e à falta de condições sanitárias.

vontade pode ser feita na Terra como o é no Céu? Pode ser, e deve ser, pois uma alma trabalhada pelo Espírito Santo é sempre a sombra de uma bênção vindoura, e Aquele que nos ensinou a orar desse modo não zombou de nós com palavras vãs. É uma oração corajosa, que somente a fé nascida no Céu pode proferir e, mesmo assim, não brota de presunção, pois esta jamais anseia que a vontade do Senhor seja perfeitamente realizada.

1. Que o Espírito Santo esteja conosco, enquanto eu os levo a primeiramente observar que A COMPARAÇÃO NÃO É EXAGERADA. Que nossa presente obediência a Deus deveria ser como a dos santos de lá de cima não é uma noção forçada ou fanática. Não é exagerada *porque céus e Terra foram chamados à existência pelo mesmo Criador.* O império do Criador compreende as regiões elevadas e as inferiores. "Os céus são os céus do SENHOR" e "Do SENHOR é a terra e a sua plenitude". Ele sustenta todas as coisas pela palavra de Seu poder tanto no Céu quanto na Terra. Jesus reina tanto entre os anjos quanto entre os homens, pois é o Senhor de todos. Se, então, o Céu e a Terra foram criados pelo mesmo Deus, são sustentados pelo mesmo poder e governados do mesmo trono, cremos que a mesma finalidade será favorecida a cada um deles e que ambos contarão da glória do Senhor. Eles são dois sinos do mesmo carrilhão, e esta é a música que repica deles: "O Senhor reinará para sempre e eternamente. Aleluia!". Se a Terra fosse do diabo e o Céu de Deus, e dois poderes autoexistentes estivessem contendendo pelo comando, poderíamos questionar se a Terra seria, alguma vez, tão pura quanto o Céu. Mas, como nossos ouvidos escutaram duas vezes a declaração divina: "O poder pertence a Deus", esperamos ver esse poder triunfante e o dragão lançado para fora da Terra tanto quanto foi do Céu. Por que cada parte da obra do Criador não poderia se tornar igualmente radiante com a Sua glória, daquele que pode refazê-la? A maldição que caiu sobre o solo não é eterna, os espinhos e os cardos

passam. Deus abençoará a Terra por amor a Cristo do mesmo modo que a amaldiçoou por causa do homem.

"...Seja feita a tua vontade, tanto na terra como no céu." Já foi assim uma vez. A perfeita obediência à vontade celestial sobre esta Terra será apenas um retorno aos bons e velhos tempos que terminaram nos portões do Éden. Houve um tempo em que não havia um abismo escavado entre a Terra e o Céu; mal havia uma linha divisória, pois o Deus do Céu andava pelo Paraíso com Adão. Todas as coisas na Terra eram então puras, verdadeiras e felizes. Era o jardim do Senhor. Infelizmente o rastro da serpente agora profanou tudo. A canção da manhã terrestre era ouvida no Céu, e os aleluias flutuavam em direção à Terra ao anoitecer. Aqueles que querem estabelecer o reino de Deus não estão instituindo uma nova ordem das coisas, eles as estão restaurando, não inventando. A Terra voltará ao antigo ritmo novamente. O Senhor é Rei, e Ele jamais abandonou o trono. Como era no começo será novamente. A história se repetirá no sentido mais divino. O templo do Senhor estará entre os homens, e o Senhor Deus habitará entre eles. "A verdade brotará da terra, e a justiça olhará desde os céus."

"...Seja feita a tua vontade, tanto na terra como no céu." E assim *será no final de tudo*. Não vou me aventurar muito longe nas profecias. Alguns irmãos se sentem muito confortáveis onde eu poderia me perder. Nem bem consegui sair dos evangelhos e das epístolas, e esse profundo livro do Apocalipse, com suas águas para exploração, deixarei para as mentes mais instruídas. "Bem-aventurado aquele que guarda as palavras da profecia deste livro", aspiro a essa bênção, mas ainda não posso fazer reivindicações de interpretá-lo. No entanto, isto parece claro: haverá "novos céus e nova terra, em que habita a justiça". Essa criação, que agora "geme e está juntamente com dores de parto", em empatia com o homem, será trazida para fora de suas cadeias para a gloriosa liberdade dos filhos de Deus. Bendito seja o Senhor Cristo, pois, quando Ele trouxe Seu povo para fora de seu cativeiro, Ele não apenas redimiu seu espírito, mas também seu corpo. Portanto sua parte material é do Senhor tanto quanto sua natureza espiritual, e, portanto, a própria Terra em que habitamos será elevada em conexão conosco. A própria criação será libertada. O mundo material, que uma vez foi feito de vestimenta para a Divindade na pessoa de Cristo, se tornará um templo adequado para o Senhor dos Exércitos. A Nova Jerusalém descerá do Céu, da parte de Deus, ataviada como uma noiva para seu marido. Temos certeza disso, portanto, que lutemos bravamente para essa consumação, sempre orando: "...Seja feita a tua vontade, tanto na terra como no céu".

Enquanto isso, lembrem-se de que *há uma analogia entre a Terra e o Céu*, de forma que um é o tipo do outro. Vocês não poderiam descrever o Céu a não ser emprestando as coisas da Terra para simbolizá-lo, e isso mostra que há uma semelhança real entre eles. O que é o Céu? É o Paraíso, ou um jardim. Ande por entre as suas flores cheirosas e pense sobre a gama de aromas do Céu. O Céu é um reino; tronos e coroas, e as palmas são os emblemas terrestres dos celestiais. O Céu é uma cidade; e aqui, novamente você retira uma metáfora das habitações humanas. É um local de muitas mansões — os lares dos glorificados. As casas são da Terra e, ainda assim, Deus é nossa habitação. O Céu é uma festa de casamento; e é o mesmo com esta presente dispensação. As mesas estão espalhadas aqui, tanto quanto lá, e é nosso privilégio ir a elas trazendo os vagabundos e os assaltantes, para que o salão do banquete fique cheio. Ao passo que os santos lá em cima comem o pão na ceia de casamento do Cordeiro, nós fazemos o mesmo aqui em outro sentido.

Entre a Terra e o Céu há apenas uma tênue separação. O país de nossa habitação está muito mais perto do que pensamos. Questiono se "a terra que está longe"[49] é o verdadeiro nome para o Céu. O que era pretendido pelo profeta não era um extenso reino sobre a Terra,

---

[49] Conforme Isaías 33:17.

em vez do lar celestial? O Céu não é, de forma alguma, o país distante, pois é a casa do Pai. Não fomos ensinados a dizer: "Pai nosso, que estás nos céus"? Onde o Pai está, o verdadeiro espírito de adoção se considera perto. Nosso Senhor quer que misturemos o Céu com a Terra ao mencioná-los duas vezes nessa curta oração. Veja como Ele nos familiariza com o Céu ao citá-lo próximo à nossa comida habitual, fazendo da próxima petição: "O pão nosso de cada dia dá-nos hoje". Isso não parece como se devesse ser ensinado como uma região remota. O Céu está, em qualquer escala, tão perto que em um momento podemos falar com o Rei desse local, e Ele responderá nosso clamor. Sim, antes que o relógio bata novamente, você e eu podemos estar lá. Pode ser o Céu uma terra longínqua se podemos acessá-la tão rapidamente? Ó irmãos e irmãs, estamos no alcance da audição dos anjos fulgurantes, estamos todos perto de nosso lar. Só mais um pouco e veremos nosso Senhor. Talvez mais uma marcha diária nos levará para dentro dos portões da cidade. E se restarem 50 anos de vida sobre a Terra, o que é isso senão o piscar de um olho?

É claro o suficiente de que a comparação entre a obediência da Terra e a do Céu não é exagerada. Se o Céu e o Deus do Céu estão, verdadeiramente, tão próximos a nós, nosso Senhor colocou diante de nós um modelo conhecido extraído de nossa habitação celestial. A petição significa apenas — que todos os filhos do único Pai sejam semelhantes em cumprir a Sua vontade.

2. Em segundo, ESSA COMPARAÇÃO É EMINENTEMENTE INSTRUTIVA. Ela não nos ensina que *o que* fazemos por Deus não é tudo, mas *como* o fazemos deve também ser considerado? O Senhor Jesus Cristo não apenas quer que cumpramos a vontade do Pai, mas que o façamos conforme um padrão. E que padrão elevado é esse! E, no entanto, não é elevado demais, pois não gostaríamos de render ao nosso Pai celestial qualquer serviço inferior a esse. Embora nenhum de nós ousaria dizer que somos perfeitos, todavia estamos decididos que jamais descansaremos até que o sejamos. Mesmo que nenhum de nós ouse esperar que nossas coisas sagradas sejam sem defeito, ainda assim não ficaríamos satisfeitos enquanto uma mancha sequer permanecesse sobre elas. Daremos ao nosso Deus a máxima glória concebível. Que o padrão seja o mais alto possível. Se ainda não o alcançamos, vamos almejar mais alto e mais alto ainda. Não queremos que nosso padrão seja rebaixado, mas que nossa imitação se aprimore.

"...*Seja feita* a tua vontade, tanto na terra como no céu." Marque as palavras "seja feita", pois elas tocam um ponto vital em nosso texto. A vontade de Deus *é feita* no Céu. Que prático! Sobre a Terra, Sua vontade é frequentemente esquecida, e Seu governo ignorado. Na Igreja desta presente era há um desejo de se fazer algo por Deus, mas poucos perguntam o que Ele quer que eles façam. Muitas coisas são feitas pela evangelização de pessoas que nunca foram ordenadas pelo grande Cabeça da Igreja, e não podem ser aprovadas por Ele. Podemos esperar que Ele aceite ou abençoe aquilo que nunca ordenou? A "devoção voluntária"[50] é pecado à Sua vista. Devemos cumprir a Sua vontade antes de tudo e depois esperar uma bênção sobre o fazer dessa vontade. Meus irmãos, temo que a vontade de Cristo na Terra seja muito mais discutida do que cumprida. Ouvi de irmãos que passam dias em disputas sobre um preceito que a própria disputa deles estava quebrando. No Céu não há discussões, eles fazem a vontade de Deus sem discordância. Somos mais úteis quando estamos realmente fazendo algo por este mundo caído e para a glória de nosso Senhor. "*Seja feita* a tua vontade". Devemos chegar às verdadeiras obras de fé e labores do amor. Muitas vezes, estamos satisfeitos em ter aprovado essa vontade, ou de falar sobre ela com palavras de elogio. Porém, não devemos permanecer em pensamento, decisão ou

---

[50] Conforme Colossenses 2:23. A expressão é a tradução do grego *ethelothreskeia*, que tem duas raízes: *ethelo*, "vontade" e *threskeia*, "adoração religiosa". Alguns estudiosos argumentam que o termo foi cunhado por Paulo e que o significado seria uma adoração gerada a partir da vontade humana, e não conforme a vontade divina.

palavra; a oração é prática e como uma negociação: "Seja feita a tua vontade, tanto na terra como no céu". Certo preguiçoso se esticou em sua cama quando o Sol se levantara alto no céu e, enquanto se virava, murmurou para si mesmo que gostaria que esse fosse um trabalho pesado, pois poderia fazer qualquer quantidade dele com prazer. Muitos podem desejar que pensar e falar sejam fazer a vontade de Deus, pois assim a cumpririam meticulosamente. Lá em cima não há brincadeira com as coisas sagradas. Eles cumprem Seus mandamentos, ouvindo a voz de Sua palavra. Deus deseja que Sua vontade não seja apenas pregada e cantada aqui embaixo, mas efetivamente *feita*, como o é no Céu.

No Céu, a vontade de Deus é feita *em espírito*, pois lá são todos espíritos. É feita *em verdade* sem coração dividido, sem desejo questionador. Sobre a Terra, muitas vezes, ela é cumprida e não cumprida, pois formalidades tolas burlam a obediência verdadeira. Aqui a obediência frequentemente se disfarça em uma rotina sombria. Cantamos com os lábios, mas nosso coração está silente. Oramos como se a mera expressão de palavras fosse oração. Algumas vezes oramos a verdade viva com lábios mortos. Não deve mais ser assim. Deus deseja que tenhamos o fogo e o fervor daqueles que contemplam a Sua face. Oramos neste sentido: "Seja feita a tua vontade, tanto na terra como no céu". Espero que haja um reavivamento de vida espiritual entre nós, e que, nossa irmandade seja, em larga escala, insuflada com fervor, e que haja espaço para ainda mais zelo. Vocês, que sabem como orar, ajoelhem-se e, com o morno hálito da oração, despertem a fagulha da vida espiritual para que ela se torne uma chama. Com todas as forças que há nas profundezas de nosso ser, com toda a vida divina que há em nós, sejamos movidos a fazer a vontade do Senhor, tanto na Terra como no Céu.

No Céu a vontade de Deus é feita *constantemente e sem falha*. Deus quer que seja assim também aqui! Estamos despertos hoje, mas caímos no sono amanhã. Somos diligentes por uma hora, mas indolentes na próxima. Não deve ser assim, queridos amigos. Devemos ser constantes, inabaláveis — sempre abundantes na obra do Senhor. Precisamos orar por perseverança sagrada, para que possamos imitar os dias de Céu sobre a Terra fazendo a vontade do Senhor sem descanso.

A vontade de Deus é feita no Céu *de forma universal, sem fazer seleção*. Aqui os homens escolhem — selecionam este mandamento para ser obedecido e colocam aquele como não essencial. Temo que todos sejamos, mais ou menos, temperados por esse odioso fel. Determinada parte da obediência é difícil, portanto, tentamos esquecê-la. Não deve mais ser assim, mas tudo o que Jesus disser devemos fazer. A obediência parcial é desobediência verdadeira. O súdito leal respeita toda a lei. Se algo for a vontade do Senhor, não temos escolha, esta foi feita pelo Senhor. Que oremos para que não entendamos erradamente a vontade de Deus, nem a esqueçamos ou a violemos. Talvez, como uma comunidade de crentes estejamos ignorantemente omitindo uma parte da vontade divina, e isso pode estar atrasando nosso trabalho nestes muitos anos. Possivelmente há algo escrito pela caneta da inspiração que ainda não tenhamos lido, ou algo lido que não tenhamos praticado, e isso pode estar impedindo o braço do Senhor de agir. Deveríamos fazer uma sondagem diligente e vasculhar em nossas igrejas para ver onde diferimos do padrão divino. Alguma bela capa babilônica ou cunha de ouro podem estar como algo amaldiçoado no acampamento, trazendo o desastre aos exércitos do Senhor. Que não negligenciemos qualquer coisa que seja ordenada por Deus, se não, Ele reterá Sua bênção.

Sua vontade é feita no Céu *instantaneamente e sem hesitação*. Nós, temo eu, somos dados aos atrasos. Imploramos para poder dar uma olhada na coisa. "É bom pensar mais sobre isso", dizemos, ao passo que nossos primeiros pensamentos de entusiástico amor são os principais produtos de nosso ser. Eu gostaria que fôssemos obedientes em todos os perigos, pois nisso está a verdadeira segurança. Ó, façamos o que Deus nos manda fazer, da forma que Ele ordena, imediatamente, na mesma hora! Não é nossa parte o debater, mas o realizar. Que nos dediquemos tão perfeitamente quanto Ester se consagrou quando adotou a causa de seu povo e disse: "...se perecer, pereci"[51]. Não devemos consultar a carne e o sangue, ou fazer uma reserva para nosso próprio egoísmo, mas, de uma vez, seguir vigorosamente o mandamento divino.

Que oremos ao Senhor para que cumpramos Sua vontade na Terra, como ela é feita no Céu, isto é, *com alegria e sem o menor traço de desgaste*. Quando nosso coração é correto, se alegra em servir a Deus, ainda que seja somente para desamarrar o cadarço dos sapatos de nosso Senhor. Estar empregado por Jesus no serviço que não nos trará reputação, mas muita rejeição, deveria ser um deleite. Se fôssemos como deveríamos ser, a tristeza por amor a Cristo seria uma alegria. Sim, nos regozijaríamos em tudo, nas escuras noites e nos dias mais brilhantes. Do mesmo modo que são felizes no Céu, com a alegria nascida da presença do Senhor, deveríamos nós sermos alegres e encontrar nossa força na alegria do Senhor.

No Céu, a vontade do Senhor é feita *humildemente*. Lá a pureza perfeita é estabelecida nos moldes da humildade. Muitas vezes caímos na autogratificação, e esta mancha as nossas melhores obras. Sussurramos a nós mesmo: "Fiz isso muito bem!". Vangloriamo-nos de que não houve o "eu" em nossa conduta, mas, enquanto estamos derramando esse óleo bajulador em nossa alma, mentimos, como prova a nossa autossatisfação. Deus nos permitiria fazer dez vezes mais se Ele não soubesse que não seria seguro. Ele não pode nos colocar no pináculo porque nossa cabeça é fraca, e tonteamos muito com o orgulho. Não se pode permitir que sejamos governantes sobre muitas coisas, pois nos tornaríamos tiranos se tivéssemos a oportunidade. Irmão, ore para que o Senhor o mantenha humilde a Seus pés, pois em nenhum outro lugar você poderá ser muito útil para Ele.

---

[51] Ester 4:16 ARA.

A comparação sendo assim instrutiva, oro para que possamos ser o melhor por nossa meditação sobre isso. Não acho fácil descrever o modelo, mas, se tentarmos copiá-lo, "essa é a obra, essa é a dificuldade". A menos que sejamos rodeados com a força divina, nunca faremos a vontade de Deus como ela é feita no Céu. Aqui está um trabalho maior do que aqueles de Hércules e que traz consigo vitórias mais nobres do que aquelas de Alexandre [o Grande]. A sabedoria de Salomão sozinha não conseguiria atingi-lo; o Espírito Santo deve nos transformar e conduzir o que em nós é terreno em direção ao que é celestial.

3. Em terceiro, peço que vocês percebam, queridos amigos, que ESSA COMPARAÇÃO do serviço santo na Terra ao que está no Céu, É BASEADA EM FATOS. Os fatos nos consolarão e nos estimularão. Os dois lugares mencionados no texto são muito dissimilares, e ainda assim as semelhanças sobrepujam as diferenças — Terra e Céu.

Por que os santos não fariam a vontade do Senhor na Terra, como seus irmãos a fazem no Céu? O que é o Céu se não a casa do Pai, onde há muitas mansões? Não habitamos nessa casa agora mesmo? O salmista disse: "Bem-aventurados os que habitam em tua casa; louvar-te-ão continuamente". Nós já não afirmamos, a respeito das nossas Betel: "Este não é outro lugar senão a Casa de Deus; e esta é a porta dos céus"? O espírito de adoção nos leva a estarmos em casa com Deus, mesmo enquanto residimos aqui em baixo. Que façamos, então, a vontade de Deus de uma vez.

Temos, aqui na Terra, a mesma comida que os santos nos Céus: "porque o Cordeiro que está no meio do trono os apascentará". Ele é o Pastor de Seu rebanho aqui em baixo e diariamente os alimenta de Si mesmo. Seu corpo é a carne, Seu sangue é a bebida. De onde vêm os refrescantes goles dos imortais? O Cordeiro os conduz à fonte de águas vivas, e mesmo aqui embaixo não diz Ele:

"Se alguém tem sede, que venha a mim e beba"? O mesmo rio de água da vida que alegra a cidade de nosso Deus acima, também rega o jardim do Senhor aqui embaixo.

Irmãos, estamos na mesma companhia aqui embaixo do que aquela desfrutada lá em cima. Lá, estão com Cristo, e aqui, Ele está conosco, pois disse: "eis que eu estou convosco todos os dias, até à consumação dos séculos". Há uma diferença quanto ao esplendor de Sua presença, mas não quanto à realidade dela. Assim vemos que somos coparticipantes dos mesmos privilégios quanto aqueles que refulgem dentro dos portões da cidade. A Igreja aqui embaixo é uma câmara da grande Casa, aquilo que nos separa da Igreja lá de cima é meramente um véu de fineza inconcebível. Por que não deveríamos fazer a vontade do Senhor sobre a Terra como ela é feita no Céu?

"Mas o Céu é um lugar de paz", diz alguém, "lá eles descansam de seus labores". Amados, sua propriedade aqui não está sem paz e descanso. "Infelizmente", diz outro, "acho que é muito diferente disso!". Eu sei! De onde vêm as guerras e as lutas se não da irritação e da incredulidade? "...nós, os que temos crido, entramos no repouso". Essa não é, em todos os aspectos, uma justa alegoria que nos representa cruzando o Jordão da morte para dentro de Canaã. Não, meus irmãos, os crentes estão agora na Canaã, se não, como poderíamos dizer que o canaanita continua na terra? Entramos na herança prometida e estamos guerreando para possuí-la completamente. Temos paz com Deus por meio de Jesus Cristo, nosso Senhor. Eu, por exemplo, não me sinto como uma pomba solitária voando sobre as turvas águas, buscando descanso para seus pés. Não, encontrei meu Noé. Jesus me deu descanso. Há uma diferença entre a melhor propriedade na Terra e a glória do Céu, porém o descanso que pode ter cada alma que aprende a vencer sua vontade é mais profundo e real. Irmãos, tendo já o descanso e sendo participantes da alegria do Senhor, por que não servimos a Deus na Terra como o fazem no Céu?

"Mas ainda não temos a vitória deles", argumenta alguém, "pois eles são mais que vencedores". Sim e "nossa batalha está vencida". Temos o testemunho profético desse fato. Além disso: "esta é a vitória que vence o mundo: a nossa fé". No Senhor Jesus Cristo, Deus nos concede a vitória e nos faz triunfar em todos os lugares. Estamos em guerra, mas com bom ânimo, pois Jesus já venceu o mundo, e nós também venceremos por Seu sangue. Nosso clamor é sempre: "Vitória! Vitória!". O Senhor em breve esmagará Satanás debaixo de nossos pés. Por que não deveríamos fazer a vontade do Senhor sobre a Terra como ela é feita no Céu?

O Céu é o lugar de comunhão com Deus, e essa é uma característica abençoada em sua alegria, mas nisso somos participantes agora, pois "a nossa comunhão é com o Pai e com seu Filho Jesus Cristo". A comunhão com o Espírito Santo é com todos nós, é nossa alegria e deleite. Tendo comunhão com o Deus triúno, Pai, Filho e Espírito Santo, somos exaltados e santificados, e ao nos tornarmos assim, por nosso intermédio, a vontade do Senhor será feita na Terra como no Céu.

"Lá em cima", diz um irmão, "eles são todos aceitos, mas aqui estamos em estado de provação". Você leu isso na Bíblia? Eu nunca! Um crente não está em estado de provação, ele passou da morte para a vida e jamais voltará à condenação. Estamos prontos, somos "aceitos no Amado", e essa aceitação é concedida de tal modo que jamais será revertida. O Redentor nos trouxe para fora do horrível poço de provação, colocou nossos pés na Rocha da salvação e lá estabeleceu nosso passo. "E o justo seguirá o seu caminho firmemente, e o puro de mãos irá crescendo em força". Por que nós, como aceitos do Senhor, não deveríamos fazer Sua vontade na Terra como ela é feita no Céu?

"Sim", diz alguém, "mas o Céu é o lugar do serviço perfeito, pois 'os seus servos o servirão'". Contudo, não é este o lugar, de alguma forma, de um tipo mais extensivo de serviço? Não há muitas coisas que os santos perfeitos e os santos anjos não podem fazer? Se tivéssemos uma escolha de uma esfera na qual pudéssemos servir a Deus de forma mais ampla, não escolheríamos o Céu, mas a Terra. Não há favelas e cômodos lotados de pessoas no Céu, aos quais poderíamos ir em auxílio, mas há muitos deles aqui. Não há florestas ou regiões de malária onde os missionários podem prover sua consagração sem reserva pela pregação do evangelho, ao custo de sua vida. Em alguns aspectos, este mundo tem uma preferência além do celestial quanto à extensão de fazer a vontade de Deus. Ó, que fôssemos homens melhores, e os santos lá de cima quase nos invejariam! Se nós vivêssemos da forma como deveríamos, talvez fizéssemos Gabriel se curvar em seu trono e clamar: "Eu gostaria de ser um homem!". É nosso dever pilotar o carro de máquinas nesse trem no conflito diário com o pecado e Satanás, e ao mesmo tempo cuidar de cada vagão, batalhando contra o inimigo que nos persegue. Que Deus nos ajude a fazermos Sua vontade na Terra como ela é feita no Céu, já que somos honrados com essa esfera tão rara!

"Sim", dizem vocês, "mas o Céu é lugar de alegria sem limites". E você não tem alegria mesmo agora? Um santo que vive perto de Deus é tão verdadeiramente abençoado que não ficará muito estupefato quando entrar no Céu. Surpreender-se-á de contemplar suas glórias mais claramente, mas terá a mesma razão para deleitar-se que possui hoje. Vivemos aqui embaixo a mesma vida que viveremos lá em cima, pois somos vivificados pelo mesmo Espírito, olhamos o mesmo Senhor e nos regozijamos na segurança. Alegria! Vocês não a conhecem? Seu Senhor diz: "para que a minha alegria permaneça em vós, e a vossa alegria seja completa". Vocês serão vasos maiores no Céu, mas não mais cheios; serão mais brilhantes, sem dúvida, mas não mais limpos do que são quando o Senhor os lava e os torna alvos em Seu próprio sangue. Não fiquem impacientes para ir ao Céu. Não, nem tenham o desejo sobre isso. Não coloquem valor tão elevado nas coisas da Terra, mas, ainda assim, considerem um grande privilégio ter uma vida longa com a qual servir ao Senhor aqui. Nossa vida mortal é apenas um breve intervalo entre as duas eternidades, se julgássemos não egoisticamente e víssemos as necessidades terrenas, quase poderíamos dizer: "Devolva-nos o período de vida humana antediluviano, para que possamos servir ao Senhor por um milênio no sofrimento e reprovação, como não poderemos fazer na glória". Esta vida é o vestíbulo da glória. Coloquem sua vida em ordem na justiça de Jesus Cristo, pois essa é a vestimenta da corte da Terra e do Céu. Manifestem logo o espírito dos santos, ou nunca habitarão com eles. Comecem agora a canção que seus lábios entoarão no Paraíso, ou nunca serão admitidos nos corais celestiais, em que ninguém pode se unir à música, exceto aqueles que a ensaiaram aqui embaixo.

4. Por último, ESSA COMPARAÇÃO, que sinto ter trazido a vocês de forma tão débil, de fazer a vontade de Deus na Terra como ela é feita no Céu, PRECISA SER GERADA DE NOSSA SANTAS OBRAS. Aqui está a urgência do empreendimento missionário. A vontade de Deus nunca pode ser praticada inteligentemente onde ela não é conhecida, portanto, em primeiro lugar, *torna-se obrigação nossa, como seguidores de Jesus, garantir que a vontade do Senhor seja tornada conhecida* por meio dos arautos da paz enviados do nosso meio. Por que ela ainda não foi divulgada em todas as nações? Não podemos culpar o grande Pai, nem imputar a falta ao Senhor Jesus. O Espírito do Senhor não está restringido, nem a misericórdia de Deus retida. Não é provavelmente verdade que o egoísmo dos cristãos é a principal razão para o lento progresso do cristianismo? Se este nunca se espalhar pelo mundo de forma mais rápida do que a atual, ele nunca acompanhará o passo do crescimento da população. Se vamos levar o reino de Cristo a uma porcentagem maior do que normalmente levamos, suponho que requererá uma eternidade e meia para converter o mundo, ou, em outras palavras, isso jamais será feito. O progresso alcançado é tão lento, que ameaça ser como o do caranguejo, que sempre é descrito na fábula como andando para trás.

Quanto doamos, irmãos? O que fazemos? Um amigo me exortou para dizer que a Sociedade Missionária Batista precisa levantar um milhão por ano. Tenho dúvidas sobre isso, mas ele propõe que deveríamos, pelo menos, tentar fazer isso por um ano. Não há nada como ter um elevado alvo no qual mirar. Um milhão[52] por ano parece exageradamente muito pelo consenso de todos vocês, e ainda assim não tenho certeza. Quantas propriedades pertencem aos batistas hoje? A estimativa provável de dinheiro nas mãos dos crentes batizados no Reino Unido atualmente pode nos envergonhar de que um milhão não seja arrecadado instantaneamente. Muito mais do que isso é gasto por um número similar de ingleses em bebidas fortes. Não sabemos quanta riqueza está sob custódia dos mordomos de Deus, e alguns deles provavelmente não nos permitirão saber até que o leiamos nos jornais, e então descobriremos que eles morreram possuindo muitas centenas de milhares. O mundo considera os homens dignos pelo que eles acumulam, mas na verdade eles não valem tanto, caso contrário, não teriam retido tanto da obra do Senhor quando é necessário que espalhemos o evangelho. Como denominação estamos melhorando *um pouco*. Estamos melhorando um pouco. Fui obrigado a repetir essa frase e colocar a ênfase no lugar certo. Não podemos celebrar, ainda há espaço considerável para melhoria. As receitas da Sociedade podem ser dobradas e ninguém ser oprimido no processo. Não devemos orar "Seja feita a tua vontade, tanto na terra como no céu", e "Senhor, tu tens muitas maneiras e meios de realizar essa vontade; oro para que o faças, mas não deixa que me peçam para ajudar no trabalho". Não! Quando faço essa oração, se eu for sincero, devo vascular meus depósitos para ver o que posso doar para fazer a verdade conhecida. Deveria me perguntar se eu mesmo não posso falar a palavra de salvação. Não devo recusar doar porque os tempos são maus, nem

---

[52] Embora não seja declarado no texto, supõe-se que Spurgeon referia-se à libra esterlina (£), moeda corrente da Inglaterra. Em 1884, ano em que este sermão foi pregado, £ 1 equivaleria a cerca de £ 125 atualmente. Assim, £ um milhão seria, aproximadamente £ 125 milhões.

deveria falhar em proclamar porque tenho a disposição tímida. Uma oportunidade é um presente de ouro. Agora, não ofereça a oração do texto se não é isso que você quer dizer. É melhor omitir a petição do que bancar o hipócrita com isso. Vocês que falham em apoiar missões, quando está em seu poder fazê-lo, nunca deveriam dizer: "Venha teu Reino, seja feita a tua vontade", mas omitam essa petição por temor de estarem zombando de Deus.

Queridos amigos, nosso texto me leva a dizer que a vontade de Deus deve ser conhecida para que possa ser feita, *deve ser a vontade de Deus que nós a tornemos conhecida*, porque Deus é amor, e a lei sob a qual Ele nos colocou é a do amor. Que amor de Deus habita naquele homem que nega a um pagão não iluminado aquela luz sem a qual ele estará perdido? Amor é uma grande palavra da qual falar, mas é mais nobre como um princípio a ser obedecido. Pode haver amor no coração do homem que não ajudará a enviar o evangelho àqueles que não o têm? Queremos abençoar o mundo! Temos mil estratégias pelas quais abençoá-lo, mas, se alguma vez a vontade de Deus for feita na Terra como é no Céu, essa será uma bênção sem mistura e abrangente. Por todos os meios, unam-se à Sociedade da Paz e sejam perdoadores e pacificadores, mas não há meio de estabelecer a paz na Terra, exceto pela vontade de Deus sendo feita aqui, e isso só pode acontecer por meio da renovação do coração dos homens pelo evangelho de Jesus Cristo. De todos os modos possíveis, vamos nos esforçar a influenciar a política, como cristãos, para que a opressão não permaneça na Terra, mas, no final nas contas, haverá opressão a menos que o evangelho se espalhe. Esse é o único bálsamo para as feridas do mundo. Eles ainda sangrarão até que Cristo venha para atá-los. Ó, que nós então, uma vez que esse é o melhor que existe, demonstremos nosso amor a Deus e aos homens ao compartilhar essa verdade salvadora.

O texto diz: "seja feita a tua vontade, tanto na terra como no céu". Suponham que qualquer um de vocês tivesse vindo do Céu. É apenas uma suposição, mas vamos sustentá-la por um minuto. Suponham que um homem tenha vindo para cá, recém-chegado do Céu. Alguns ficariam curiosos para ver qual seria sua forma corpórea. Esperariam ficar ofuscados pelo brilho de sua fronte. No entanto, vamos deixar isso passar. Gostaríamos de ver como ele viveria. Recém-vindo do Céu, como ele agiria? Ó senhores, se ele voltasse para cá para fazer o mesmo que todos os homens fazem na Terra, apenas de uma forma mais celestial, que pai ele seria, que marido, que irmão e que amigo! Eu sentaria e deixaria que ele pregasse nesta manhã, certamente, e, quando ele tivesse terminado de pregar, eu iria para casa com ele e conversaríamos. Eu seria cuidadoso em observar o que faz com seus bens. Seu primeiro pensamento seria, se ele tivesse cem libras, de usá-las para a glória do Senhor. Alguém dirá: "Mas eu tenho que comprar comida com as minhas cem libras". Que assim o seja, mas, quando for às compras, diga: "Ó Senhor, ajuda-me a usá-las para a Tua glória!". Deveria haver tanta piedade em comprar para suas necessidades quanto ao ir ao local de adoração. Não creio que esse recém-chegado do Céu diria: "Preciso ter esse luxo. Preciso obter essa bela roupa. Devo comprar essa casa grande". Porém, diria: "Quanto posso economizar para o Deus do Céu? Quanto devo investir no país de onde vim?". Tenho certeza de que ele se apertaria e economizaria para poupar dinheiro para servir a Deus, e ele mesmo, enquanto andasse pelas ruas misturando-se com homens e mulheres ímpios, se certificaria de encontrar maneiras de chegar à consciência e coração deles. Sempre tentaria trazer outros à felicidade que ele havia desfrutado.

Reflitam sobre isso e vivam dessa forma — como fez Aquele que realmente veio do Céu. Pois, afinal, a melhor regra da vida é o que Jesus faria se Ele estivesse aqui hoje, e o mundo ainda jazesse no maligno? Se Jesus estivesse em sua empresa, se tivesse o seu dinheiro, como Ele o gastaria? Pois é assim que você deveria gastá-lo. Agora, pensem, meus irmãos e irmãs, vocês logo estarão no Céu. Desde o ano passado, muitos foram ao Lar. Antes do próximo ano, muitos mais ascenderão à glória. Assentados naqueles tronos celestiais, como gostaríamos de ter vivido aqui embaixo? Não trará qualquer alegria a qualquer homem no Céu, nem por um momento, pensar que ele se gratificou enquanto estava aqui. Não lhe trará reflexão adequada àquele lugar, lembrar o quanto acumulou, quanto deixou para trás para ser alvo de disputa depois que partiu. Dirá a si mesmo: "Eu gostaria de ter poupado mais de meu capital enviando-o para cá antes de mim, pois o que economizei na Terra está perdido, mas o que gastei por Deus realmente foi colocado onde ladrões não escavam, nem roubam".

Ó irmãos e irmãs, que vivamos como gostaríamos de ter vivido quando a vida acabar. Que moldemos nossa vida para produzir luz eterna. A vida deveria ser vivida de outra maneira? Não é ela um tipo de desmaio, de coma, no qual a vida pode não se acabar, mas em que tudo o que achávamos digno chamar de vida se esvai? A menos que estejamos lutando poderosamente para honrar Jesus e para trazer para o Lar os banidos, estamos mortos ainda que vivos. Que objetivemos a vida que sobreviverá ao fogo que provará a obra de todo o homem.

Se eu conseguir mover qualquer um aqui para que resolva viver dessa maneira, não falei em vão. Pelos menos me esforcei com o desejo intenso de remover o exterior e as cascas da vida e para amadurecer o pomo de meu ser. Seja feita a Sua vontade na Terra, como espero, meu Senhor, fazê-la no Céu. Que eu comece aqui a vida que é digna de ser perpetuada na eternidade. Que Deus os abençoe, em nome de Cristo. Amém!

9

"E NÃO NOS INDUZAS À TENTAÇÃO"[53]

E não nos induzas à tentação...
(Mateus 6:13)

Examinando um livro de pregações para jovens, dias atrás, encontrei um esboço de um discurso que me surpreendeu como uma pérola perfeita. Vou compartilhar com vocês. O texto é a Oração do Pai Nosso, e a exposição foi dividida em subtítulos muito instrutivos. "Pai nosso, que estás nos céus": *um filho longe de casa*. "...santificado seja o teu nome": *um adorador*. "Venha o teu Reino": *um súdito*. "Seja feita a tua vontade, tanto na terra como no céu": *um servo*. "O pão nosso de cada dia dá-nos hoje": *um pedinte*. "Perdoa-nos as nossas dívidas, assim como nós perdoamos aos nossos devedores": *um pecador*. "E não nos induzas à tentação, mas livra-nos do mal": *um pecador em perigo de se tornar*

---
[53] Este sermão foi pregado no Metropolitan Tabernacle. Nenhuma data específica lhe foi atribuída.

um pecador ainda maior. Os títulos são, em cada um dos casos, muito apropriados e resumem verdadeiramente a petição. Agora, se vocês se recordam do esboço, verão que a oração é como uma escada. A petição começa no topo e então desce. "Pai nosso, que estás nos céus": um filho, um filho do Pai celeste. Ser um filho de Deus é a posição mais elevada possível para um homem. "Vede quão grande amor nos tem concedido o Pai: que fôssemos chamados filhos de Deus." É isso que Jesus é — o Filho de Deus —, e "Pai nosso" é apenas a forma plural do termo que Ele usa ao se referir a Deus, pois Jesus diz "Pai". Essa é uma posição muito elevada, graciosa e exaltada que, pela fé, ousamos ocupar quando dizemos inteligentemente: "Pai nosso, que estás nos céus". O próximo é um degrau abaixo — "...santificado seja o teu nome". Aqui temos um devoto adorando, em humilde reverência, o Deus três vezes santo. O lugar do adorador é elevado, mas não tem a excelência da posição de filho. Os anjos chegam à alta posição de adoradores, sua canção incessante santifica o nome de Deus. Mas não podem dizer "Pai nosso", pois "a qual dos anjos disse jamais: Tu és meu Filho"? Eles devem estar contentes por estar em um dos mais altos degraus, porém, não podem atingir o cume, pois nem por adoção, regeneração ou união com Cristo eles são filhos de Deus. "Aba, Pai" é para os homens, não para os anjos e, portanto, a frase de adoração da oração está um degrau abaixo do que a de abertura "Pai nosso". A próxima petição é para nós como súditos: "Venha o teu Reino", o súdito está abaixo do adorador, pois a adoração é um trabalho elevado em que os homens exercitam o sacerdócio e são vistos em estado humilde, mas honrável. O filho adora e depois confessa a realeza do Grande Pai. Descendo ainda, a próxima posição é a de servo, "Seja feita a tua vontade, anto na terra como no céu". Esse é outro degrau abaixo do de súdito, pois Sua Majestade, a rainha, tem muitos súditos que não são seus servos. Não são obrigados a esperar por ela no palácio com o serviço pessoal, embora a reconheçam como sua honrada soberana. Os duques e outros da nobreza são seus súditos, mas não seus servos. O servo está numa graduação mais baixa que a de súdito.

Todos vão admitir que a próxima petição é, de longe, ainda mais baixa, pois é a de um pedinte — "O pão nosso de cada dia dá-nos hoje" — um pedinte por pão, um pedinte diário, um que tem de apelar continuamente para a caridade, até por seu sustento. Esse é um lugar adequado para nós ocuparmos, pois devemos tudo à caridade do Céu. Contudo, há ainda um degrau mais abaixo do que o de pedinte, e esse é o degrau do pecador. "Perdoa" está abaixo de "dá", "Perdoa-nos as nossas dívidas, assim como nós perdoamos aos nossos devedores". Aqui também, cada um de nós pode assumir sua posição, porque nenhuma palavra cabe melhor a nossos indignos lábios do que a oração "perdoa". Enquanto vivermos e pecarmos devemos sempre chorar e prantear: "Tem misericórdia de nós, ó Senhor". E agora, no pé da escada está o pecador, temeroso de pecado ainda maior, em perigo extremo e consciente de sua fraqueza, sensível ao pecado passado e temeroso pelos futuros. Ouçam-no, enquanto com seus lábios trêmulos ele clama as palavras de nosso texto: "E não nos induzas à tentação, mas livra-nos do mal".

E, ainda assim, queridos amigos, embora eu tenha descrito a oração como em sentido descendente, quanto à graça, ela é tanto descendente como ascendente, como logo poderíamos demonstrar, se o tempo nos permitisse. Em qualquer medida, o processo de descida da oração poderia igualmente ilustrar o avanço da vida divina na alma. A última cláusula da prece contém em si uma experiência interior mais profunda do que a primeira parte. Cada crente é um filho de Deus, um adorador, um súdito, um servo, um pedinte e um pecador. Mas não é todo homem que percebe a sedução que o acossa ou sua própria tendência em render-se a ela. Não é todo filho de Deus, mesmo quando avançado em anos, que conhece o sentido pleno de ser induzido à tentação. Alguns seguem o caminho fácil e raramente enfrentam lutas, e outros são bebês tão ternos que dificilmente conhecem suas próprias corrupções. Para entender completamente nosso texto, o homem precisaria ter enfrentado as lâminas afiadas nas guerras e batalhado contra o inimigo dentro de sua alma por muitos dias. Aqueles que escaparam por um fio oferecem essa oração com uma ênfase no significado. O homem que sentiu a rede de caça em si — aquele que foi sitiado pelo adversário e quase destruído — ora com aquecido zelo: "não nos induzas à tentação".

Proponho, neste tempo, ao tentar recomendar essa oração a vocês, que notem, primeiramente, *o espírito que sugere tal petição*; em segundo, *as provações contra as quais essa oração protesta;* e, em terceiro, *as lições que ela ensina*.

1. O QUE SUGERE UMA ORAÇÃO COMO ESTA — "não nos induzas à tentação"? Eu entendo primeiramente, por um ligeiro processo de reflexão, que, a partir da posição da cláusula, o que é sugerido é a *vigilância*. Esse pedido vem em seguida ao "perdoa-nos as nossas dívidas". Suporei que o pedido foi atendido e que o pecado do homem foi perdoado. E depois disso? Se vocês olharem para trás em sua própria vida, logo perceberão o que geralmente acontece a um homem perdoado, pois "Como na água o rosto corresponde ao rosto, assim o coração do homem ao homem". A experiência interior de um homem que crê é semelhante à do outro, e seus sentimentos são os mesmos que os meus. Muito rapidamente após o penitente receber o perdão e ter esse senso em sua alma, ele é tentado pelo diabo, porque Satanás não suporta perder súditos. E quando ele os vê cruzar a fronteira e escapar de seu domínio, o diabo reúne todas as suas forças e exercita toda sua astúcia para que, se puder, ele os abata de uma vez. Para compensar esse ataque especial, o Senhor torna nosso coração vigilante. Percebendo a ferocidade e a sutileza das tentações satânicas, o crente recém-nascido, regozijando-se no perfeito perdão recebido, clama a Deus: "não nos induzas à tentação". É o temor em perder a alegria do perdão ministrado que assim brada ao Senhor: "Pai nosso, não permitas que percamos a salvação que recebemos tão recentemente. Nem ao menos a exponhas ao risco. Não permitas que Satanás quebre a paz que acabamos de encontrar. Escapamos há pouco, não nos precipites nas profundezas novamente. Nadando em direção à costa, alguns apoiados em pranchas, outros agarrados aos pedaços quebrados do navio, chegamos a salvo em terra firme. Não nos permitas provar o mar bravio novamente. Não nos lances mais sobre as revoltosas vagas. Ó Deus, vemos o inimigo avançando, ele está pronto, se puder, para nos peneirar como o trigo. Não permitas que sejamos colocados na peneira dele, mas livra-nos, oramos!". Essa é uma oração de um vigilante, e notem, embora tenhamos falado da vigilância como necessária no começo da vida cristã, ela é igualmente necessária àqueles que já estão no findar dela. Não há um momento no qual um crente possa se permitir o repouso. Vigiem, imploro, quando estiverem sozinhos, pois a tentação, como um assassino rastejante, tem sua adaga para os corações solitários. Vocês devem aferrolhar e trancar a porta se desejam manter o diabo fora. Vigiem-se a si mesmos em público, porque as tentações em tropas fazem suas flechas voarem durante o dia. As mais seletas companhias que vocês possam escolher não estarão isentas de alguma má influência sobre vocês, a menos que estejam atentos. Lembrem-se das palavras de nosso abençoado Senhor: "E as coisas que vos digo digo-as a todos: Vigiai" e, enquanto vigiam, esta oração com frequência surgirá no íntimo de seu coração:

Dos poderes da obscura tentação
e da vileza satânica, vem me defender.
Livra-me na hora da perversão,
Até o fim, não permite eu me perder.

É uma oração de vigilância.

Depois, parece-me uma oração muito natural de *terror santo diante do pensamento de cair no pecado de novo*. Lembro-me da história de um mineiro que, anteriormente fora um bruto blasfemo, um homem de vida licenciosa e tudo de mau, quando se converteu pela graça divina, tinha muito medo de que seus velhos companheiros o fizessem retroceder. Ele se conhecia como alguém de fortes paixões e muito apto a ser desviado por outro, portanto, em seu pavor de ser levado de volta a seus antigos pecados, orava com muita veemência para que morresse, antes de voltar a seus antigos modos. E ele realmente morreu lá. Talvez essa fosse a melhor resposta à melhor oração que o pobre homem poderia oferecer. Tenho certeza de que qualquer homem que já tenha vivido uma vida perversa, caso a maravilhosa graça divina o tenha arrebatado dela, concordará que a oração do mineiro não era nada entusiástica. É melhor que morramos de uma vez do que viver e retornar ao nosso primeiro estado, trazendo desonra ao nome de Jesus Cristo, nosso Senhor. A oração diante de nós brota do encolhimento da alma diante da primeira aproximação do tentador. Os passos do demônio caem no aterrorizado ouvido do tímido penitente. Ele treme como uma folha de álamo e clama: "O quê? Ele está vindo novamente? E é possível que eu caia de novo? E poderei, mais uma vez, manchar essas vestes com o repugnante pecado assassino que matou meu Senhor? Ó, meu Deus", o pecador parece dizer, "guarda-me de mal tão grande. Leva-me, peço-te, aonde quiseres — sim, até mesmo ao vale escuro da morte, mas não me induzas à tentação, para que eu não caia e te desonre". O filho queimado teme o fogo. Aquele que uma vez foi preso na armadilha de aço carrega as cicatrizes em sua carne e fica terrivelmente amedrontado de ser pego novamente por seus dentes cruéis.

O terceiro sentimento também é muito aparente, a saber, *a mansidão da força pessoal*. O homem que se sente forte o suficiente para algo é ousado e até convida a batalha que provará seu poder. "Ó", diz ele, "não me importo. Quem quiser pode se amotinar contra mim. Tenho capacidade de cuidar de mim mesmo e de me defender contra qualquer número de pessoas". Ele está pronto para ser levado ao conflito.

Corteja a briga. Não é assim com o homem que foi ensinado por Deus e que aprendeu sobre sua fraqueza. Ele não quer ser provado, mas procura lugares tranquilos onde possa estar fora do caminho do perigo. Coloque-o na batalha, e ele demostrará hombridade. Se ele for tentado, você verá o quão resoluto ele será. Mas ele não procura o conflito, como, penso eu, poucos dos soldados que sabem o que é lutar o farão. Com certeza, são somente aqueles que nunca cheiraram a pólvora ou viram cadáveres recolhidos em massas sangrentas um sobre o outro que são tão ávidos por tiroteios e bombardeios. Mas os seus veteranos preferirão desfrutar dos tempos de cachimbo da paz. Nenhum crente experiente deseja a guerra espiritual, embora alguns recrutas novatos talvez possam desafiá-la. No cristão, a relembrança de suas fraquezas anteriores — suas más decisões, suas promessas não cumpridas — leva-o a orar para que não seja severamente provado no futuro. Não ousa confiar em si mesmo novamente. Não deseja lutas contra Satanás ou o mundo. Pede que, se possível, ele possa ser preservado desses severos encontros. Sua oração é: "não me induzas à tentação". O crente sábio demonstra temor sagrado — ou melhor, creio que posso dizer um total desespero quanto a si mesmo. E mesmo que ele saiba que o poder de Deus é forte o suficiente para qualquer coisa, ainda assim o seu sentimento de fraqueza pessoal é tão pesado sobre ele, que roga para ser poupado de muitas provações. Por isso clama: "não nos induzas à tentação".

Ainda não falei o bastante, penso, sobre as fases do espírito que sugerem essa oração, pois para mim ela parece brotar da *caridade*, de certa forma. "Caridade?", diz você. Bem, a ligação deve sempre ser observada, e ao ler a frase anterior em conexão com ela, nós temos as palavras "como nós perdoamos aos nossos devedores. E não nos induzas à tentação". Jamais devemos ser severos demais com aqueles que nos fizeram o mal e nos ofenderam, mas orar: "não nos induzas à tentação". Sua empregada, pobre moça, pegou algo pequeno de sua posse. Não estou defendendo o roubo dela, mas lhe imploro, pare um momento antes de arruinar o caráter dela por toda a vida. Pergunte-se: "Não poderia eu ter feito o mesmo se estivesse na posição dela? Senhor, não me induzas à tentação". É verdade que foi muito errado aquele rapaz tratar de forma tão desonesta com seus bens. Ainda assim, você sabe que ele estava sob grande pressão de uma mão forte e apenas cedeu à compulsão. Não seja rígido demais. Não diga: "Vou levar às últimas consequências, vou invocar a lei sobre ele". Não, espere um pouco. Deixe a piedade falar; permita que a voz prateada da misericórdia apele a você. Lembre-se de você mesmo para que também não seja tentado e ore: "não nos induzas à tentação". Receio que, por mais mal que alguns se comportem quando sob tentação, outros de nós fariam muito *pior* se estivessem no lugar deles. Se eu puder, prefiro formular um julgamento bondoso sobre os que erram. E o que me ajuda a fazê-lo é me imaginar como estando sujeito às suas provações e visto as coisas de seu ponto de vista e ter estado nas mesmas circunstâncias que elas, sem ter qualquer coisa da graça de Deus para me ajudar. Não teria eu caído tão feio quando elas, ou ido além delas em maldade? Não pode ser que venha o dia, a vocês que não demonstram misericórdia, no qual terão de pedir misericórdia para vocês mesmos? Eu disse "não pode ser que venha o dia"? Não! Ele *virá* sobre vocês! Quando partirem daqui debaixo, terão de fazer uma retrospectiva de sua vida e verão muito por que lamentar. A que apelarão então, senão à misericórdia de Deus? E se Ele lhes responder: "Foi feito um apelo à *sua* misericórdia, e vocês não a exerceram. Como fizeram aos outros, farei a vocês". Qual reação terão se Deus os tratar desse modo? Tal resposta não seria justa e correta? Não deveria cada homem ser pago com sua própria moeda quando estiver diante do trono do julgamento? Assim, acho que esta oração "não nos induzas à tentação" deveria brotar com frequência do coração por meio de sentimentos caridosos com aqueles que erraram, que são mesma carne e sangue que nós. Agora, sempre que virem um ébrio cambaleando pelas ruas, não se gloriem sobre ele, mas digam:

"não nos induzas à tentação". Quando pegarem os jornais e lerem que homens de posição traíram a confiança em troca do ouro, condenem sua conduta se quiserem, mas não se vangloriem de sua firmeza, em vez disso clamem com toda humildade: "não nos induzas à tentação". Quando a pobre moça que foi seduzida para se afastar do caminho da virtude cruzar seu caminho, não a olhem com o desdém que a entregará à destruição, mas falem "não nos induzas à tentação". Se essa oração estivesse frequentemente em nosso coração e lábios, ela nos ensinaria modos mais moderados e gentis com os homens e as mulheres pecaminosos.

Mais ainda, vocês não acham que essa oração respira o espírito de *confiança* — confiança em Deus? "Por quê?", diz alguém, "Eu não vejo isso!". Para mim — não sei se conseguirei comunicar meu pensamento — há um grau de familiaridade muito terna e de ousadia santa nessa expressão. Naturalmente Deus me guiará, agora que sou Seu filho. Além disso, agora que Ele me perdoou, sei que não me conduzirá para onde eu possa estar em perigo. Minha fé precisa saber e crer nisso, e mesmo assim, por várias razões, surge um temor de que Sua providência me levaria aonde posso ser tentado. Esse sentimento é bom ou ruim? Ele sobrecarrega minha mente. Posso levá-lo diante de Deus? Posso expressar em oração essa apreensão da alma? Posso derramar essa ansiedade diante do Deus grandioso, sábio e amoroso? Não seria ela impertinente? Não, não seria, pois Jesus coloca as palavras em minha boca e diz: "orareis assim". Você teme que Ele o conduza à tentação, mas Ele não fará isso. Ou, se Ele achar adequado prová-lo, também lhe proverá a forma para resistir até o fim. Ele se alegrará, em Sua infinita misericórdia, em preservá-lo. Aonde Ele o levar será perfeitamente seguro para que você o siga, uma vez que Sua presença fará o ar mais mortal se tornar saudável. Mas, desde que instintivamente você tem um pavor de que possa ser conduzido para onde a luta será austera demais e o caminho muito acidentado, diga-o a seu Pai celeste sem reserva. Vocês sabem que em casa, se um filho tem qualquer pequena reclamação contra seu pai, é sempre melhor que ele o diga. Se ele achou que seu pai não lhe deu atenção outro dia, ou cogita que a tarefa que seu pai lhe deu é dura demais, ou imagina que seu pai espera demais dele, caso não diga nada sobre isso, ele pode se aborrecer e perder muito da amável ternura que o coração de um filho deveria sempre sentir. Contudo, quando o filho diz francamente: "Pai, não quero que você pense que eu não o amo ou não confio em você, mas tenho um pensamento atribulado em minha mente e lhe direi diretamente", esse é o curso mais sábio a seguir e demonstra confiança filial. Essa é a maneira de manter o amor e a confiança. Então, se você tem uma suspeita em sua alma de que talvez seu Pai possa colocá-lo em tentação muito forte para você, diga-o a Ele. Diga-lhe embora pareça ser tomar grande liberdade. Embora o temor possa ser fruto da incredulidade, ainda assim faça-o conhecido a seu Senhor, e não o guarde com tristeza. Lembre-se: a oração do Pai Nosso não foi feita para Ele, mas para você e, portanto, sua leitura importa do seu ponto de vista, não do de Deus. A oração de nosso Senhor não é para nosso Senhor. É para nós, Seus filhos. E os filhos dizem a seus pais muitas coisas que são muito adequadas que digam, mas que não são sábias ou precisas a partir da medida do conhecimento dos pais. Estes sabem o que o coração dos filhos quis dizer, e ainda assim pode haver boa medida no que disserem que seja tolice ou erro. Assim, olho para essa oração como exibindo essa abençoada confiança filial que diz ao genitor sobre um medo que a entristece, quer tal medo seja totalmente correto ou não. Amados, não precisamos debater aqui a questão se Deus nos conduz ou não à tentação, ou se podemos ou não cair da graça. É suficiente dizer que temos um temor e que nos é permitido contá-lo a nosso Pai celestial sobre ele. Sempre que você tiver um temor de qualquer tipo, corra com ele Àquele que ama Seus pequeninos e que, como um pai, tem misericórdia deles acalmando até seus alarmes desnecessários.

Assim, demonstrei-lhes que o espírito que sugere essa oração é o de vigilância, santo horror ao próprio pensamento de pecado, de mansidão de nossa própria força, de caridade com os outros e de confiança em Deus.

2. Em segundo, perguntemos: QUAIS SÃO ESSAS TENTAÇÕES QUE A ORAÇÃO REPROVA? Ou melhor, quais são essas provações que são tão temidas?

Não creio que a oração pretenda, de forma alguma, pedir a Deus que nos poupe de sermos afligidos para nosso bem, ou para nos poupar de sofrermos como castigo. Certamente, deveríamos nos alegrar em escapar dessas coisas, mas a oração visa outra forma de provação e pode ser parafraseada assim: "Salva-me, ó Senhor, de tais provações e sofrimento uma vez que eles podem me levar a pecar. Poupa-me de provas tão grandes para que eu não caia por ter minha paciência, minha fé e minha perseverança vencidas".

Agora, tão brevemente quanto eu puder, vou mostrar-lhes como os homens podem ser conduzidos à tentação pela mão de Deus. E a primeira é *pela retirada da graça divina*. Suponham, por um momento — é apenas suposição — que o Senhor nos deixasse a todos. Nós pereceríamos rapidamente. No entanto, suponham — e essa não é uma suposição inútil — que Ele retirasse Sua força de nós, em certa medida; não ficaríamos em uma situação ruim? Suponham que Ele não desse suporte à nossa fé. Que incredulidade exibiríamos! Suponham que Ele se recuse a nos apoiar em tempos de provação para que não mais mantivéssemos nossa integridade; o que seria de nós? Ah, o homem mais honrado não seria honrado por muito tempo, nem o mais santo ainda seria santo. Suponham, queridos amigos, vocês que andam na luz do rosto divino e carregam os fardos da vida tão facilmente porque Ele os sustém, suponham que Sua presença fosse retirada de vocês, qual seria a sua porção? Somos todos como Sansão nessa questão, assim trago-o como a ilustração, embora ele, com frequência, tenha sido usado para esse propósito por outros. Enquanto os cabelos de nossa cabeça permanecem não cortados, podemos fazer tudo e qualquer coisa. Podemos rasgar leões ao meio, carregar os portões de Gaza e exterminar os exércitos estrangeiros. É pela marca da consagração divina que somos fortes na força de Seu poder. Mas, se o Senhor se afastar de você, ó Sansão, o que você será mais que qualquer outro homem? Então, o brado: "Os filisteus vêm sobre ti, Sansão" é o fim de toda a sua glória. Você agita inutilmente esses seus braços e pernas vigorosos. Agora seus olhos serão perfurados pelos filisteus e eles farão um espetáculo de você. À vista de uma catástrofe semelhante, bem poderíamos estar em súplica agoniante. Então ore: "Senhor, não me deixes e não me induzas à tentação por afastares de mim o Teu Espírito".

Guarda-nos, guarda-nos sempre, ó Deus,
Vã é nossa esperança se abandonados por ti!
Jamais nos abandones, somos Teus,
Até que Tua face no Céu possamos distinguir.
Lá estaremos a adorar-te
Por toda a eternidade esplendorosa.
Toda nossa força de vez fracassaria,
Se de nós te afastares, Senhor.
Nada, então, nos beneficiaria,
Nossa derrota viria com pavor.
Aqueles que nos têm antipatia
Seu desejo sobre nós veriam com humor.

Outro grupo de tentações será encontrado nas *condições providenciais*. As palavras de Agur, filho de Jaque, serão minha ilustração aqui: "afasta de mim a vaidade e a palavra mentirosa; não me dês nem a pobreza nem a riqueza; mantém-me do pão da minha porção acostumada; para que, *porventura*, de farto te não negue e diga: Quem é o Senhor? Ou que, empobrecendo, venha a furtar e lance mão do nome de Deus". Alguns de nós jamais souberam o que realmente significa necessidade, mas têm desde a juventude vivido em conforto social. Ah, queridos amigos, quando vemos o que a pobreza extrema levou alguns homens a fazer, como sabemos que não nos comportaríamos ainda pior se fôssemos pressionados de forma tão dolorosa quanto eles? Podemos bem estremecer e dizer: "Senhor, quando vejo famílias pobres comprimidas em um pequeno cômodo, onde há pouco espaço para que a decência comum seja observada, quando vejo pão tão escasso para preservar as crianças de chorarem de fome, quando observo as vestes que o homem usa sobre seus lombos tão finas que não o protegem do frio, oro para que não me sujeites a tal provação, para que, se eu me vir em tal caso, não estenda a mão e roube. Não me induzas à tentação da devoradora necessidade".

E, por outro lado, vejam as tentações do dinheiro quando os homens têm mais para gastar do que poderiam necessitar. E, ao seu redor, há uma sociedade que os tenta em corridas, apostas, prostituição e todas as formas de iniquidades. O jovem que tem fortuna antes de chegar aos anos da discrição é cercado por bajuladores e tentadores, todos ávidos para saqueá-lo. Surpreende-lhes que ele seja conduzido ao vício e se torne um homem arruinado moralmente? Como um abastado galeão assaltado por piratas, ele nunca está fora de perigo. É de surpreender que ele jamais chegue ao porto para sua segurança? As mulheres o tentam, os homens o lisonjeiam, mensageiros do diabo o adulam, e o ingênuo rapaz os segue como um boi ao matadouro, ou como um pássaro que se apressa à armadilha, e não sabe que é por sua vida. Vocês podem muito bem agradecer ao Céu por nunca terem conhecido essa tentação, pois, se ela fosse colocada em seu caminho, vocês também estariam em grave perigo. Se as riquezas e a honra os seduzirem, não as sigam resolutamente, mas orem: "não nos induzas à tentação".

As posições providenciais frequentemente provam os homens. Há um homem pressionado para obter dinheiro rápido em seu negócio — como ele pagará aquela conta alta? Se ele não a honrar, haverá desolação em sua família, a instituição financeira de onde extrai seu sustento falirá, todos se envergonharão dele. Seus filhos serão rejeitados, e ele ficará arruinado. Ele só precisa lançar mão de certa quantia do fundo de custódia[54]. Não tem o direito de arriscar um centavo sequer deste, pois não lhe pertence, mesmo assim, por seu uso ser temporário, ele poderá, talvez, suprir a dificuldade. O diabo lhe diz que ele conseguirá devolver em uma semana. Se ele tocar naquele dinheiro, será uma ação maligna, contudo, ele diz: "Ninguém se ferirá com isso e será um ajuste maravilhoso", e assim por diante. Se esse homem ceder à sugestão e as coisas forem bem, haverá alguns que dirão: "Bem, no fim das contas, não havia muito perigo nisso, e foi um passo prudente porque o salvou da ruína". Mas, se der errado e ele for descoberto, todos afirmarão: "Foi um roubo vergonhoso. O homem deve ser colocado na prisão!". No entanto, irmãos, a ação foi errada em si, e as consequências não a tornam melhor ou pior. Não o condenem amargamente, mas orem sempre: "não nos induzas à tentação. Não nos induzas à tentação". Vejam, Deus coloca os homens em tais posições na providência, às vezes, para que eles sejam duramente provados. É para seu bem que são provados, e quando perseveram na prova, eles magnificam Sua graça e se tornam homens mais fortes. O teste tem utilidade benéfica quando pode ser suportado, e Deus, portanto, nem sempre protege Seus filhos dele. Nosso Pai celestial jamais quis nos aconchegar e nos guardar da tentação, uma vez que isso não é parte do sistema que Ele sabiamente planejou para nossa educação. Ele não deseja que sejamos bebês em carrinhos por

---

[54] "Custódia é o serviço de **guarda**, manutenção, atualização e exercício de títulos e ativos negociados no mercado. Com ela, os **direitos** dos títulos adquiridos ficam depositados em nome dos investidores, sob a responsabilidade de uma terceira parte — o **custodiante**." (fonte: https://www.sunoresearch.com.br/artigos/custodia/)

toda nossa vida. Deus criou Adão e Eva no jardim e não colocou uma cerca de ferro ao redor da árvore do conhecimento, dizendo: "Vocês não poderão alcançá-la". Não, Ele lhes advertiu que não tocassem no fruto, mas poderiam chegar à árvore se quisessem. Deus desejava que eles tivessem a possibilidade de conquistar a dignidade da fidelidade voluntária se permanecessem firmes. Mas eles a perderam por seu pecado. E Deus deseja em Sua nova criação não proteger Seu povo de todo tipo de teste e provação porque isso seria criar hipócritas e manter os fiéis fracos e diminuídos. O Senhor, às vezes, coloca os escolhidos onde são provados, e nós fazemos bem em orar: "não nos induzas à tentação".

E há tentações que surgem de *condições físicas*. Há alguns homens que são muito morais no caráter porque usufruem de boa saúde. E há outros que são muito maus que, não duvido, se soubéssemos tudo sobre eles, deveriam ter alguma leniência demonstrada a eles por causa da infeliz conformação de sua compleição. Ora, há muitas pessoas para quem ser alegre e generoso não é esforço algum, ao passo que há outros que precisam se esforçar para se distanciar do desespero e da depressão. Fígados doentes, corações palpitantes e cérebros feridos são coisas difíceis de se combater. Aquela pobre senhora reclama? Ela sofre de reumatismo há 30 anos e, mesmo assim, só murmura de vez em quando! Como você ficaria se sentisse as dores dela por 30 minutos? Ouvi sobre um homem que reclama de todo mundo. Quando ele morreu e os médicos foram fazer autópsia em seu crânio, descobriram que ele tinha uma caixa craniana muito apertada o que tornava seu cérebro irritável. Isso não explica muitos de seus duros discursos? Não estou mencionando essas questões para desculpar o pecado, mas para fazer vocês e eu tratarmos essas pessoas com a máxima gentileza possível, e orar: "Senhor, não me dê tal caixa craniana e não permitas que eu tenha esse reumatismo ou essas dores porque sob tais torturas eu poderia ser muito pior que eles. Não nos induzas à tentação".

Então, novamente, as *condições mentais* muitas vezes nos suprem com grandes tentações. Quando um homem se torna deprimido, ele é tentado. Aqueles entre nós que muito se alegram com frequência também se afundam, da mesma maneira que nos reerguemos. E quando tudo parece escuro ao nosso redor, Satanás certamente aproveita a situação para sugerir o desânimo. Deus não permita que nos escusemos, mas, querido irmão, ore para que você não seja induzido a essa tentação. Talvez se você fosse tantas vezes sujeito ao nervosismo e ao abatimento de espírito como aquele amigo a quem você culpa de melancolia, você poderia ser ainda mais culpável do que ele. Portanto, tenha piedade em vez de condenar.

Por outro lado, quando os espíritos estão regozijando e o coração está pronto a dançar de alegria, é muito fácil a frivolidade entrar em cena e palavras inadequadas serem ditas. Ore para que o Senhor não permita que você se eleve tanto ou se afunde muito de forma a ser induzido pelo diabo. "Não nos induzas à tentação", deve ser a nossa oração constante.

Além disso, há tentações que surgem das *associações pessoais,* que são formadas para nós a fim de nos trazer providência. Somos ordenados a evitar as más companhias, no entanto, há casos em que, sem que haja culpa da parte delas, as pessoas são forçadas a se associar com maus-caracteres. Posso trazer o caso do filho piedoso cujo pai é um blasfemo. E a santa mulher, que se converteu mais tarde, cujo marido ainda é um praguejador e blasfema o nome de Cristo. Acontece o mesmo com o trabalhador que tem de trabalhar em lojas onde os libertinos a quem, a cada meia-dúzia de palavras, escapa-lhes uma injúria e derramam aquela linguagem imunda que nos choca a cada dia mais. Penso que nossos trabalhadores em Londres falam de maneira mais suja do que antes, pelo menos eu ouço mais disso à medida que caminho ou paro pelas ruas. Bem, se as pessoas têm de trabalhar nessas lojas, ou viver com tais familiares, pode chegar um momento em que, sob o chicote da zombaria, ou do desdém, ou do sarcasmo, o coração pode ficar um tanto desanimado e a língua se recuse a falar por Cristo. Tal silêncio e covardia não podem ser desculpados, mesmo assim não censure seu irmão, ao contrário, diga: "Senhor, não nos induzas à tentação". Como você pode ter certeza de que seria mais ousado? Pedro cedeu diante de uma moça faladeira, e você pode se acovardar pela língua de uma mulher. A pior tentação que eu conheço, para um jovem cristão, é conviver com um hipócrita — um homem tão santificado e recatado, que o jovem coração, enganado pelas aparências, acredita plenamente nele enquanto o perverso é falso em seu coração e tem uma vida podre. E há perversos que, com a pretensão e a dissimulação da falsa devoção, farão obras diante das quais podemos chorar lágrimas de sangue. Os jovens ficam terrivelmente cambaleantes e muitos deles se tornam deformados para o resto da vida em suas características espirituais por meio de associações como essas. Quando você vê falhas causadas por essas causas tão horríveis, mas comuns, diga a si mesmo: "Senhor, não me induzas à tentação. Agradeço-te pelos pais piedosos, pelas companhias cristãs e pelos bons exemplos. Mas o que eu seria se estivesse sujeito ao oposto disso? Se as más influências tivessem me tocado quando, como um vaso, eu estava sobre a roda, eu poderia exibir fracassos ainda mais grosseiros do que esses que agora vejo em outros".

Assim, devo continuar a encorajá-los, queridos amigos, contra as várias tentações. Porém, deixem-me dizer-lhes que o Senhor tem *testes muito especiais* para alguns homens, como o que pode ser visto no caso de Abraão. O Senhor lhe dá um filho em sua idade avançada e depois lhe diz: "Toma agora o teu filho, o teu único filho, Isaque, a quem amas [...] e oferece-o ali em holocausto". Vocês farão bem em orar: "Senhor, não me induzas a uma tentação como essa. Não sou digno de ser provado assim. Ó, não me testes desse modo". Conheço alguns cristãos que se sentam e calculam se poderiam ter agido como o patriarca o fez. Isso é muita tolice, irmãos e irmãs. Quando vocês forem chamados a fazê-lo, serão capacitados a fazer o mesmo sacrifício, pela graça de Deus. Contudo, se não foram chamados para isso, por que o poder lhes seria concedido? A graça de Deus poderia ficar sem uso? A sua força será proporcional ao seu dia, ela nunca o excederá. Eu lhes recomendaria que pedissem para serem poupados de provas mais austeras.

Outro exemplo é visto em Jó. Deus o entregou a Satanás estabelecendo um limite, e vocês sabem como Satanás o atormentou e tentou esmagá-lo. Se algum homem fosse orar "Senhor, prova-me como a Jó", essa seria uma oração muito tola. "Ó, mas eu poderia ser tão paciente quanto ele", você diz. Mas você seria o homem que mais se entregaria à amargura e amaldiçoaria a seu Deus. Aquele que melhor exibiria a paciência de Jó seria o primeiro que oraria com fervor: "não nos induzas à tentação", como ordenou o seu Senhor. Queridos amigos, devemos estar preparados para provações, se Deus assim quiser, mas não devemos cortejá-las, ao contrário devemos orar contra elas, como nosso Senhor Jesus que, embora pronto para beber o cálice amargo, mesmo em agonia, clamou: "se é possível, passa de mim este cálice". As provações que procuramos não são aquelas que o Senhor prometeu abençoar. Nenhum filho verdadeiro pede pela vara.

Para falar de modo que será claramente entendido, permitam-me contar uma velha história. Eu li que havia dois homens condenados à morte como mártires nos chamejantes dias da Rainha Maria[55]. Um deles vangloriou-se em alta voz para seu companheiro sobre sua confiança de que seria valente na fogueira. Não se importava com o sofrimento. Estava tão fundamentado no evangelho que sabia que jamais o negaria. Disse que ansiava pela fatídica manhã, como a noiva por sua cerimônia de casamento. Seu companheiro de cela na prisão era uma pobre alma trêmula, que não poderia negar, e não negaria,

---

[55] Rainha Maria (1516–58), filha do rei Henrique VIII (1491–1547) e Catarina de Aragão (1485–1536). Tendo subido ao trono como sucessora de seu meio-irmão, Eduardo VI, a rainha Maria buscou restaurar a Inglaterra ao Catolicismo romano, desfazendo a Igreja da Inglaterra estabelecida por seu pai. Durante seu governo de 5 anos, 300 protestantes foram condenados à morte, o que lhe valeu o apelido de Maria, a sangrenta.

seu Mestre, mas disse ao outro que estava com muito medo do fogo. Disse que sempre fora muito sensível ao sofrimento e que estava em grande pavor de que, quando começasse a queimar, a dor o levasse a negar seu Mestre. Implorou a seu amigo para que orasse por ele e passou seu tempo em muito pranto sobre a sua fraqueza e clamando a Deus por força. O outro o repreendia continuamente e o reprovava por ser tão incrédulo e fraco. Quando chegaram à fogueira, aquele que fora tão ousado renunciou à vista do fogo e retornou vergonhosamente à vida de um apóstata, ao passo que o pobre trêmulo, cuja oração havia sido "não me induzas à tentação", permaneceu firme como uma rocha, louvando e magnificando a Deus enquanto queimava até as cinzas. A fraqueza é nossa força, e a força é nossa fraqueza. Clame a Deus que Ele não o prove além de suas forças e, na humilde ternura da consciência de sua fraqueza, suspire a oração: "não nos induzas à tentação". Então, se Ele o conduzir ao conflito, Seu Santo Espírito o fortalecerá e você será forte como um leão diante do adversário. Embora tremendo e encolhendo-se dentro de si mesmo diante do trono de Deus, você poderia confrontar o diabo em pessoa e as hostes infernais sem um grama de temor. Pode parecer estranho, mas é assim que é.

3. E agora concluirei com o último título — AS LIÇÕES QUE ESSA ORAÇÃO NOS ENSINA. Não tenho tempo para me delongar. Vou expô-las rapidamente e a grosso modo.

A primeira lição dessa oração "não nos induzas à tentação" é esta: *nunca se vanglorie de sua própria força*. Jamais diga: "Ó, eu nunca cairei em tais tolices e pecados. Eles podem me provar, mas vão encontrar um bom páreo em mim". Que não se vanglorie aquele que veste seus arreios, como se os estivesse removendo. Nunca se permita sequer um pensamento de congratulação quanto à sua força. Você não tem força por si mesmo. É tão fraco como a água. O diabo só precisa tocá-lo no lugar certo, e você correrá de acordo com a vontade dele. Deixe apenas uma ou duas pedras soltas, e verá que esse frágil edifício de sua virtude natural virá a baixo de uma vez. Nunca corteje a tentação ao se vangloriar de sua própria capacidade.

A próxima coisa é, *nunca deseje uma provação*. Alguém faz isso? Sim! Outro dia, ouvi alguém dizer que Deus o fizera próspero por tantos anos que ele temia não ser filho de Deus, porque descobriu que os filhos de Deus eram castigados; portanto, ele quase desejava ser afligido. Queridos irmãos e irmãs, não desejem isso. Vocês logo encontrarão problemas. Se eu fosse um garotinho em casa, não acho que diria a meu irmão, por ele ter apanhado: "Tenho medo de não ser filho de meu pai, e acho que ele não me ama porque não estou sendo ferido pela vara. Gostaria de que ele me chicoteasse só para conhecer seu amor". Não, nenhuma criança seria tão tola. Por motivo algum devemos desejar sermos afligidos ou provados, mas devemos orar: "não me induzas à tentação".

O pensamento seguinte é: *nunca entre em tentação*. O homem que ora "não nos induzas à tentação" e depois vai a ela é um mentiroso diante de Deus. Que hipócrita deve ser o homem que declara essa oração e depois vai ao teatro[56]. Como é falso aquele que oferece essa prece e vai ao bar beber e conversar com homens depravados e mulheres espalhafatosas. "Não nos induzas à tentação" é uma vergonhosa profanação quando vem de lábios dos homens que visitam lugares de diversão cujo tom moral é ruim. Vocês dizem: "Você não deveria nos dizer essas coisas". Por que não? Alguns de vocês as praticam, e tenho a ousadia de repreender o mal onde quer que ele se encontre, e o farei enquanto minha língua puder se mover. Há um mundo de hipocrisia ao nosso redor. As pessoas vão à igreja e dizem "não nos induzas à tentação", e quando sabem onde podem encontrar a tentação, vão direto para ela. *Vocês* não precisam pedir ao Senhor que não os induza para lá; Ele não tem nada a ver com vocês. O

---

[56] No século 19, quando Spurgeon exerceu seu ministério, o teatro era visto como uma atividade imoral.

diabo e vocês, entre vocês dois, irão longe o suficiente sem zombar de Deus com suas orações hipócritas. O homem que se dirige ao pecado voluntariamente com seus olhos abertos e depois dobra os joelhos e diz meia-dúzia de vezes "não nos induzas à tentação" em sua igreja, aos domingos pela manhã, é um hipócrita sem uma máscara. Que ele a leve para casa, e, creia-me, eu desejo ser bem pessoal com ele e com os hipócritas descarados como ele.

A última palavra é, se vocês orarem para que Deus não os induza à tentação, também *não induzam os outros a ela*. Alguns tendem a ser particularmente esquecidos do efeito do exemplo deles, pois farão coisas ruins na presença de seus filhos e para aqueles que os têm como modelo. Agora imploro que considerem que, pelo mau exemplo, vocês destroem tanto os outros como a si mesmos. Não façam nada, meus queridos irmãos e irmãs, de que tenham de se envergonhar, ou que não gostariam que os outros imitassem. Façam o que é correto em todo o tempo e não permitam que Satanás faça vocês de tolos para destruir a alma dos outros. Vocês oram "não nos induzas à tentação"? Então, não induzam seus filhos a ela. Eles são convidados, durante as épocas festivas, para ir à festa da família do Fulano-de-tal onde haverá tudo, menos aquilo que beneficiaria seu crescimento espiritual ou até sua boa moral. Não lhes permita ir. Bata firme o pé. Seja firme quanto a isso. Depois de orar "não nos induzas à tentação", não ajam como os hipócritas ao permitir que seus filhos vão àquele lugar.

Deus abençoe essas palavras para nós. Que elas penetrem nossa alma, e se alguém sentir que pecou, que possa pedir perdão por meio do precioso sangue de Cristo e encontre esse perdão pela fé no Senhor. Quando tiverem obtido misericórdia, que seu próximo desejo seja de serem, no futuro, preservados de pecar como fizeram antes. Portanto que orem "não nos induzas à tentação". Deus os abençoe!

10

A PERPETUIDADE DA LEI DE DEUS[57]

Porque em verdade vos digo que,
até que o céu e a terra passem, nem um jota ou um til
se omitirá da lei sem que tudo seja cumprido.
(Mateus 5:18)

Já foi dito que aquele que entende as duas alianças é um teólogo, e isso é, sem dúvida, verdadeiro. Também posso dizer que o homem que entende as posições relativas da lei e do evangelho tem as chaves da situação na questão da doutrina. O relacionamento da Lei comigo e como ela me condena, a relação do evangelho comigo e como, se eu nele crer, ele me justifica — esses são dois pontos que todo cristão deveria entender claramente. Ele não deveria ver os homens "como árvores que andam" nesse quesito, ou poderia causar a si mesmo grande sofrimento e cair em erros que

---
[57] Este sermão foi pregado no Metropolitan Tabernacle em 21 de maio de 1882.

são dolorosos ao coração e prejudiciais à sua vida. Formar um amontoado da Lei e do evangelho é ensinar aquilo que não é nem a Lei nem o evangelho, mas o contrário de ambos. Que o Espírito de Deus seja nosso Mestre, e que a Palavra do Senhor seja nosso livro didático, então não erraremos.

Muitos grandes erros já foram cometidos a respeito da Lei. Não muito tempo atrás, havia aqueles que afirmavam que ela havia sido totalmente revogada e abolida e ensinavam abertamente que os crentes não estavam comprometidos a fazer da Lei moral a regra de sua vida. O que seria pecado em outros homens, eles não consideravam pecado em si mesmos. Que Deus nos livre desse antinomianismo[58]. Não estamos sob a Lei como um meio de salvação, mas nos deleitamos em ver a Lei nas mãos de Cristo e desejamos obedecer o Senhor em todas as coisas. Outros já se encontraram com aqueles que ensinam que Jesus mitigou e suavizou a Lei, e, com efeito, eles afirmam que a perfeita Lei de Deus era muito dura para seres imperfeitos, portanto, Deus nos deu uma regra mais branda e fácil. Isso coloca o pé perigosamente à beira de terrível erro, embora creiamos que eles estejam pouco cientes disso. Infelizmente já nos deparamos com autores que vão muito além disso e atacam a Lei. Ó, as duras palavras que tenho, por vezes, lido contra a santa Lei de Deus! Quão contrárias àquelas que o apóstolo usou quando afirmou: "a lei é santa; e o mandamento, santo, justo e bom"! Quão diferentes do espírito reverente que o levou a exclamar: "segundo o homem interior, tenho prazer na lei de Deus"! Vocês sabem o quanto Davi amava a Lei de Deus e cantou seus louvores por todo o mais longo dos Salmos. O coração de todo cristão verdadeiro é muito reverente em relação à Lei do Senhor. Ela é perfeita. Não, é a própria perfeição. Cremos que jamais alcançaremos a perfeição até que estejamos perfeitamente conformados a ela. Uma santificação que se aproxime da perfeita

---
[58] Doutrina que prega que os cristãos, por causa da salvação pela graça mediante a fé, estão livres do cumprimento da Lei.

conformidade à Lei não pode ser chamada de perfeita santificação, pois, se a conformidade não for exata à Lei perfeita, é pecado. Que o Espírito de Deus nos ajude enquanto, em imitação a nosso Senhor Jesus, nós nos esforçamos para magnificar a Lei.

De nosso texto, reúno duas coisas sobre as quais falarei agora. A primeira é que *a Lei de Deus é perpétua*: "até que o céu e a terra passem, nem um jota ou um til se omitirá da lei". O significado é que até no menor dos pontos ela deve permanecer até que esteja toda cumprida. A segunda, percebemos que *a lei precisa ser cumprida*. "…nem um jota ou um til se omitirá da lei sem que tudo seja cumprido". Aquele que veio trazer a dispensação do evangelho afirma aqui que não veio para destruir a Lei, mas para cumpri-la.

1. A LEI DE DEUS PRECISA SER PERPÉTUA. Não há revogação dela, nem emendas. Ela não é abrandada ou ajustada à nossa condição caída, mas todos os justos julgamentos do Senhor permanecem para sempre. Vou ressaltar três razões que estabelecerão esse ensino.

Primeiro, *nosso Senhor Jesus declara que não veio aboli-la*. Suas palavras são muito exatas: "Não cuideis que vim destruir a lei ou os profetas; não vim ab-rogar, mas cumprir". E Paulo nos diz, com relação ao evangelho: "anulamos, pois, a lei pela fé? De maneira nenhuma! Antes, estabelecemos a lei" (Rm 3:31). O evangelho é o meio do firme estabelecimento e da vindicação da Lei de Deus.

Jesus não veio para mudar a Lei, mas para explicá-la, e esse fato demonstra que ela permanece, pois não há necessidade de explicar aquilo que deve ser ab-rogado. Sobre um ponto em particular no qual parece que havia um pequeno cerimonialismo envolvido, a saber, a guarda do *Shabbat*, nosso Senhor o ampliou e mostrou que a ideia judaica não era a verdadeira. Os fariseus proibiam até fazer as obras de necessidade e misericórdia, como debulhar a espiga de milho, para satisfazer o faminto e curar os doentes. Nosso Senhor Jesus mostrou que proibir essas coisas não estava totalmente de acordo com a mente de Deus. Ao esforçar-se na letra e levar as observâncias exteriores ao excesso, eles haviam perdido o espírito da lei do *Shabbat*, que sugeria obras de piedade como verdadeiramente santificadoras do dia. Mostrou-lhes que o descanso sabático não era mera inatividade e disse-lhes: "Meu Pai trabalha até agora, e eu trabalho também". Mostrou os sacerdotes que trabalhavam duro na oferta de sacrifícios e falou a seu respeito: "os sacerdotes no templo violam o sábado e ficam sem culpa". Estavam cumprindo o serviço divino e estavam dentro da Lei. Para tratar de um erro popular, Ele tomou o cuidado de fazer alguns de Seus maiores milagres no *Shabbat*, e isso despertou grande ira contra Ele como se fosse um descumpridor da Lei. E, mesmo assim, Ele o fez com o propósito de que eles pudessem ver que o *Shabbat* era feito para o homem e não o homem para o *Shabbat*, o objetivo era que fosse um dia de fazer aquilo que honra a Deus e abençoa o homem. Como seria bom se os homens guardassem o *Shabbat* espiritual, cessando todo trabalho servil, todo trabalho feito em prol do interesse próprio. O restante da fé é o verdadeiro *Shabbat*, e o culto a Deus é o mais aceitável para santificar o dia. Como seria bom se o dia fosse totalmente passado servindo a Deus e fazendo o bem! A somatória do ensinamento de nosso Senhor era de que as obras de necessidade, de misericórdia e de piedade são legítimas no *Shabbat*. Ele explicou a Lei neste ponto e em outros, embora essa explicação não tivesse alterado o mandamento, mas apenas removido a ferrugem da tradição que se estabelecera sobre ela. Quando Ele assim explica a Lei, Ele a confirma. Não desejava aboli-la ou não teria necessidade de explicá-la.

Além de explaná-la, o Mestre foi adiante, Ele destacou seu caráter espiritual. Isso os judeus não observavam. Eles pensavam, por exemplo, que o mandamento "Não matarás" proibia simplesmente o assassinato e o homicídio culposo. No entanto, o Salvador mostrou que a ira sem causa viola a Lei, que palavras duras e xingamentos e todas as demais formas de exibição de inimizade e malícia são proibidos pelo mandamento. Eles sabiam que não poderiam cometer adultério, mas não entrava em sua mente que o desejo lascivo seria uma ofensa contra o preceito, até que o Salvador disse: "qualquer que atentar numa mulher para a cobiçar já em seu coração cometeu adultério com ela". Mostrou que o pensamento sobre o mal é pecado, que uma imaginação impura polui o coração e que o desejo devasso é culpado diante dos olhos do Altíssimo. Certamente isso não era revogação da Lei de Deus; era uma maravilhosa exibição da extensão da sabedoria e do caráter perscrutador que ela tem. Os fariseus imaginavam que, se guardassem suas mãos, pés e língua, estava tudo coberto, mas Jesus esclareceu que o pensamento, a imaginação, o desejo, a memória, tudo, devem ser trazidos à sujeição à vontade de Deus, ou a Lei não seria cumprida. Que doutrina examinadora e que nos traz à humildade é essa! Se a Lei do Senhor alcança as partes mais interiores, quem, dentre nós, pode, por sua natureza, suportar seu julgamento? Quem pode entender seus próprios erros? Purifica-me de falhas secretas! Os Dez Mandamentos são cheios de significado, que muitos parecem ignorar. Por exemplo, muitos homens permitirão entrar e cercar sua casa a desatenção às regras de saúde e as precauções sanitárias, mas não lhes ocorre que estão calcando o mandamento "Não matarás". Embora essa regra proíba que façamos qualquer coisa que possa causar prejuízo à saúde de nosso próximo, e, assim, privá-lo da vida. Muitos artigos mortalmente manufaturados, muitas lojas mal ventiladas, muitas horas de trabalho excessivo são quebras constantes desse mandamento. Deveria eu falar menos das bebidas que levam tão rapidamente às doenças e à morte e lotam nossos cemitérios com túmulos prematuros? Então, também em referência a outro preceito, algumas pessoas repetirão canções e histórias que sugerem impureza — gostaria que isso não fosse tão comum quanto é. Eles não sabem que uma palavra imoral, o duplo sentido, uma sutil insinuação de luxúria, tudo está abarcado no mandamento "Não adulterarás"? Isso está muito de acordo com o ensinamento de nosso Senhor Jesus. Ó, não me falem sobre o Senhor trazendo uma Lei mais branda porque o homem não conseguiria cumprir o Decálogo, pois Ele não fez nada desse tipo. "Em sua mão tem a pá, e limpará a sua eira". "Mas quem suportará o dia da sua vinda? [...] Porque ele será como o fogo do ourives e como o sabão dos lavandeiros." Não ousemos sonhar que Deus nos tivesse dado uma Lei perfeita que nós, pobres criaturas, não pudéssemos guardar, e que, portanto, Ele corrigiu Sua legislatura e enviou Seu Filho para nos colocar sob uma disciplina mais frouxa. Nada disso! O Senhor Jesus, pelo contrário, demonstrou quão intimamente a Lei cerca e entra em nossos mais profundos recônditos, para nos convencer do pecado interior mesmo que pareçamos limpos no exterior. Ah, essa Lei é elevada, não consigo atingi-la. Ela me cerca por todos os lados, acompanha-me à minha cama e em minhas refeições, segue meus passos e sinaliza meu caminho onde quer que eu esteja. Em nenhum momento ela cessa de governar e exigir obediência. Ó Deus, estou de todo condenado! Por onde quer que eu vá, Tua Lei me revela meus sérios desvios do caminho da retidão e me mostra como estou destituído de Tua glória. Tem piedade de Teu servo, pois corro para o evangelho, que fez por mim o que a Lei jamais poderia fazer —

Ver a Lei por Cristo cumprida,
E ouvir Sua voz perdoadora,
Transforma em filho a pessoa escravizada,
E o dever em escolha abençoadora.

Nosso Senhor Jesus Cristo, além de explicar a Lei e destacar seu caráter espiritual, também revelou sua essência viva porque quando alguém lhe perguntou "qual é o grande mandamento da lei?", Ele respondeu: "Amarás o Senhor, teu Deus, de todo o teu coração, e de toda a tua alma, e de todo o teu pensamento. Este é o primeiro e grande mandamento. E o segundo, semelhante a este, é: Amarás o teu próximo como a ti mesmo. Desses dois mandamentos dependem toda a lei e os profetas". Em outras palavras, Ele nos disse: "Porque toda a lei se cumpre nisto: amar". Aí está a seiva e a medula dela. Algum homem me dirá: "Você vê então que em vez de dez mandamentos, recebemos dois mandamentos e esses são muito mais fáceis". Respondo que essa leitura da Lei não é nem um pouco mais fácil. Tal afirmação implica a falta de reflexão e de experiência. Esses dois preceitos compreendem os dez em sua máxima extensão e não podem ser considerados como a exclusão de um jota ou til dela. Seja qual for a dificuldade que cerque os Dez Mandamentos ela também é encontrada nos dois, que são o seu resumo e essência. Se você ama a Deus com todo seu coração, deve guardar a primeira tábua [da Lei]; e se ama seu próximo como a si mesmo, deve guardar a segunda. Se alguém supõe que a lei do amor é uma adaptação da lei moral à condição decaída dos homens, comete grande erro. Posso somente dizer que a tal adaptação não é mais adaptada a nós do que a Lei original. Se puder ser concebida alguma diferença em dificuldade, poderia ser mais fácil guardar os dez do que os dois, pois se não formos além da letra, os dois são mais exigentes, uma vez que lidam com o coração, a alma e a mente. Os Dez Mandamentos significam tudo o que os dois expressam. Contudo, se esquecermos disso e olharmos apenas para suas palavras, eu digo que é mais difícil o homem amar a Deus com todo seu coração, toda sua alma, toda sua mente e toda a sua força e seu próximo como a si mesmo, do que seria meramente se abster de matar, roubar e dar falso testemunho. Portanto, Cristo não revogou a Lei ou a moderou para atender a nossa incapacidade. Ele a deixou em sua sublime perfeição, como sempre deve ser feito, e salientou quão profundos são seus alicerces, quão elevada a sua altura, quão imensuráveis seu comprimento e largura. Como a lei dos medos e dos persas, os mandamentos divinos não podem ser alterados; somos salvos por outro método.

A fim de demonstrar que jamais intentou ab-rogar a Lei, nosso Senhor Jesus incorporou todos os mandamentos em Sua vida. Em

Sua pessoa havia uma natureza perfeitamente adequada à Lei de Deus, e Sua vida era tal qual Sua natureza. Ele podia dizer: "Quem dentre vós me convence de pecado?". E novamente: "eu tenho guardado os mandamentos de meu Pai e permaneço no seu amor". Não posso dizer que Jesus era meticulosamente cuidadoso em cumprir a Lei. Não o colocarei dessa forma, pois não havia nele tendência de fazer de outra forma. Ele era tão perfeito em Sua natureza e tão puro, tão infinitamente bom e tão completo em Sua concordância e comunhão com o Pai, que em todas as coisas cumpria a vontade do Pai. Deus, o Pai, disse dele: "Este é o meu Filho amado, em quem me comprazo". Apontem, se conseguirem, uma maneira na qual Cristo tenha violado a Lei ou deixado de cumpri-la. Jamais houve um pensamento impuro ou um desejo rebelde em Sua alma. Não tinha nada de que se arrepender ou retratar; não poderia acontecer de que Ele errasse. Foi tentado três vezes no deserto, e o inimigo teve a impertinência de lhe sugerir a idolatria, mas Ele instantaneamente expeliu o adversário. O príncipe deste mundo veio a Ele, mas não encontrou nada nele —

Meu querido Redentor e meu Senhor,
Em Tua Palavra, sobre meu dever leio.
Mas, em Tua vida, a Lei aparece
Desenhada em letras viventes.

Agora, se essa Lei tivesse sido muito elevada e muito difícil, Cristo não a teria exibido em Sua vida. Porém, como nosso exemplo, Ele teria apresentado aquele tipo mais brando de Lei que alguns teólogos supõem que Ele veio introduzir. Na mesma medida que nosso Líder e Modelo exibiu-nos em Sua vida uma obediência perfeita aos sagrados mandamentos em sua total grandiosidade, concluo que Ele deseje que esse seja o modo de nossa conversa. Nosso Senhor não eliminou sequer um ponto ou pináculo desse elevado alpe de perfeição. Ele disse: "Eis aqui venho (no princípio do livro está escrito de mim), para fazer, ó Deus, a tua vontade"; "...a tua lei está dentro do meu coração"[59], e bem justificou a escritura do Livro. "Deus enviou seu Filho, nascido de mulher, nascido sob a lei", e, por amor a nós, estando sob a Lei, Ele a obedeceu completamente, de forma que agora "o fim da lei é Cristo para justiça de todo aquele que crê".

Mais uma vez, é claro que nosso Mestre não veio para alterar a Lei porque ao incorporá-la em Sua vida, Ele voluntariamente se entregou para suportar a penalidade dela, embora jamais a tivesse quebrado, sofrendo o castigo por nós, como está escrito: "Cristo nos resgatou da maldição da lei, fazendo-se maldição por nós". "Todos nós andamos desgarrados como ovelhas; cada um se desviava pelo seu caminho, mas o SENHOR fez cair sobre ele a iniquidade de nós todos". Se a Lei houvesse exigido mais de nós do que deveria, o Senhor Jesus teria pagado a ela a penalidade que resultava de suas exigências muito severas? Tenho certeza de que não. Contudo, porque a Lei demandava apenas aquilo que poderia — a saber, a perfeita obediência — e exigia do transgressor somente o que deveria — a saber, a morte como pena pelo pecado, a morte sob a ira divina —, portanto o Salvador foi para a cruz e lá suportou nossos pecados e os purgou de uma vez por todas. Foi esmagado sob a carga de nossa culpa e bradou: "A minha alma está cheia de tristeza até à morte". E, por fim, depois de aguentar —

Tudo o que o Deus encarnado poderia suportar,
Com força suficiente, mas não para reservar,

Ele inclinou Sua cabeça e disse: "Está consumado". Nosso Senhor Jesus Cristo deu maior vindicação à Lei ao morrer, porque ela havia sido quebrada, do que todos os perdidos no inferno jamais poderiam dar por meio de seu tormento, pois seu sofrimento nunca está

---

[59] Aqui Spurgeon citou dois versículos como se fossem um: Hebreus 10:7 e Salmo 40:8.

completo, sua dívida jamais é paga. Todavia, o Senhor suportou tudo que era devido por Seu povo, e a Lei não foi em nada defraudada. Por Sua morte, Jesus vindicou a honra do governo moral de Deus e tornou justo que Ele fosse misericordioso. Quando o próprio Legislador se submete à Lei, quando o próprio Soberano suporta a extrema penalidade da Lei, então a justiça de Deus é colocada sobre tal glorioso e elevado trono, que todos os mundos que o admiram devem se maravilhar disso. Se, portanto, está claramente provado que Jesus foi obediente à Lei, até o ponto de morte, Ele certamente não veio para aboli-la ou revogá-la; e se *Jesus* não a removeu, quem poderá fazê-lo? Se Ele declara que veio para estabelecê-la, quem porá nela um fim?

Porém em segundo, a Lei de Deus deve ser perpétua *por sua própria natureza*, pois não lhes admira que no momento em que pensam nela, aquilo que é certo deverá ser sempre certo, a verdade deverá sempre ser verdade e a pureza, sempre pura? Antes dos Dez Mandamentos serem promulgados no Sinai, ainda havia a mesma lei do certo e errado colocada sobre os homens pela necessidade de eles serem criaturas de Deus. O certo sempre foi certo, antes de que um único mandamento tivesse sido registrado em palavras. Quando Adão estava no jardim, sempre foi correto que ele amasse seu Criador, e seria sempre errado que estivesse em oposição ao seu Deus. E não importa o que aconteça neste mundo, quais mudanças ocorram no Universo, nunca poderá ser correto mentir, ou cometer adultério, ou assassinato, ou roubo, ou adorar um ídolo. Não estou dizendo que os princípios de certo e errado são absolutamente autoexistentes como Deus, mas digo que não posso entender a ideia do próprio Deus como existindo à parte de Seu ser sempre santo e sempre verdadeiro, de modo que a ideia de certo e errado me parece ser necessariamente permanente e não pode ser mudada. Você não pode trazer o certo para um nível inferior, ele tem de ficar onde sempre esteve, o certo é sempre certo eternamente e não pode ser errado. Não se pode erguer o errado e torná-lo, de alguma forma, em correto; ele tem de permanecer errado enquanto o mundo permanecer. O céu e a Terra podem passar, mas nem a menor letra ou acento da Lei moral pode mudar. Em seu espírito a Lei é eterna.

Suponham, por um momento, que fosse possível moderar ou abrandar a Lei, o que ela se tornaria? Confesso que não sei e não consigo imaginar. Se ela é perfeitamente santa, como pode ser alterada a menos que seja feita imperfeita? Vocês desejariam isso? Poderiam adorar o Deus de uma Lei imperfeita? Pode ser verdadeiro que Deus, para nos favorecer, nos colocasse sob uma Lei imperfeita? Isso seria bênção ou maldição? Alguns dizem que o homem não consegue cumprir uma Lei perfeita, e Deus não exige que o faça. Alguns teólogos modernos têm ensinado isso, espero que por inadvertência. Deus promulgou uma Lei imperfeita? Seria a primeira coisa imperfeita que ouvi que Ele tivesse feito. Afinal, será que isso significa que o evangelho é a proclamação de que Deus vá se satisfazer com a obediência a uma Lei mutilada? Deus não o permita! Digo que é melhor que nós pereçamos do que Sua Lei perfeita pereça. Por mais que ela seja terrível, está no alicerce da paz do Universo e deve ser honrada sob todos os perigos. Se ela se for, tudo mais se perderá. Quando o poder do Espírito Santo me convenceu do pecado, senti tal temor solene da Lei de Deus que, lembro-me bem, caí prostrado sob ela como um pecador condenado e, mesmo assim, admirei e glorifiquei a Lei. Eu não poderia desejar que essa Lei perfeita fosse mudada por minha causa. Na verdade eu senti que, mesmo que minha alma fosse lançada nas profundezas do inferno, ainda assim Deus seria exaltado por Sua justiça, e Sua Lei cumprida e honrada por sua própria perfeição. Eu não desejaria alterá-la mesmo que para salvar minha alma. Irmãos, a Lei do Senhor deve permanecer, pois é perfeita e, portanto, não tem em si qualquer elemento de declínio ou mudança.

A Lei de Deus não é mais do que Deus poderia, com muita justiça, pedir de nós. Se Deus quisesse nos dar uma Lei mais tolerante, seria uma admissão de Sua parte de que pediu demais inicialmente. Isso poderia ser concebido? No fim das contas, haveria uma justificativa para a afirmação do servo mau e negligente quando ele disse: "tive medo de ti, que és homem rigoroso"? Não poderia ser assim. Deus alterar Sua Lei seria uma admissão de que Ele cometeu um erro com a primeira, que colocou pobres homens imperfeitos (ouvimos isso dito com frequência) sob regime tão rigoroso, portanto, agora Ele está preparado para diminuir Suas reivindicações e fazê-las mais razoáveis. Diz-se que a inabilidade moral do homem de guardar a Lei perfeita o isenta do dever de cumpri-la. Isso é muito plausível, mas totalmente falso. A falta de capacidade do homem não é do tipo que remove a responsabilidade; ela é moral, não física. Nunca caiam no erro de que a incapacidade moral será uma desculpa para o pecado. O quê? Quando um homem se torna tão mentiroso que não consegue falar a verdade, ele se torna, portanto, isento do dever de ser verdadeiro? Se seu servo lhe deve um dia de trabalho, ele fica livre do dever porque se tornou tão ébrio que não pode lhe servir? Um homem fica livre da dívida pelo fato de ter desperdiçado o dinheiro e não poder lhe pagar? O lascivo é livre para desfrutar de suas paixões porque não consegue entender a beleza da castidade? Essa é uma doutrina perigosa. A Lei é uma só, o homem está a ela obrigado, embora seu pecado o tornou incapaz de cumpri-la.

Ademais, a Lei não exige mais do que aquilo que é bom para nós. Não há sequer um mandamento da Lei de Deus que não seja um tipo de sinal de perigo, como os que colocamos sobre o gelo quando ele é muito fino para suportar o peso. Cada mandamento nos diz algo como "Perigoso". Fazer o que Deus proíbe nunca será para o bem do homem. Deixar incompleta qualquer coisa que Deus ordene fazer jamais será para a alegria verdadeira e final do homem. As orientações mais sábias para a saúde espiritual, e para que se evite o mal, são aquelas que nos são dadas com relação ao certo e errado na Lei de Deus. Portanto, não é possível que houvesse qualquer alteração, pois não seria para o nosso bem.

Eu gostaria de dizer a qualquer irmão que pensa que Deus nos colocou sob uma regra alterada: "Qual parte particular da Lei Deus abrandou?". Que preceito você se sente livre para quebrar? Você está livre do mandamento que proíbe roubar? Meu caro senhor, você pode ser um excelente teólogo, mas vou trancafiar minhas colheres[60] quando você vier à minha casa. É o mandamento sobre o adultério que você pensa que foi eliminado? Então eu não poderia recomendar que você seja admitido em qualquer sociedade decente. É a lei sobre o assassinato que foi abrandada? Eu preferiria ter um aposento vazio à minha volta do que sua companhia. De qual Lei Deus o isentou? A lei de adorar somente a Ele? Você propõe adorar outro deus? Pretende fazer imagens de escultura? O fato é que quando chegamos aos detalhes, não podemos nos dar ao luxo de afrouxar qualquer um dos elos dessa cadeia áurea, que é perfeita em cada parte bem como no todo. A Lei é absolutamente completa, e não podemos acrescentar ou tirar qualquer coisa dela. "Porque qualquer que guardar toda a lei e tropeçar em um só ponto tornou-se culpado de todos. Porque aquele que disse: Não cometerás adultério, também disse: Não matarás. Se tu, pois, não cometeres adultério, mas matares, estás feito transgressor da lei." Portanto, se nenhuma parte pode ser eliminada, ela deve permanecer, e permanecer para sempre.

Uma terceira razão que darei por que a Lei deve ser perpétua é que *supô-la alterada é mais perigoso*. Tirar da Lei seu caráter perpétuo é, antes de tudo, eliminar seu poder de condenar o pecado. É verdade que não se espera de mim, sendo eu uma criatura imperfeita, que guarde a Lei perfeita? Então, segue-se que não peco quando quebro a Lei. E, se tudo o que é requerido de mim é de acordo com o melhor do meu conhecimento e habilidade, então certamente tenho uma regra muito conveniente, e a maioria dos homens tomará o cuidado

---

[60] Os talheres só começaram a ser produzidos em aço e em escala industrial a partir de 1921. Até esse tempo, eram feitos de prata ou madeira. Spurgeon se refere a talheres de prata, que eram, muitas vezes, incluídos nos testamentos como parte dos bens a serem divididos entre os beneficiários.

de se dar tanta licença quanto possível. Ao eliminar a Lei, você acabou com o pecado, pois o pecado é a transgressão da Lei. E onde não há Lei não há transgressão. Quando você acaba com o pecado, pode também eliminar o Salvador e a salvação, pois eles já não são mais necessários. Quando você reduz o pecado ao mínimo, qual necessidade há da grande e gloriosa salvação que Jesus Cristo veio trazer ao mundo? Irmãos, não devemos aceitar qualquer dessas coisas. Esse é evidentemente o caminho do perverso.

Ao diminuir a Lei, você enfraquece o poder dela nas mãos de Deus como algo que nos convence do pecado. "…pela lei vem o conhecimento do pecado". Ela é a lente que nos mostra nossas manchas, e isso é muito útil, embora nada, exceto o evangelho, possa purificá-las —

> *Minha esperança do Céu era firme e brilhante,*
> *Mas desde que veio o preceito*
> *Com poder e luz convincentes,*
> *Descobri o quanto sou imperfeito.*
> *Antes pequenas pareciam minhas fraquezas,*
> *Até que aterrorizado vi*
> *A perfeição, santidade, justiça e pureza*
> *De Tua eterna Lei.*
> *Então, minh'alma sentiu o fardo pesado,*
> *Meus pecados novamente reviveram,*
> *Eu havia ao temível Deus provocado,*
> *E todas as minhas esperanças morreram.*

É somente uma Lei perfeita e pura que o Espírito Santo pode usar para nos mostrar a nossa depravação e pecaminosidade. Rebaixe a Lei e terá turvado a luz pela qual o homem percebe sua culpa. Essa é uma perda séria para o pecador, ao invés de ganho, pois ela diminui a probabilidade de sua convicção e conversão.

Vocês também retiraram da Lei seu poder de nos encerrar à fé em Cristo. Para que é a Lei de Deus? É para que nós a cumpramos para sermos salvos? De forma alguma! Ela foi enviada para nos mostrar que não podemos ser salvos pelas obras, e nos encerrar debaixo da salvação pela graça. Mas se vocês inventarem que a Lei foi alterada para que o homem a possa cumprir, terão deixado a esse homem sua esperança legalística, e ele se certificará de apegar-se a ela. Precisa-se de uma Lei perfeita, que encerre o homem sob o desespero — quando longe de Jesus —, que o coloque em uma cela de ferro e o tranque e não lhe ofereça escape a não ser pela fé em Jesus. Daí ele começa a clamar: "Senhor, salva-me pela graça, pois percebo que não posso ser salvo por minhas próprias obras". É assim que Paulo descreve ao gálatas: "Mas, antes que a fé viesse, estávamos guardados debaixo da lei e encerrados para aquela fé que se havia de manifestar. De maneira que a lei nos serviu de aio, para nos conduzir a Cristo, para que, pela fé, fôssemos justificados". Digo que vocês privaram o evangelho de seu mais habilidoso auxiliar quando colocaram a Lei de lado. Tiram do evangelho o seu aio que deve trazer os homens a Cristo. Não, ela deve permanecer, e permanecer com todos os seus terrores, para conduzir os homens para fora da autojustiça e constrangê-los a voar para Cristo. Eles jamais aceitarão a graça até que tremam diante da Lei justa e santa. Portanto, a Lei serve a um propósito muito necessário e abençoado e não deve ser removida de seu lugar.

Alterar a Lei é nos deixar sem qualquer lei. Uma escala escorregadia de dever é uma invenção imoral, fatal aos princípios da Lei. Se cada homem deve ser aceito porque ele faz o seu melhor, estamos todos fazendo o nosso melhor. Há alguém que não esteja? Se tomarmos as palavras deles por si, todos os nossos companheiros estão fazendo o melhor que podem considerando sua natureza imperfeita. Até mesmo a prostituta nas ruas tem alguma justiça — ela não se distanciou tanto quanto outros. Já ouviram do criminoso que cometeu muitos assassinatos, mas que sentia que estava fazendo seu melhor porque nunca matou alguém na sexta-feira? A autojustiça constrói para si mesma um ninho, mesmo no pior caráter. Esta é a conversa do homem: "Se você realmente me conhecesse, diria que eu sou um bom camarada agindo tão bem quanto possível. Considere que criatura miserável e decaída que sou, que paixões intensas foram geradas em mim, que tentações ao vício me acossam, e não terá muito de que me culpar. Afinal, ouso dizer que Deus está tão satisfeito comigo quanto com muitos que são muito melhores que eu, porque eu tenho poucas vantagens". Sim, vocês mudaram o padrão, e cada homem agora fará o que é correto aos seus próprios olhos e reivindicará estar fazendo o seu melhor. Se você muda o padrão de peso da libra[61] ou de medida do *bushel*[62], com certeza você jamais conseguirá o peso ou a medida completa novamente. Não haverá padrão a seguir, e cada pessoa fará o seu melhor com suas libras e seus *bushels*. Não haverá padrão a seguir, e cada indivíduo fará seu melhor com o que tem. Se o padrão for adulterado, vocês terão removido o fundamento sobre o qual o comércio é realizado, e ocorre o mesmo nas questões da alma — anule a melhor regra que pode haver, até mesmo a Lei de Deus, e não haverá regra digna de menção. Que boa abertura isso deixa para a vanglória! Não surpreende que o homem fale da perfeita santificação se a Lei for diminuída. Não há qualquer coisa admirável em nos erguer à regra se ela for convenientemente rebaixada por nós. Creio que serei perfeitamente santificado quando guardar a Lei de Deus sem omissão ou transgressão, mas não antes disso. Se qualquer homem disser que é perfeitamente santificado porque apareceu com uma lei modificada dele mesmo, alegro-me em saber o que ele quer dizer com isso, pois não terei mais nenhuma discussão com ele. Não vejo nada de maravilhoso na realização dele. O pecado é a minha necessidade de conformidade à Lei de Deus, e, até que estejamos perfeitamente conformados a essa Lei em toda a sua extensão, é inútil

---

[61] Medida de peso que equivale, aproximadamente, a 450g.

[62] Medida de volume que equivale, aproximadamente, a 35l.

falarmos sobre perfeita santificação. Nenhum homem é perfeitamente purificado até que aceite a pureza absoluta como o padrão pelo qual será julgado. Enquanto existir em nós alguma falta de conformidade com a Lei perfeita, não seremos perfeitos. Essa verdade nos leva à humildade! A Lei não passará, mas deve ser cumprida. Essa verdade deve ser mantida, pois se ela passar, nossas roldanas estarão frouxas, não podemos fortalecer o mastro, todo o navio se parte aos pedaços e vai totalmente a pique. O próprio evangelho seria destruído se você destruísse a Lei. Adulterar a Lei é brincar com o evangelho. "…até que o céu e a terra passem, nem um jota ou um til se omitirá da lei sem que tudo seja cumprido".

2. Em segundo, demonstro que A LEI PRECISA SER CUMPRIDA. Imagino que haja alguns neste lugar que estejam dizendo: "*Nós* não conseguimos cumpri-la". É exatamente a esse ponto que desejo trazer-lhes. A salvação pelas obras da Lei deve ser sentida como impossível por todo o homem que será salvo. Devemos aprender que a salvação é pela graça através da fé em Jesus Cristo, nosso Senhor, e não por aquilo que fazemos ou por nossos sentimentos. Mas essa é uma doutrina que ninguém recebe até que tenha entendido a verdade anterior de que a salvação pelas obras da Lei jamais chegou a qualquer homem nascido de mulher. No entanto, a Lei precisa ser cumprida. Muitos dirão como Nicodemos: "Como pode ser isso?". Respondo: a Lei é cumprida em Cristo, e, pela fé, recebemos o consequente fruto.

Primeiro, como eu já disse, a Lei é cumprida no incomparável *sacrifício de Jesus Cristo*. Se um homem quebrou a Lei, o que esta faz com ele? Ela diz: "Devo ser honrada. Você quebrou meu mandamento que foi sancionado pela penalidade da morte. Assim sendo, como não me honrou pela obediência, ao contrário, me desonrou pela transgressão, você deve morrer!". Nosso Senhor Jesus Cristo, que é o grande representante da aliança de Seu povo, o segundo Adão deles, veio à frente em benefício de todos os que estão nele e se apresentou como a vítima da justiça divina. Uma vez que Seu povo era culpado de morte, Ele, como o Cabeça dessa aliança, apresentou-se sob a morte no lugar deles. Foi maravilhoso que a morte de tal representante fosse possível, e só é assim por causa da constituição original da raça como brotando de um Pai em comum e colocados sob um único Cabeça. Desse modo, como nossa queda se deu por um Adão, foi possível que fôssemos erguidos por outro Adão. "Porque, assim como todos morrem em Adão, assim também todos serão vivificados em Cristo." Isso tornou-se possível porque Deus, sob o princípio de representação, permitiu a substituição. Nossa primeira queda não foi por falta pessoal, mas por causa do fracasso de nosso representante, e agora vem nosso segundo e maior representante, o Filho de Deus, e nos liberta, não por honrarmos a Lei, mas porque Ele o fez. Em Seu nascimento, Ele veio sob a Lei e, sendo encontrado como um homem carregado com a culpa de todo o Seu povo, foi visitado com a penalidade da Lei. Esta levanta seu sangrento machado e golpeia nosso glorioso Cabeça, para que possamos ser livres. É o Filho de Deus que cumpre a Lei ao morrer, o justo pelos injustos. "A alma que pecar, essa morrerá" — há a exigência da morte, e, em Cristo, a morte é apresentada. Uma vida é entregue por outra, uma vida infinitamente preciosa em vez das pobres vidas dos homens. Jesus morreu, e assim a Lei foi cumprida porque sua penalidade foi suportada, e, sendo cumprida, seu poder de condenar e punir o crente já passou.

Em segundo, a Lei já foi cumprida, novamente, por nós pela vida de Cristo. Eu já falei sobre isso, mas desejo firmá-los esse ponto. Jesus Cristo, como nosso Cabeça e representante, veio ao mundo, com o duplo propósito de suportar a penalidade e, ao mesmo tempo, cumprir a Lei. Um de Seus maiores desígnios ao vir à Terra era "trazer a justiça perfeita". "Porque, como, pela desobediência de um só homem, muitos foram feitos pecadores, assim, pela obediência de um, muitos serão feitos justos." A Lei requer uma vida perfeita, e aquele que crê em Jesus Cristo apresenta à Lei essa vida perfeita, que tornou sua pela fé. Não é sua própria vida, mas, por Deus, Cristo é feito justiça para nós, que somos um com Ele. "Porque o fim da lei é Cristo para justiça de todo aquele que crê." Aquilo que Jesus fez é contado como se nós o tivéssemos feito, e, porque Ele era o justo, Deus nos vê nele e nos considera justos sob o princípio da substituição e representação. Ó, como é abençoado colocar esse manto, e usá-lo, e assim permanecer diante do Altíssimo em uma justiça melhor do que Sua Lei exigia, pois o que demandava era a justiça perfeita da criatura, mas nos revestimos da absoluta justiça do próprio Criador. E o que mais a lei pode exigir? Está escrito: "Nos seus dias, Judá será salvo, e Israel habitará seguro; e este será o nome com que o nomearão: O Senhor, Justiça Nossa". "O Senhor se agradava dele por amor da sua justiça; engrandeceu-o pela lei e o fez glorioso."

Sim, mas isso não é tudo. A Lei precisa ser cumprida em nós pessoalmente em um sentido espiritual e evangélico. "Bem", vocês dizem, "mas como pode ser isso?". Respondo com as palavras de nosso apóstolo: "Porquanto, o que era impossível à lei, visto como estava enferma pela carne", Cristo fez, e está fazendo, por meio do Espírito Santo, "para que a justiça da lei se cumprisse em nós, que não andamos segundo a carne, mas segundo o Espírito". A regeneração é a obra pela qual a Lei é cumprida, pois quando um homem nasce de novo, uma nova natureza é colocada em seu interior, que ama a Lei de Deus e está perfeitamente conformada a ela. A nova natureza, que Deus implanta em cada crente no momento em que ele nasce de novo, é incapaz de pecar; não pode pecar, pois é nascida de Deus. Essa nova natureza é geração do Pai eterno, e o Espírito de Deus habita nela e com ela, fortalecendo-a. É a luz, é a pureza, é, de acordo com as Escrituras, "não de semente corruptível, mas da incorruptível, pela palavra de Deus, viva e que permanece para sempre". Se é incorruptível, não é pecaminosa, pois o pecado é corrupção e corrompe tudo que toca. O apóstolo Paulo, quando descreveu seus conflitos interiores, demonstrou que ele mesmo, o seu real e melhor "eu" guardava a Lei porque escreveu: "Assim que eu mesmo, com o entendimento, sirvo à lei de Deus". Ele consentia que a Lei é boa, o que mostra que ele estava do lado da Lei. E embora o pecado que habitava em seus membros o levava à transgressão, sua nova natureza não o permitia, mas o odiava e abominava, clamando contra ele como alguém em servidão. A alma que nasceu de novo se deleita na Lei do Senhor, e dentro dela há uma vida insaciável que aspira à perfeição absoluta e jamais descansará até que pague a Deus a perfeita obediência e venha a ser como o próprio Deus.

O que tem início na regeneração é contínuo e cresce até que finalmente chega à perfeição absoluta. Isso será visto no mundo por vir, e que cumprimento da Lei haverá lá! A Lei não admitirá qualquer homem no Céu até que ele esteja perfeitamente adequado a ela, mas cada crente estará nesta condição perfeita. Nossa natureza será refinada de todas as suas impurezas e será pura como ouro. No Céu, ser santo será nosso deleite. Não haverá qualquer coisa em nós para entrar em choque com sequer um único mandamento. Lá, conheceremos em nosso coração a glória e a excelência da vontade divina, e nossa vontade correrá no mesmo fluxo. Não imaginaremos que os preceitos sejam rigorosos; eles serão nossa própria vontade tanto quanto são a vontade de Deus. Nada que o Senhor tenha mandado requererá qualquer abnegação lá, independentemente de quanta abnegação exija agora de nós. A santidade será nossa essência, nossa alegria. Nossa natureza será completamente conformada à natureza e mente de Deus quanto à santidade e bondade, e então a Lei será cumprida em nós, e permaneceremos diante de Deus tendo nossas vestes lavadas e tornadas brancas no sangue do Cordeiro. Ao mesmo tempo, nós estaremos sem manchas ou rugas ou qualquer coisa semelhante. Então, a Lei do Senhor terá a honra eterna de nosso ser imortal. Ó quanto nos regozijaremos nela! Nós nos deleitamos nela em nosso homem interior agora, mas lá nos deleitaremos nela em nossos corpos ressurretos, que serão feitos instrumentos de justiça para Deus por toda a eternidade. Nenhum apetite desses corpos ressurretos, nenhum desejo ou necessidade vai desviar nossa alma, porém todo o corpo, alma e espírito estarão perfeitamente em conformidade com a mente divina. Que ansiemos e anelemos por isso. Nunca o alcançaremos, a menos que creiamos em Jesus. A perfeita santidade jamais será atingida pelas obras da Lei, pois as obras não podem transformar a natureza. Contudo, pela fé em Jesus e pela bendita obra do Espírito Santo, nós a teremos. Então, creio que haverá entre nossas canções de glória que o céu e a Terra passarão, mas a palavra de Deus e a Lei de Deus permanecerão eternamente. Aleluia! Aleluia! Amém!

11

"BATEI!"[63]

Pedi, e dar-se-vos-á; buscai e encontrareis;
batei, e abrir-se-vos-á.
(Mateus 7:7)

Não tenho dúvida de que, tomado muito estritamente, as três exortações desse versículo — que na verdade é uma — eram, antes de tudo, pretendidas para o povo de Deus que crê. Foi a Seus discípulos que Jesus disse: "[não] deiteis aos porcos as vossas pérolas", e talvez alguns deles que eram pobres de espírito podem ter se voltado e dito: "Senhor, temos algumas pérolas, somos muito pobres para ter os tesouros de Tua graça tão plenamente. Tu nos ordenaste que não déssemos o que é santo aos cães, mas a santidade é mais como algo que procuramos do que algo que possuímos". "Bem", diz o Senhor, "vocês têm apenas de pedi-la para tê-la, não a têm porque não a pedem. Vocês têm apenas de buscar e

---

[63] Este sermão foi pregado no Metropolitan Tabernacle em 27 de maio de 1883.

certamente encontrarão, pois as coisas sagradas, assim como as pérolas raras, serão encontradas se as buscarem. Têm apenas de bater, e os segredos espirituais lhes serão abertos, até mesmo as mais íntimas verdades de Deus".

Em cada exortação, nosso Senhor nos ordena orar. Amados, que abundemos em súplicas. Confiem nisso: a falha em orar enfraquecerá o fundamento de nossa paz e esgotará a força de nossa confiança, porém se abundarmos em súplicas a Deus, cresceremos fortes no Senhor, seremos felizes em Seu amor e nos tornaremos uma bênção para aqueles que nos cercam.

Preciso recomendar o propiciatório para vocês que aguardam diante dele? Certamente a oração deve se tornar tal alegria para vocês, tal necessidade de seu ser, tal elemento em sua vida, que dificilmente tenha de lhes ser forçada como um dever, ou convidá-los a ela como um privilégio. Mesmo assim, eu o faço porque o Mestre o faz por meio de uma tripla exortação. Uma corda de três dobras não é facilmente rompida — que meu texto não seja negligenciado por vocês. Permitam-me exortá-los à oração repetida, variada e intensa: peçam, busquem e batam! Não cessem de pedir até que tenham recebido, não cessem de buscar e encontrarão, não parem de bater até que a porta se lhes abra.

Nessas três exortações poderia parecer haver uma graduação. É o mesmo pensamento colocado em outro formato e tornado mais enérgico. *Peçam* — isto é, na quietude de seu espírito, falem com Deus sobre suas necessidades e implorem humildemente que Ele lhes conceda seus desejos; essa é uma forma boa e aceitável de oração. No entanto, se o pedir parecer não ser bem-sucedido, o Senhor os elevará a um anseio mais concentrado e ativo. Portanto, que seus desejos invoquem o auxílio do conhecimento, do pensamento, da meditação e da ação prática, e aprendam a *buscar* as bênçãos que desejam, como os homens buscam tesouros escondidos. Essas coisas boas estão estocadas e acessíveis a mentes ferventes. Vejam como podem alcançá-las.

Acrescentem ao pedido, o estudo das promessas de Deus, um escutar diligente de Sua palavra, uma meditação devotada sobre o caminho da salvação e todos esses meios da graça como podendo lhes trazer a bênção. Avancem do pedir para a busca. E, se depois disso tudo ainda parecer que não obtiveram seu desejo, então "batam", e assim aproximem-se de um trabalho mais agonizante, usando não somente sua voz, mas toda sua alma, exercitem-se na piedade para obter a vantagem, usem cada esforço para ganhar o que estão buscando, pois lembrem-se de que o fazer é "orar", viver para Deus é uma elevada forma de "buscar", e a inclinação de toda a mente é o "bater". Deus frequentemente dá a Seu povo, quando eles guardam Seus mandamentos, o que lhes nega se eles andarem descuidadamente. Lembrem-se das palavras do Senhor Jesus, que disse: "Se vós estiverdes em mim, e as minhas palavras estiverem em vós, pedireis tudo o que quiserdes, e vos será feito". A santidade é essencial para o poder na oração, a vida precisa "bater" enquanto os lábios "pedem" e o coração "busca".

Vou mudar minha linha de exposição e dizer peçam como um *mendigo* implora por esmolas. Dizem que o implorar é um ramo pobre, mas, quando isso trabalha bem com Deus, nenhum outro empreendimento é tão lucrativo. Os homens ganham mais ao pedir do que ao trabalhar sem oração. Embora eu não desaconselhe o trabalho, recomendo ainda mais a oração. Nada debaixo do céu compensa tanto quanto a oração perseverante. Aquele que tem poder na oração tem tudo o que pede.

Peçam como um mendicante que tem fome e clama por pão. Depois busquem como um *mercador* que caça boas pérolas, vasculhando aqui e ali, ansioso para dar tudo o que tem a fim de que possa ganhar o tesouro incomparável. Busquem como um servo cuidadosamente procurando os interesses de seu senhor e esforçando-se para os promover. Busquem com toda a diligência, acrescentando ao anelo do pedinte a vigilância do joalheiro que está à procura de uma pedra preciosa. Terminem tudo ao bater na porta da misericórdia como um *viajante perdido* preso do lado de fora que, em uma noite fria, durante a neve que turva a visão, bate pedindo abrigo para que não pereça na tempestade. Quando tiverem chegado ao portal da salvação, peçam para que sejam admitidos pelo grande amor de Deus, depois olhem bem para ver o caminho da entrada, buscando adentrar e, se a porta ainda lhes parecer trancada, batam com mais força e continuem batendo até que estejam hospedados em segurança no lar de amor.

Mais uma vez, peçam o que quiserem, busquem pelo que perderam, batam para obter aquilo de que estão excluídos. Talvez esse último arranjo indique melhor os matizes do significado e exiba as distinções. Peçam por tudo o que precisam, seja o que for; se for algo correto e bom, já está prometido ao pedinte sincero. Busquem aquilo que perderam, por aquilo que Adão perdeu na Queda, pelo que perderam por sua negligência, por seu desvio, por sua falta de oração; busquem até que encontrem a graça de que precisam.

Depois, batam. Se parecem excluídos do conforto, do conhecimento, da esperança, de Deus, do Céu, então batam, pois o Senhor lhes abrirá. Aqui precisam da interferência do próprio Senhor. Vocês podem pedir e receber, podem buscar e encontrar, mas não podem bater e abrir vocês mesmos — o próprio Senhor terá de abrir a porta, ou estarão eternamente trancados para fora. Deus está pronto para abrir a porta. Lembrem-se: não há querubins com espadas afiadas para guardar esse portão, ao contrário, o próprio Senhor Jesus o abre, e nenhum homem o fecha. Contudo, agora devo deixar essa linha de argumento, pois meu desejo é usar o texto referenciado para aqueles que ainda não estão salvos.

No último domingo, quando pregamos sobre a glória, tivemos diante de nós o caminho do peregrino. Foi um tempo muito feliz, pois na meditação chegamos às imediações da Cidade Celestial e provamos da glória eterna. Nesta manhã, achei que deveríamos voltar ao início e entrar naquele portão estreito que está no começo do caminho para o Céu. O Sr. Bunyan, em seu livro *O peregrino* (Publicações Pão Diário, 2020), diz: "portão no qual estava escrito '…batei, e abrir-se-vos-á'".

Sua inventiva alegoria é sempre tão verdadeiramente instrutiva quanto prazerosamente atrativa. Concluo que este deve ser o meu texto. Se foi achado que seria digno de ser escrito sobre o portão à entrada do caminho para a vida, ele deve ter uma poderosa reivindicação sobre a atenção daqueles que ainda não começaram o caminho da glória, mas estão ansiosos por fazê-lo. Que Deus, o Espírito Santo, os instrua e desperte enquanto ouvimos o Senhor de dentro de Seu palácio dizer: "Batei, e abrir-se-vos-á".

1. Primeiro, caro amigo, independentemente de quem você seja, se está desejoso de entrar na vida eterna, gostaria de lhe expor a inscrição sobre o portão, ao dizer que O PORTÃO DA MISERICÓRDIA PODE LHE PARECER CERRADO.

Isso está implícito no texto "…batei, e abrir-se-vos-á". Se em sua percepção a porta estivesse escancarada, não haveria necessidade de bater. No entanto, uma vez que, em seu entendimento, ela está fechada para você, cabe a você buscar a admissão da forma adequada batendo.

Em grande parte, essa compreensão é resultado de seus próprios medos. Você acha que o portão está fechado porque sente que deveria ser assim, sente que, se Deus o tratasse como você trata seus companheiros, Ele ficaria tão ofendido que lhe fecharia a porta de Seu favor de uma vez por todas. Você se lembra de quão culpado é, de com quanta frequência recusou o chamado divino, como tem ido de um mal a outro, e, portanto, teme que o Mestre da casa já tenha se levantado e fechado a porta. Teme que, como aqueles obstinados dos dias de Noé, você encontrará a porta da arca fechada, e você mesmo trancado para fora para perecer na geração da destruição. O pecado jaz à porta e a bloqueia. Da maneira como você pensa, seus sentimentos de desânimo trancam o portão da graça. Porém não é assim. O portão não está bloqueado e trancado, como você pensa; embora possa se dizer que, em certo sentido, está fechado, nunca trancado. De qualquer maneira, ele se abre livremente, suas dobradiças não estão enferrujadas, nenhum ferrolho o prende.

O Senhor se alegra em abrir o portão para cada alma que nele bater. Está muito mais fechado em seu entendimento do que de fato, pois o pecado que o bloqueia está removido na alma do pecador que crê. Se você tivesse fé suficiente, entraria nele agora mesmo, e, se entrasse, nunca seria colocado para fora novamente porque está escrito: "o que vem a mim de maneira nenhuma o lançarei fora". Se você pudesse, com santa coragem, partir, tomar a licença e entrar, jamais seria culpado por isso. O temor e a vergonha estão no caminho do pecador e o fazem recuar. Abençoado é aquele cuja necessidade desesperada o força a ser ousado.

Deveríamos lembrar uma coisa quando tememos que a porta esteja fechada para nós, a saber, que *não está tão fechada quanto o nosso coração*. Vocês conhecem a famosa pintura *A Luz do mundo*[64]. Para mim, este parece ser um dos melhores sermões para os olhos. Lá está o eternamente Bendito, batendo à porta da alma, mas as dobradiças estão enferrujadas, a porta está travada, e espinhos e todos os tipos de plantas amedrontadoras subindo pela porta provam que há muito tempo não é aberta. Vocês sabem o que isso significa, como a continuidade no pecado torna mais difícil ceder à batida de Cristo, e como os maus hábitos amontoando-se uns sobre os outros agarram a alma tão firmemente que ela não consegue se abrir à batida sagrada.

Jesus está batendo na porta de alguns corações aqui desde que vocês eram crianças, e Ele ainda bate. Ouço Sua bendita mão sobre a porta neste momento. Vocês a ouvem? Não abrirão? Ele bate há tempo e está batendo novamente. Tenho certeza de que vocês não

---

[64] Pintura do artista pré-rafaelista William Holman Hunt (1827–1910), que se encontra na Catedral de São Paulo, em Londres. Representa João 3:20.

batem à porta da misericórdia há mais tempo do que a Misericórdia encarnada tem aguardado à sua porta. Vocês sabem que não. Como, portanto, podem reclamar se houver um aparente atraso na resposta de suas orações? Isso é somente para fazê-los sentir vergonha santa por terem tratado tão mal ao seu Senhor.

Agora vocês começam a entender o que é ser mantido esperando, o que é ser alguém que bate até cansar, o que é clamar: "a minha cabeça está cheia de orvalho, os meus cabelos, das gotas da noite". Isso os incitará ao arrependimento por seu rude comportamento e também os moverá a amar mais intensamente esse gentil Amado de sua alma que demonstrou tanta paciência com vocês. Não lhes será perda que a porta esteja fechada por um pouco, caso isso lhes traga um coração penitente e um espírito terno.

No entanto, permitam-me alertá-los de que *a porta pode ser fechada e mantida assim pela incredulidade*. Aquele que crê entra em Cristo quando crê. O Senhor diz em João capítulo 10 que aquele que entra pela porta será salvo, entrará e sairá e encontrará pastagem. "Aquele que crê no Filho tem a vida eterna", não há questionamento sobre isso. No entanto, também lemos: "E vemos que não puderam entrar por causa da sua incredulidade". Por 40 anos as tribos estiveram no deserto, indo para Canaã, contudo nunca chegaram à Terra Prometida por causa da incredulidade.

E se alguns de vocês estiverem há 40 anos assistindo esses meios da graça? Indo e vindo, indo e vindo, ouvindo sermões, testemunhando ordenanças e se unindo ao povo de Deus em adoração. E se depois desses 40 anos vocês não entrassem por causa da incredulidade? Almas, digo-lhes que se cada um de vocês vivesse tanto quanto Metusalém, não poderiam entrar a menos que cressem em Jesus Cristo. No momento em que crerem nele com todo seu coração e alma, estarão dentro dos benditos portões da casa do Pai. Contudo, sejam quantos anos forem que estiverem pedindo, buscando e batendo, jamais entrarão até que a fé chegue, pois a incredulidade mantém a corrente na porta e não há entrada enquanto ela governar seu espírito.

No entanto, vocês reclamam que tenham que bater? *Essa é a regra do Altíssimo.* Estou me dirigindo a alguém que tem orado ansiosamente por vários meses? Posso entendê-lo, pois esse foi meu caso, não apenas por meses, mas por anos. Através das trevas de minha mente e meus equivocados entendimentos do Senhor, não encontrei paz logo que comecei a pedir por ela, embora eu buscasse com muito anelo, indo à casa de Deus sempre que podia e lendo a Bíblia diariamente com um desejo ardente de conhecer o caminho certo. Não entrei nessa paz até que tivesse batido por tempo suficiente e com bastante força.

Portanto, ouçam a alguém que conhece a sua aflição, e ouçam-me pela voz da razão. Devemos esperar adentrar a gloriosa casa da misericórdia sem bater à sua porta? É assim em suas próprias casas? Todo retardatário pode entrar descuidadamente? A forma de Deus trabalhar no mundo não é conceder grandes bênçãos, mas sempre fazer o homem bater em busca delas? Queremos que nosso pão venha da terra, mas o agricultor tem de bater à porta dela com seu arado e todos os seus instrumentos de agricultura antes que seu Deus lhe dê a colheita. Há algo neste mundo que seja conquistado sem o trabalho? Não dizemos sempre que não há conquistas sem esforço? E não devemos esperar que nas coisas celestiais pelo menos essas grandes misericórdias deveriam ser precedidas de orações com fervor antes que possam ser concedidas? É regra geral que Deus nos leve a orar antes de nos conferir a bênção. E poderia ser diferente?

Como um pecador poderia ser salvo sem oração? Uma alma que não ora deve ser uma alma sem Cristo. O sentimento da oração, seu hábito e seu espírito são parte da salvação. A menos que se possa dizer de um homem "Vejam, ele ora!", como poderia haver qualquer tipo de esperança de que ele conheça seu Deus e tenha encontrado a reconciliação? O pródigo não voltou para casa mudo, nem entrou à casa de seu pai em silêncio soturno. Não, tão logo viu seu pai, clamou: "Pai, pequei contra o céu". Deve haver uma fala com Deus, pois Ele não concede uma salvação silente.

Além disso, *fazer-nos bater ao portão da misericórdia é uma grande bênção para nós mesmos.* Quando somos levados a apelar com Deus por um tempo sem que tenhamos obtido sucesso, é como ir à escola para nós. Faz o zelo do homem aumentar, pois sua fome cresce enquanto ele se demora. Se tivesse obtido a bênção logo que pediu, ela pareceria muito banal, mas, quando tem de clamar por muito tempo, ele chega à melhor percepção do valor da misericórdia buscada. Também vê melhor sua indignidade enquanto está diante do portão da misericórdia, pronto a desfalecer de temor, assim fica mais apaixonadamente fervoroso em súplica, e, ao passo que inicialmente apenas pedia, agora começa a buscar e acrescenta clamores, lágrimas e um coração contristado a todas as suas outras formas de súplica.

Desse modo, o homem, ao ser feito humilde e desperto, é aperfeiçoado por meio de seu pesar enquanto é mantido fora do portão. Além disso, ele está aumentando sua capacidade para o futuro. Creio que eu jamais poderia ser capaz de consolar, em sua angústia, aqueles que buscam se eu mesmo não tivesse sido mantido aguardando no frio. Sempre me sinto agradecido por minha aflição inicial por causa dos resultados que trouxe mais tarde. Muitos homens, cujas experiências estão registradas em livros inestimáveis na biblioteca cristã, jamais poderiam tê-los escrito se eles mesmos não tivessem sido mantidos esperando, famintos e sedentos, e cheios de labuta em sua alma, até que o Senhor lhes aparecesse. Aquele abençoado homem, Davi, que parece ser "a epítome não de um homem, mas de toda a humanidade", a história de todos envolvida em um só, como ele se vê afundando no barro lamacento! Foi cada vez mais fundo até que clamou das profundezas, até que, por fim, foi tirado do horrendo poço, e seus pés, firmados na rocha para que pudesse contar aos outros o que o Senhor lhe fizera.

Seu coração precisa ser ampliado, caro senhor. Deus deseja prepará-lo para se tornar um cristão mais eminente ao expandir a sua mente. A pá da agonia está cavando valas para conter a água da vida. Confiem nisto: se os navios da oração não voltam para casa rapidamente, é porque estão mais pesadamente carregados de bênçãos. Quando a resposta da oração é demorada, será ainda mais doce no recebimento, como o fruto que fica melhor amadurecido por permanecer mais tempo na árvore. Se você bater com um coração pesaroso, ainda cantará com alegria de espírito. Portanto, não se desencoraje por ainda estar, por um tempo, diante de uma porta fechada.

2. Em segundo, UMA PORTA IMPLICA EM UMA ABERTURA.

Para que serve uma porta se sempre for mantida fechada? A parede poderia ter continuado sem uma interrupção. Tenho visto algumas casas e prédios públicos com a forma e aparência de porta onde não há nenhuma, a entrada falsa servindo apenas ao propósito arquitetônico, mas nada é falso na casa do Senhor. As portas são feitas para se abrir. Foram criadas com o propósito de servir de entrada, e assim o bendito evangelho de Deus existe com o propósito de acesso a uma vida de paz.

Não teria valor bater em uma parede, mas pode-se inteligentemente bater à porta, uma vez que ela foi projetada para ser aberta. Você entrará, com o tempo, se continuar a bater, pois *o evangelho é as boas novas para os homens*; e como poderia ser boas novas se acontecesse de se chegar sinceramente a Cristo pedindo misericórdia e esta fosse negada? Temo que o evangelho pregado por alguns teólogos soa mais como más notícias do que boas novas para as almas despertas porque requer tanto sentimento e preparação da parte do pecador, que eles não são animados nem conduzidos à esperança desse modo. Todavia, vocês podem ter certeza de que o Senhor está disposto a salvar todos os que desejam ser salvos da maneira que Ele indicou.

Um querido irmão disse belamente em sua oração na segunda-feira à noite: "Tu, ó Senhor, estás perfeitamente satisfeito com o Senhor Jesus e, se nós nos satisfizermos com *Ele*, tu estarás satisfeito conosco". Esse é o evangelho colocado em poucas palavras. Deus está satisfeito com Cristo, e, se vocês estiverem satisfeitos com Cristo, Deus estará satisfeito com vocês. Essa é uma alegre notícia para cada alma que está desejosa em aceitar a expiação realizada e a justiça que foi preparada pelo Senhor Jesus.

Caro amigo, esse *evangelho deve existir para ser recebido por pecadores*, caso contrário não teria sido enviado. "Mas", diz alguém, "sou um pecador tão grave". Ainda assim. Você é o tipo de pessoa para quem as novas de misericórdia foram pretendidas. O evangelho não é necessário para homens perfeitos, homens sem pecado não precisam de perdão. Nenhum sacrifício é exigido se não houver culpa, nenhuma expiação desejada onde não há transgressão. Aqueles que estão bem de saúde não precisam de médico, mas os doentes. Essa porta de esperança que Deus preparou foi feita para ser uma entrada à vida, existe para abrir-se a pecadores, pois, se não se abrir a eles, jamais será aberta, porquanto todos pecamos e assim devemos todos estar trancados para fora, a menos que seja de livre graça para os que são culpados.

Tenho certeza de que essa *porta deve ser aberta àqueles que não possuem nada para trazer consigo*. Se você não tiver boas obras, méritos, bons sentimentos, nada que lhe recomende, não desanime porque é para esses que Jesus Cristo é mais precioso, e portanto mais acessível, uma vez que Ele ama se doar àqueles que mais o valorizarão. Um homem jamais receberá Cristo enquanto tiver o suficiente em si mesmo. Contudo, aquele que está conscientemente nu, pobre e miserável é o homem por quem Jesus pagou, ele é o que foi remido por preço. Vocês podem reconhecer o homem remido porque ele sente sua servidão e entende que deveria permanecer assim, a não ser que a redenção de Cristo fosse aplicada para sua libertação.

Caros amigos, essa porta de esperança lhes será aberta mesmo que sejam ignorantes, fracos e incapazes de cumprir quaisquer elevadas condições. Quando o texto diz "*batei*, e abrir-se-vos-á", ele nos ensina que o *caminho para ganhar a admissão à bênção é simples* e ajustado às pessoas comuns. Se eu tiver de entrar por uma porta que é muito segura, precisarei das ferramentas e do conhecimento. Confesso que não entendo dessa "arte", vocês precisariam chamar um cavalheiro que entendesse de chaves-mestra, pés-de-cabra e todos os tipos de instrumentos para roubo. No entanto, se tenho apenas de bater, mesmo um tolo como eu em arrombar portas, sei como bater. Qualquer homem sem instrução pode bater se isso lhe for requerido.

Há alguém aqui que não consiga formar as palavras em oração? Não importa, amigo. Bater pode ser feito por alguém que não seja orador. Talvez outro se lamente: "Eu não sou um erudito". Tudo bem! Um homem pode bater mesmo que não seja um filósofo. Um mudo pode bater. Um cego pode bater. Um homem com uma mão paralisada pode bater. Aquele que não é letrado pode manusear um martelo.

O caminho para abrir o portão do Céu é maravilhosamente simplificado para aqueles que são humildes o suficiente para seguir a orientação do Espírito Santo e, crendo, pedir, buscar e bater. Deus não proveu uma salvação que só pode ser entendida por homens instruídos, não preparou um evangelho que requer meia dúzia de livros gigantescos para descrevê-lo; ele foi feito para o inculto, para quem tem mente simples e para aqueles que estão morrendo, bem como para outros e, desse modo, deve ser tão simples quanto bater a uma porta. É isto: creia e viva. Busquem a Deus com todo seu coração, alma e força, por meio de Jesus Cristo, e a porta de Sua misericórdia certamente se lhes abrirá. O portão da graça existe para ceder admissão a pessoas sem qualquer ciência, uma vez que ele se abre àqueles que batem.

Tenho certeza de que essa porta se lhes abrirá porque *ela já se abriu a muitos antes de vocês*. Ela se abriu a centenas de nós aqui presentes.

Não poderiam vocês, queridos irmãos e irmãs, levantar-se e contar como o Senhor lhes abriu o portão de Sua salvação? Essa porta se abriu a muitos nesta casa durante as últimas poucas semanas. Temos visto pessoas vindo à frente para contar como o Senhor se agradou de lhes conceder entrada em Sua misericórdia, embora durante um tempo eles estivessem atemorizados de que a porta estivesse fechada, e estivessem a ponto de se desesperar. Bem, se a porta se abre com tanta frequência aos outros, por que não acionaria suas dobradiças para vocês? Apenas batam, com fé na misericórdia divina, e não demorará para que ela ceda à sua insistência.

Abrir essa porta é para a glória de Deus, e essa é uma razão por que temos certeza de que Ele o fará. Não poderíamos esperar que Ele fizesse aquilo que seria depreciativo à Sua própria honra, mas esperamos que Ele faça o que glorificará Seus atributos sagrados. A misericórdia, a paciência, o amor, a graça, a bondade e o favor de Deus serão muito honrados se Ele abrir a porta a alguém tão indigno quanto você. Por isso, bata. Bata, uma vez que Deus se alegra em dar, bata à porta que, cada vez que aciona as suas dobradiças, revela Sua grandeza. Bata com confiança santa neste momento, pois ela se abrirá a vocês. Essa é uma porta que parece fechada, mas, por ser uma porta, deve poder ser aberta.

3. Em terceiro, bata porque UMA ALDRAVA FOI PROVIDENCIADA.

Quando as pessoas podem ser admitidas por meio de batidas, uma aldrava é normalmente colocada à porta, e se não for, frequentemente vemos as palavras "ENTRADA PROIBIDA". Antes das campainhas se tornarem tão comuns, o hábito de bater à porta era quase universal, e as pessoas estavam acostumadas a fazer as portas ressoarem com suas batidas. Havia uma cabeça de prego da qual a aldrava pendia, e as pessoas costumavam batê-la tão pesadamente, que se observou que tais pancadas destruíam essa cabeça, daí veio o jocoso provérbio:

"tão morto como o prego de uma porta"⁶⁵. Parece um tipo efusivo de batida que eu gostaria que vocês imitassem na oração.

Batam ao portão do Céu tão ardentemente quanto as pessoas batiam à porta nos tempos antigos. Vocês já não tiveram batidas à sua porta que podiam ser ouvidas por toda a casa? Alguns de nossos amigos são vigorosos e batem como se realmente quisessem entrar. Pode ser que pessoas gentis deem tapinhas tão suaves que não são ouvidos pelos empregados, então têm de esperar, mas aqueles dos quais falo nunca caem nesse erro, pois alarmam tanto todo mundo, que as pessoas se alegram em permitir-lhes entrar, pois temem que trovejarão uma segunda vez. Que oremos nesse estilo, que supliquemos de modo tão franco e jamais cessemos até que recebamos a admissão.

Eu disse que o Senhor providenciou uma aldrava. O que é essa aldrava? Antes de tudo, ela pode ser encontrada *nas promessas de Deus*. Nós nos asseguramos de nos apressar ao suplicar por uma promessa. É bom dizermos ao Senhor: "Faz conforme disseste". Que força há em um apelo à palavra, juramento e aliança de Deus! Se um homem apresenta a outro uma nota promissória no dia do pagamento, ele espera receber o montante nela declarado. As promessas divinas são letras de câmbio, e Deus as honrará devidamente. Ainda não se soube que Ele tenha desonrado uma conta, e jamais o fará. Se você apenas citar uma promessa aplicável à sua condição, e derramá-la diante do Senhor em fé, dizendo: "Lembra-te dessa palavra para Teu servo sobre a qual me deste esperança", você receberá a bênção. Suplicar pela promessa bate de tal maneira ao portão do Céu, que ele deverá ser aberto.

A grande aldrava, no entanto, é *o nome do Senhor Jesus Cristo*. Se uma pessoa o chamasse em nome de algum querido e amado filho que está distante, se essa pessoa trouxesse as devidas credenciais e

---

⁶⁵ "As dead as a door-nail", provérbio inglês que data do século 14. Incorporou-se ao uso popular no século 16, quando Shakespeare o utilizou em sua obra *Rei Henrique VI, parte 2*. Significa estar indubitavelmente morto.

uma carta, dizendo: "Pai, trate bem o portador, por amor a mim", você certamente lhe demonstraria bondade, e, se a mencionada pessoa fosse autorizada a receber uma quantia prometida em nome de seu filho, você não lhe daria o dinheiro? Agora, quando vamos a Deus e suplicamos em nome de Cristo, isso significa que pedimos na autoridade de Cristo, que pedimos a Deus como se estivéssemos no lugar de Cristo, e esperamos que Ele nos conceda como se estivesse dando ao próprio Jesus. Isso é mais que suplicar por amor de Cristo. Suponho que os apóstolos inicialmente pediam a Deus por amor de Cristo, mas Jesus lhes disse: "Até agora, nada pedistes *em meu nome*". Esse é um nível superior de oração, e quando chegamos a suplicar em nome de Jesus ao Pai, então prevalecemos gloriosamente.

Em uma reunião dos primeiros metodistas, uma pessoa tentava orar, mas não estava indo bem. Logo uma voz foi ouvida de um dos cantos da sala: "Clame pelo sangue, irmão! Clame pelo sangue!". Não aprovo muito esse tipo de interrupção, no entanto, essa era recomendada, pois deu a nota correta e colocou o suplicante em seu lugar correto. Clamem pelo precioso sangue de Jesus Cristo, e terão batido de tal forma que serão ouvidos.

Alguém diz: "Ai de mim! Vejo a aldrava, pois sei algo das promessas e da pessoa de nosso Senhor, mas como devo bater?". Com a mão da fé. Creia que Deus guardará Sua promessa, peça-lhe que o faça e, assim, bata. Creia que Jesus, em cujo nome você suplica, é digno, e então bata em confiança de que Deus honrará o nome de Seu Filho amado.

"Ai de mim! Minha mão é tão fraca", diz você. Então lembre-se de que o Espírito Santo nos ajuda em nossas fraquezas. Peça que Ele coloque a mão dele sobre a sua, e assim conseguirá bater com veemência prevalente. Eu imploro: bata com toda a sua força e frequentemente.

Se você não está em Cristo, meu querido ouvinte, não dê pausa a seus olhos, nem suas pálpebras ao sono até que o tenha encontrado. Se você orou uma vez, vá e ore novamente, e, se já orou dez mil vezes, ainda assim continue em oração. Bata com toda a sua força, com todo o vigor do seu espírito, suplique como se fosse por sua vida; bata à porta como um homem bateria se visse um lobo pronto para pular sobre ele. Bata como bateria se fosse alguém que se encontra a ponto de morrer de frio do lado de fora da porta. Lance toda a sua alma nesse esforço. Diga ao Senhor: "Imploro que tenhas misericórdia de mim, e que tenhas misericórdia de mim agora. Desfaleço, morro, a menos que manifestes Teu amor a mim e me leves à Tua casa e coração, para que eu possa ser Teu eternamente". "Batei, e abrir-se-vos-á". Aí está a aldrava.

4. A seguir, a vocês que batem ao portão, É-LHES DADA UMA PROMESSA.

Isso é mais que ter uma porta diante de vocês, ou uma aldrava com que bater. A promessa está acima do portão, em simples palavras. Leiam-na. Vocês estão ficando cada vez mais fracos e cansados, leiam a promessa e fortaleçam-se. "Batei, e abrir-se-vos-á". Observem o quanto é direta e positiva com esse "abrir-se-vos-á" brilhando como uma lâmpada acesa sem seu centro. Em letras de amor, a inscrição reluz em meio às trevas que os rodeiam, e são essas palavras: "e abrir-se-vos-á". Se baterem à porta do mais gentil dos homens, verão que não há tal promessa diante de vocês e mesmo assim baterão, e baterão confiantemente. Com quanta ousadia mais deveriam vir e bater à porta da graça quando ela declara expressamente "e abrir-se-vos-á"!

Lembrem-se de que essa promessa foi *concedida liberalmente*. Vocês nunca pediram ao Senhor por tal palavra, ela foi declarada por bondade espontânea. Não vieram e imploraram a Jesus por uma promessa de que deveriam ser ouvidos em oração. Longe disso! Nem sequer oraram. Talvez estejam neste mundo há 40 anos e jamais oraram verdadeiramente, mas o Senhor, a partir de Seu coração transbordante de amor generoso, fez-lhes esta promessa: "batei, e abrir-se-vos-á". Portanto, por que duvidam? Pensam que Ele não manterá Sua palavra? Um Deus que não pode mentir, que não tinha necessidade de prometer, gratuitamente, a partir da grandeza de Sua natureza divina, que é amor, diz ao pobre pecador: "batei, e abrir-se-vos-á". Ó, tenham certeza disto, que Ele o afirma e, até que o céu e a Terra tenham passado, Sua palavra permanecerá, e nem vocês ou qualquer outro pecador que bata à Sua porta terá a entrada recusada.

Essa inscrição encorajou muitos a bater; quando estavam a ponto de desfalecer e desistir de mais busca, eles leram novamente as animadoras palavras "batei, e abrir-se-vos-á" e se encorajaram a fazer o portão ressoar novamente. Agora, vocês pensam que Deus nos aterrorizará, que nos fará de tolos, que incitará esperanças em pobres pecadores pelo mero prazer de os desapontar? Ele os induzirá a bater pela Sua promessa e depois rirá de vocês? O Deus de misericórdia alguma vez disse: "Eu o chamei e você veio, estendi minhas mãos e você se aproximou de mim", e, mesmo assim, Ele zombará de sua calamidade e rirá quando seu temor chegar? Ora, um homem mau dificilmente falaria assim, tal ato seria mais satânico do que proveniente de Deus.

Não tolerem o pensamento de que o Deus de toda a graça pudesse tratar aquele que o busca desse modo. Se isso alguma vez passar por sua mente, lancem-no fora e digam: "Aquele que me ensinou a orar, assim se comprometeu a responder a oração. Ele não me convidará a bater em vão! Portanto, baterei novamente, só que desta vez mais vigorosamente que nunca, confiando em Sua palavra e verdade". Ó, que vocês jamais cessem de bater à porta da salvação até que possam adentrá-la! A promessa do Senhor foi dada liberalmente, e na força dessa promessa batemos, assim temos certeza de que o Senhor não se negará a Seus confiantes servos.

A misericórdia é que *essa promessa é para todos os que batem* — "batei, e abrir-se-vos-á". Meus ouvintes, o Senhor não lhes negou o privilégio de orar, ou declarou que não responderá a seus pedidos. Podem bater e aguardem que a porta será aberta. Conheço a abençoada doutrina da eleição, e regozijo-me nela, mas esse é um segredo de Deus, enquanto a regra de nossa pregação é "pregai o evangelho a toda criatura". Assim sendo, eu diria a cada um aqui: "batei, e abrir-se-vos-á". O Senhor sabe quem baterá, pois "O Senhor conhece os que são seus". Porém, bata, meu amigo, bata agora mesmo, e logo será visto que você é um dos escolhidos de Deus.

Vocês se recordam da história de Malaquias, natural da Cornualha[66]? Um amigo metodista tinha algum dinheiro para lhe dar e lhe disse sorrindo: "Malaquias, não sei se devo lhe dar esse dinheiro porque não sei se você está predestinado a obtê-lo. Você pode me dizer se está ou não predestinado a tê-lo?". Malaquias respondeu: "Ponha o dinheiro em minha mão, e lhe direi". Tão logo Malaquias estava com a soma em mãos, soube que estava predestinado a tê-lo, mas não poderia saber antes que estivesse em sua posse.

Assim, o conselho secreto do Senhor é revelado à nossa fé quando tem Cristo em sua posse, e não antes disso. Batam agora mesmo! Se são predestinados a entrar, sei que baterão, e baterão até que sejam admitidos, porque isto permanece, e não há exceção estabelecida: "batei, e abrir-se-vos-á". É uma regra do Senhor que, àquele que bate, será aberto.

Bendito seja Deus, este meu texto brilha como se impresso nas estrelas e *continua a brilhar do nascer até o pôr do sol da vida*. Enquanto um homem viver, se ele bater à porta de Deus, ela se abrirá para ele. Vocês podem ter sido rebeldes por muito tempo e podem ter amontoado seus pecados até que parecesse que eles trancaram para fora toda a esperança para vocês, mas continuem a bater em Cristo, a Porta, pois virá a se abrir.

Mesmo que seja com sua mão expirante, se puderem bater ao portão da misericórdia, ele ser-lhes-á aberto. Mas não adiem seu dia de bater nessa porta por causa da longânima misericórdia divina. Ao contrário, batam hoje, batam agora mesmo enquanto assentados nestes

---

[66] Ou Cornuália, país pertencente ao Reino Unido, que fica na região sudoeste da Inglaterra.

bancos, e, se não forem respondidos imediatamente, como acredito que serão, mesmo assim, vão para suas casas e lá, em secreto, clamem ao Senhor: "Não te deixarei ir se não me abençoares. Estou perdido a menos que me encontres. Perdido até que encontre meu Salvador e Senhor. Não estou brincando de orar agora, minha alma realmente o deseja, devo ter Cristo, senão morrerei como estou. Lanço-me sobre Ele e confio em Seu sacrifício expiatório. Ó, manifesta-te a mim como o Deus perdoador!".

Que eu fique atado ao Senhor como um refém se Ele não lhes responder. Eu busquei ao Senhor, e Ele me ouviu. Desde então jamais duvidei de que qualquer alma vivente, mas que também buscar ao Senhor por meio de Jesus Cristo, certamente será salva. Ó se vocês tentassem! Que o Senhor lhes mova desse modo por Seu bendito Espírito.

5. Assim encerro com um mais ponto. Quando a porta abrir, SERÁ UMA GLORIOSA ENTRADA PARA VOCÊ.

"…batei, e abrir-se-vos-á". O que acontecerá então? Você que bateu *entrará* imediatamente. Se tiver batido em sinceridade, no momento em que vir Cristo como Salvador, você o aceitará como seu Salvador. Entre em Cristo pela fé. Veja, Ele coloca diante de você uma porta aberta, e ninguém pode fechá-la. Não hesite em entrar. Até agora você achava que havia muitas dificuldades e obstáculos em seu caminho, mas, na realidade, não é assim — creia e viva. Quando, em resposta à sua batida, vir a porta se mover, levante-se e não se detenha.

Lembre-se de que a abertura dessa porta não somente lhe permitirá a entrada, mas lhe garantirá *segurança*. Aquele que entra em Cristo está salvo para sempre. Apenas passe por baixo desse portal salpicado de sangue, descanse na casa do Amado e jamais sairá de lá. A vida que Ele confere é eterna, portanto você não morrerá. O anjo destruidor, seja quando for que levantar voo, passará reto por você. Apenas creia e será salvo. Apenas creia em Cristo com todo seu coração, alma e força, e a salvação chegará à sua casa, e você chegará à casa de salvação.

Contudo, ainda lhe virão mais bênçãos, pois a *adoção* será sua. Uma vez que tenha entrado, habitará na mansão da graça, não mais como um estranho ou hóspede, mas como um filho em casa. Sentará à mesa do Pai, comerá e beberá como um filho, um herdeiro, um coerdeiro com Cristo. A liberdade será sua, a abundância, a alegria da grande casa do amor. À direita de Deus há grandes prazeres para sempre e eternamente, e essa será a sua herança.

Sim, e mais que isso, quando de uma vez entrar na casa do amor, terá acesso a suas recâmaras mais íntimas. Até o vestíbulo da casa de Deus é um lugar seguro, porém depois que o Senhor da casa o conduzir aos curiosos cômodos e lhe mostrar Seus tesouros, abrindo-lhe Seu armazém, então irá de graça em graça, de conhecimento em conhecimento, de glória em glória em progresso contínuo. Tudo isso somente pode ser entendido pela experiência, e essa experiência somente pode ser obtida ao se bater.

Quero dizer isso e o tenho dito. Algumas pessoas pensam que se começaram a orar e estiverem um tanto diligentes, isso será suficiente. Agora, a oração não é um fim, é somente o meio. O bater não é o objetivo final, você deve entrar. Se qualquer um de vocês está buscando, alegro-me por isso; se está batendo, regozijo-me também, mas, se disser: "Estou perfeitamente satisfeito em ficar do lado de fora da porta e bater", então lamento por você. É um tolo ao nível máximo, porque está repousando nos meios como se eles fossem o fim. Você precisa entrar pela porta, do contrário bater será um esforço em vão.

Algum de vocês se contentaria em visitar um amigo e meramente ficar por uma hora ou duas do lado de fora de sua porta, batendo? Alguma vez já disseram: "Não quero nada mais, vou me sentar confortavelmente à soleira da porta e depois levantar para bater uma ou duas vezes"? Bater não lhes renderia um jantar nem qualquer negociação. Bater é o único meio de entrar, mas, se você se ativer em apenas bater, será uma atitude ruim. A oração mais fervorosa é a única maneira de chegar a Cristo. O evangelho é "Crê no Senhor Jesus Cristo e serás salvo".

Então, venham a Cristo. Se encontrarem a porta fechada, batam. Mas, ó, lembrem-se de que ela não está realmente fechada, isso só acontece em seu entendimento! Os portões do Céu estão abertos dia e noite. Creiam de uma vez e vivam. Confiem nos méritos de Jesus Cristo e serão revestidos deles, confiem no sangue de Cristo, e serão lavados nele. A fé salva instantaneamente. Ela toca Jesus, e a virtude que cura flui da bainha de Suas vestes, a fé dá um passo além do limite, e a alma é salva. O Senhor permitirá que vocês entrem logo, e vê-los resgatados da destruição será nossa alegria e a alegria dos anjos e do grande Pai para sempre e eternamente!

12

O DESCONHECIDO[67]

Nem todo o que me diz: Senhor, Senhor!
entrará no Reino dos céus, mas aquele que faz a vontade
de meu Pai, que está nos céus. Muitos me dirão
naquele Dia: Senhor, Senhor, não profetizamos nós em
teu nome? E, em teu nome, não expulsamos demônios?
E, em teu nome, não fizemos muitas maravilhas?
E, então, lhes direi abertamente: Nunca vos conheci;
apartai-vos de mim, vós que praticais a iniquidade.
(Mateus 7:21-23)

Um dos melhores testes pelo qual um homem pode medir muitas coisas é perguntar "Como eles estarão no dia do julgamento?". Aqui nosso Senhor diz: "Muitos me dirão naquele dia". Ele não usa outra palavra para descrever tal período memorável visto que esta expressão: "naquele dia" — concisa e breve

---

[67] Sermão pregado no Metropolitan Tabernacle em 22 de abril de 1877.

— sugere substancialmente aquele dia terrível — aquele último grande dia — o dia para o qual todos os demais dias foram feitos — aquele dia pelo qual todos os outros serão medidos e julgados. Oro, queridos amigos, para que possamos, cada um de nós, começar a colocar à luz daquele "dia" as coisas que mais prezamos. Como será calculado o valor das riquezas sobre as quais você coloca seu coração "naquele dia" e quanto consolo elas lhe trarão então?

Quanto à maneira como vêm empregando suas riquezas, será ela do tipo que se lembrarão com satisfação e ânimo "naquele dia"? Atribuam o valor de seus muitos acres de terra e suas nobres mansões, ou suas posses mais moderadas, de acordo com esse medidor de seu valor real — o que representarão "naquele dia"? Com relação àquelas coisas que buscam tão avidamente e que agora lhes parecem tão importantes que absorvem todo o seu pensamento e despertam todas as suas capacidades e energias, merecem elas todo esse esforço? Parecerão tão dignas "naquele dia"?

Qual o principal objetivo de sua vida? Pensarão tanto nele "naquele dia" quanto o fazem hoje? Vocês se considerarão sábios por tê-lo perseguido com tanto zelo? Julgam poder defendê-lo agora, mas poderão fazê-lo, então, quando tudo da Terra e o tempo tiverem derretido até se tornar nada? Vocês valorizam a estima em que são tidos entre os homens e o fazem corretamente, pois "melhor é a boa fama do que o melhor unguento", mas são realmente dignos do bom nome que lhes foi atribuído?

É esse julgamento favorável de seus companheiros o veredito de verdade infalível? Serão tão altamente honrados "naquele dia" quanto são hoje? Ser-lhes-á dado tanto crédito por sua honestidade e virtude então quanto lhes é atribuído hoje? Não há ouro falso, verniz, engano ou moeda falsa relacionado a vocês? Ó, meus irmãos, quem dentre nós pode submeter sua posição entre seus companheiros para um teste como esse sem que haja o mais solene questionamento e sondagem do coração?

Vocês, jovens, talvez estejam se alegrando em sua juventude e deixando que seu coração tome total liberdade em desfrutar dos prazeres terrenos. Que Deus não permita que eu lhes prive de qualquer prazer genuíno, mas permitam-me perguntar-lhes sobre essas diversões: como elas parecerão "naquele dia"? Trarão elas sérios reflexos mesmo agora? E depois, como suportarão o julgamento mais sóbrio que será exercido? "Naquele dia", quando o brilho das lâmpadas do mundo tiver fenecido e o reluzir de sua pompa tiver passado à eterna escuridão, como parecerão os seus prazeres? Especialmente se tiverem se entregado a tais prazeres — se trocaram sua paz de espírito por eles —, se tiverem desobedecido seu Deus para que pudessem desfrutá-los, como estarão quando, ao final da festa, o custo tiver de ser pago, e tiverem que prestar sua derradeira conta?

É muito sábio que um homem esteja familiarizado com suas últimas horas, é bom que ensaie com frequência o grande ato do unir seus pés em sua cama e morrer para encontrar-se com seu Deus, e é ainda mais sábio que salte sobre o abismo que nos separa das realidades da eternidade e, pela força da fé em vez da imaginação, se veja entre aquela grandiosa multidão dos ressurretos, provindos de todas as partes da terra e do mar — a inumerável população desse grande globo —, todos com os olhos voltados à mesma direção, todos olhando para Aquele que se assentará no grande trono branco, aquele Cristo que uma vez foi crucificado em fraqueza, mas que voltará em poder e grande glória, como o designado Juiz de toda a humanidade.

Sei que estou convidando-os a pensar em algo que não desejam ter trazido à sua mente. O mundo os puxa pelas mangas da camisa e diz: "Afaste-se disso!", eu, porém, gostaria de detê-los por um breve momento como o velho marinheiro[68] deteve o convidado ao casamento, mas não para lhes contar uma história atraente sobre

---

[68] Referência à poesia *The Rime of the Ancient Mariner* (A rima do velho marinheiro), de autoria de Samuel Taylor Coleridge e publicada em 1798. Fala de um marinheiro que para um convidado a caminho do casamento para lhe contar suas aventuras no mar.

mares distantes e aventuras estranhas, ao contrário, para solenemente falar-lhes sobre sua alma imortal e para os instigar a contemplar esse destino futuro, para que não aconteça de Cristo voltar e vocês não estarem preparados para Sua vinda, como os homens do tempo de Noé não estavam prontos para o dilúvio que os varreu a todos.

Bem, como tudo então deve ser considerado como parecerá "naquele dia", tentaremos julgar nossa confissão da religião por esse teste, pois será principalmente para aqueles que se consideram como povo de Cristo que falarei. E oro para que o forte vento Norte possa soprar sobre nós, e se houver qualquer palha nessa colheita, que possa ser rapidamente descoberta e afastada do trigo!

Primeiramente, veremos que as pessoas mencionadas no texto, a quem Cristo nunca conheceu em um sentido salvífico, *afastaram-se muito da religião*; em segundo, *mantiveram-se assim por muito tempo*; em terceiro, *estavam fatalmente enganados* e, por último, *eles descobriram isso de forma muito terrível*.

1. Primeiro, então, há alguns a quem Cristo dirá no último dia "Nunca vos conheci", que SE AFASTARAM MUITO DA RELIGIÃO. Quem são eles e o que fizeram?

Bem, *eles eram pessoas que abertamente fizeram uma confissão de fé*. Jesus disse: "Nem todo o que me diz: Senhor, Senhor! entrará no Reino dos céus". Eles chamaram Cristo de "Senhor", assim, virtualmente declararam que eram Seus discípulos. Disseram isso claramente, como se não se envergonhassem, de modo algum, de o fazer, e estavam até orgulhosos disso. Disseram-no duas vezes, de maneira zelosa e frequente "Senhor, Senhor". Falaram-no como se lhes fosse tão doce que não poderiam dizê-lo o suficiente. Declararam-no diante de todo o tipo de companhia, às vezes até quando homens mais sábios não podiam o declarar.

Conhecemos muitas pessoas que nunca fizeram qualquer profissão de serem seguidoras de Cristo. Quem não o fez, que Deus o julgue, mas que aqueles que são de dentro, aqueles que chegaram à comunhão da Igreja e disseram "Senhor, Senhor", julguem a si próprios, para que não sejam enganados a uma falsa segurança. Não são todos que foram chamados pelo nome de Cristo que Ele reconhecerá "naquele dia". Tem havido muita confissão de fé barulhenta que não valerá para nada naquele momento de sondagem do coração.

Meus irmãos, estou falando a mim mesmo enquanto me dirijo a cada membro desta congregação, e cada membro de qualquer outra igreja cristã, e suplico para que percebam se têm algo mais do que mera confissão, pois os referidos condenados tinham feito uma profissão de fé, e mesmo assim Cristo lhes dirá "nunca vos conheci".

A seguir, percebam, que *eles haviam empreendido um culto religioso de alta classe* porque Cristo diz deles: "Senhor, Senhor, não profetizamos nós em teu nome?". Eles não haviam servido em capacidade medíocre, pois haviam profetizado ou pregado em nome de Cristo. Isso é algo a que são muito inclinados os falsos cristãos, eles amam os primeiros lugares na sinagoga. Há muitos servos verdadeiros de Cristo que preferem ser porteiros na casa do Senhor, ao passo que muitos hipócritas, que não se postariam à porta de forma alguma, ficariam muito alegres em ocupar a cadeira do profeta e profetizar no nome de Cristo.

Ah, meus irmãos! Esse pensamento chega aos que detêm algum ofício na igreja e especialmente àqueles de nós que são pregadores do evangelho. Se a pregação pudesse salvar um homem, Judas não teria sido condenado. Se profetizar pudesse salvar, Balaão não teria sido excluído. Podemos pregar na língua dos homens e dos anjos e, se não tivermos amor, para nada servirá. Podemos até ser líderes na igreja nos empreendimentos mais nobres e elevados, mesmo assim, por tudo isso Cristo poderá nos dizer, no final, "nunca vos conheci". "Mas, Senhor, o mundo pegou fogo com a minha fama!" "Nunca vos conheci!" "Reuni milhares ao meu redor!" "Nunca vos conheci!" "Onde quer que eu fosse as pessoas afluíam para ouvir minhas palavras". "Nunca vos conheci!".

Alguns de vocês podem dizer: "Senhor, eu era diácono na igreja" ou "Eu era um líder. Costumava visitar os doentes e a falar para os inquiridores. Todos na igreja me conheciam, e eu era tido em alta reputação", e ainda assim Ele poderá dizer: "Nunca o conheci. Sou um total estranho a você. Seu nome jamais me foi familiar. Nunca o conheci, afaste-se de mim". Essa verdade se aproxima de nós, e deve ser assim, para cada um de nós que já professou estar envolvido no serviço a Cristo.

Essas pessoas também *haviam obtido admirável sucesso*, pois prosseguiram em afirmar: "E, em teu nome, não expulsamos demônios?". Expulsar demônios é um grande sucesso, e eles bem podem se alegrar nisso. Porém, queridos amigos, se vocês e eu devêssemos conseguir afugentar demônios de outros e não pudéssemos fazer o mesmo em nós mesmos, no final, estaríamos em uma situação lamentável. Se vocês conhecessem um homem que tem o poder de expulsar o demônio, provavelmente diriam a si mesmos: "Gostaria de ter tanta certeza da salvação quanto ele. Não vi Satanás cair do céu como um relâmpago enquanto ele falava em nome do Senhor?". Suponham que isso acontecesse, contudo, não provaria que o nome dele estaria escrito no Livro da Vida do Cordeiro. Alegre-se em seu sucesso, do mesmo modo que me regozijo no meu, mas que nos alegremos com tremor, pois, embora possamos ter trazido dez mil almas a Cristo, por fim, podemos nós mesmos nunca ter chegado a Ele, e, assim, Ele nos dirá no final "nunca vos conheci".

E, mais ainda, essas pessoas não eram meros professores e praticantes muito bem-sucedidos de grandes obras, mas *eram excessivamente zelosos e percebidos por sua energia prática*, pois disseram: "E, em teu nome, não fizemos muitas maravilhas?". Haviam praticado muitas obras em nome de Cristo. Estavam ocupados dia e noite, estavam envolvidos em muitas atividades. Parecia como se nada nunca fosse demais para eles fazerem, e o que faziam era realmente muito magnífico; de fato, não apreciavam fazer qualquer coisa a menos que pudesse ser maravilhoso.

Grande parte do encanto disso para eles era que as pessoas se admiravam com eles, e isso as mantinha diligentemente em seu trabalho porque eram muito admiradas. É possível que uma vida maravilhosa deva ser, no fim das contas, uma vida perdida — que um praticante de muitas obras estupendas poderia ficar destituído? Poderia ser? Sim, pois foi assim que o Senhor o disse em nosso texto, portanto, convido cada cristão professo aqui, por mais altamente favorecido que tenha sido no serviço do Mestre, a afastar de si tudo o que possa tender à falsa segurança e a perguntar a si mesmo: "Serei eu, no grande último dia de prestação de contas, provado correto?".

Imagino o que vocês devem estar dizendo a si próprios enquanto estou falando. Estão dizendo: "Bem, eu não sou um professo na religião, não sou profeta, nunca pensei em expulsar demônios, nem tentei qualquer obra maravilhosa" e se consolam com o pensamento de que minha mensagem não lhes diz respeito. Mas imediatamente após o meu texto há algo que se relaciona a vocês: "Todo aquele, pois, que escuta estas minhas palavras". Agora todos vocês são pelo menos ouvintes, e se o evangelho que escutam for tão perfeitamente puro que possa verdadeiramente ser chamado de palavras de Cristo, contudo lembrem-se de que há multidões de ouvintes que, por não serem praticantes da Palavra, no final descobrirão que Cristo nunca os conheceu.

"Mas, Senhor, sempre estive em meu assento, nunca faltei aos cultos, estava lá sempre que as portas estavam abertas. Estava presente tão regularmente quanto o próprio pastor." Sim, isso pode ser verdade, todavia o Senhor Jesus não o conhecerá a menos que seu coração o tenha conhecido verdadeiramente. Se você permanecer sem arrependimento e sem fé, poderá ir à Casa de oração até estar manquejando com sua bengala, e pode nunca ter sido um ouvinte desatento, porém, a menos que a fé lhe venha pelo ouvir a Palavra, e essa fé faça de você um praticante dessa Palavra, em verdade, em verdade lhe digo: quando os ventos soprarem, os rios transbordarem e a chuva cair, sua casa se mostrará construída sobre a areia e será varrida para sempre. Portanto, assumam nosso texto com aquilo que o antecede e o sucede e encontrarão que há algo aqui para cada um de vocês. Essas pessoas se afastaram muito da religião, mas não foram longe o suficiente.

2. Em segundo, ELES SE MANTIVERAM ASSIM POR MUITO TEMPO.

Vocês nunca perceberam por quanto tempo algumas pessoas conseguem fazer um negócio funcionar mesmo que o capital já tenha se esgotado há anos? A empresa está completamente falida, mas, de uma forma ou de outra, de maneiras diversas, eles conseguem manter a aparência de prosperidade. Acaba havendo no entorno, pelo menos, uma pequena suspeita de que as coisas não estejam exatamente da forma que parecem estar, mas as pessoas astutas evitam a queda que parece tão inevitável. Imagino que haja muitas firmas na cidade que sejam como pavio, porém, por causa disso tudo, não se incendeiam por um tempo.

Há certas maneiras ardilosas pelas quais os homens podem sustentar algo que, de outra maneira, logo cairia. Isso acontece com a religião. Você pode muito facilmente remendar a profissão de fé quando uma ruptura nojenta e feia surge, pode pintar por cima do remendo, e se uma tentação repentina chegar, como o golpe de uma tempestade que arranca parte do telhado, há muitos profissionais para consertá-lo que logo colocarão umas poucas telhas e farão o lugar danificado parecer limpo e consistente. E mesmo quando o velho casebre serve apenas para ser derrubado e queimado, você ainda pode conseguir um pouco de hera e umas poucas flores para crescer sobre ele, tornando-o assim em uma visão pitoresca. Há pessoas que fazem exatamente isso com sua religião vacilante, que nunca mereceria ser retida, mas que eles conseguem mantê-la por um tempo muito longo.

Foi assim com as pessoas em nosso texto, pois primeiramente *elas não foram silenciadas pelos homens*. Profetizavam em nome de Cristo, mas ninguém lhes disse: "Vocês não devem profetizar novamente, pois vivem de forma tão inconsistente que não os ouviremos". Não parece que isso aconteceu com qualquer uma dessas pessoas. O homem que foi por aí expulsando demônios não foi interrompido, mas continuou a fazê-lo, e ele mesmo declarou a Cristo que o havia feito, e feito continuamente.

Ah, meus irmãos! Alguns de nós têm visto pastores cujo caráter foi arruinado de modo que jamais deveriam pregar novamente. Conhecemos alguns membros de igreja cuja hipocrisia foi descoberta, de maneira que nunca voltarão a se achegar à mesa da comunhão novamente a não ser que o Senhor, em Sua graça, lhes conceda perdão. No entanto, qual a diferença entre eles e alguns de nós exceto que eles foram descobertos e nós não? Ou pode ser que, caso tivéssemos sido expostos às tentações às quais eles cederam, ou se fôssemos provados como eles foram, teríamos caído tão fortemente quanto eles, pois é muito provável que não sejamos mais consistentes em nosso coração do que eles eram.

Que o Senhor nos conceda graça para manter essa questão em nosso coração porque, se um homem está consciente de estar correto, a introspecção não lhe trará sofrimento, e não há sequer um entre nós a quem a sugestão de que deveríamos nos provar à vista de Deus causará ferimento.

Além disso, *não parece que Cristo tenha abertamente renegado essas pessoas durante sua vida*. Ele manteve-se calado a respeito deles até "aquele dia". Lá estavam eles, pregando, ensinando a uma turma da Escola Dominical, distribuindo o pão e o vinho na Ceia, transitando entre seus companheiros de membresia, ativamente envolvidos no culto cristão, e todos dizendo deles: "Que pessoas boas eles são!". Todavia, o Senhor Jesus Cristo sabia que eles não eram isso, por que então Ele não os expôs em Sua justa ira?

Ele não o fez porque Sua gentileza é tal que suportará por longo tempo até mesmo um Judas, assim deixa esses hipócritas por sua conta durante toda a vida deles. Eles morrem em santimônia e alguém prega em seu funeral um sermão sobre eles, escrevem seu memorial, e é somente no grande último dia que os impostores são descobertos, assim, pela primeira vez, Cristo lhes diz publicamente: "'Nunca vos conheci'. Não tive nada a ver com vocês. Por que estavam pretensamente em minha Igreja? Que direito tinham de pregar em meu nome? Que autoridade, para falar aos demônios em meu nome? 'Nunca vos conheci.' Vocês sempre foram impostores, desde o primeiro dia até hoje". Cristo sabia tudo sobre eles o tempo todo, mesmo assim não os expôs até o último dia.

E percebam, mais uma vez aqui, que eles se apegam a falsas esperanças até o fim. Não sabiam realmente do engano. "O quê?", você diz, "eles nunca acharam que estavam enganados?". Talvez soubessem, aqui e ali, mas então diziam a si mesmos: "Não devemos entrar num estado de mente duvidoso. Este olhar para dentro de si e sondar nosso coração não fará bem e somente nos perturbará e trará angústia". Assim, prosseguem caiando-se com cal virgem. Estão tão errados quanto poderiam, no entanto, todos os tratam como se estivessem certos, por fim, pensam estar corretos. Pois um homem pode, com o tempo, fazer a si mesmo crer naquilo que ele sabe ser mentira.

Já ouvi pessoas contando histórias a respeito delas mesmas que não tinham qualquer fundamento, mas elas a contam com tanta frequência que tenho certeza que realmente creem estar falando a verdade, embora se pensassem seriamente, perceberiam que seu conto é totalmente inventado. Um homem pode entrar e sair de entre os cristãos, unir-se a eles em oração, louvores e ceia, pode pregar o evangelho deles ou ouvi-lo, até que, por fim, sem qualquer razão para que creia assim, ele possa se persuadir de que está tudo certo. Ele pode até passar pelos portais da morte como se não estivesse enganado.

Os justos normalmente ficam perturbados quando chegam à morte, porém é dessas pessoas que se autoenganam que o salmista fala: "Porque não há apertos na sua morte, mas firme está a sua força. Não se acham em trabalhos como outra gente, nem são afligidos como outros homens". Atentem bem, suplico, para o autoengano. Digo-o primeiramente a mim mesmo e depois a vocês, para que não ouçamos o Senhor Jesus nos dizendo "nunca vos conheci" senão "naquele dia"; e para que, até mesmo "naquele dia" nós lhe falemos "Senhor, Senhor" e comecemos a argumentar de que estávamos certos, e Cristo coloque um fim em tudo isso dizendo "apartai-vos de mim, vós que praticais a iniquidade".

3. Devo ser breve na terceira parte. Essas pessoas se afastaram da religião e assim se mantiveram por muito tempo, mas ESTAVAM FATALMENTE ENGANADOS.

Estavam enganados, primeiramente, porque *sua língua contradizia suas mãos*. Disseram "Senhor, Senhor", mas não faziam a vontade do Senhor. Eram muito loquazes com sua língua quando iam profetizar, porém a mensagem nunca veio de seu coração. Nunca fizeram aquilo que diziam que os outros fizessem, eram zelosos na exortação, mas não eram diligentes em dar um bom exemplo aos seus ouvintes. Expulsavam demônios, todavia ao mesmo tempo, não escapavam eles mesmos do poder do diabo por abandonar o pecado e seguir a justiça. Falhavam na questão da santidade prática. Não possuíam a graça de Deus em suas almas demonstrada em suas ações ordinárias e rotineiras. Podiam falar, cantar, profetizar, mas não eram obedientes aos mandamentos divinos e não andavam nos caminhos de Deus.

Depois, *usavam o nome que é prezado aos discípulos de Cristo sem possuir a natureza de discípulo*. Usavam o nome de Cristo, pois lhe disseram: "não profetizamos nós em teu nome? E, em teu nome, não expulsamos demônios? E, em teu nome, não fizemos muitas maravilhas?". Conheciam o nome de Cristo, mas não possuíam a Sua natureza. Citavam Seu nome sem nunca terem copiado o Seu exemplo. Nunca chegaram a Ele e nele confiaram e o amaram. Conheciam Seu nome, mas não o conheciam, e Ele sabia o nome deles, porém não os conhecia. Não havia comunhão — nenhum relacionamento íntimo entre eles.

A seguir, eles profetizavam, mas não oravam. A oração é uma evidência vital de ser cristão, contudo, a profecia não é. Mil sermões não provam que um homem seja cristão, mas uma oração genuína sim. É fácil falar aos homens, porém é outra coisa bem diferente, que vem do íntimo da alma, falar aos ouvidos de Deus. Eles falharam nesse ponto, portanto, seu erro foi fatal.

Além disso, *eles atentavam para as maravilhas, mas não ao básico*. Negligenciavam as coisas importantes que deveriam ser feitas em secreto, fizeram muito para serem vistos em público, mas falharam no mais simples, aquelas coisas que ninguém vê. Deixem-me dizer-lhes, irmãos e irmãs, que aqui está grande parte do nosso perigo — o risco de adquirir um caráter religioso sem ter um coração renovado, fazer ações religiosas sem realmente ser nascido de novo, aprender o sotaque da Nova Jerusalém sem ter nascido como um cidadão da cidade celestial, tornar-se falantes fluentes e obreiros zelosos, mas não haver confessado pecados ou se arrependido deles ou se apegado a Jesus Cristo pela fé viva.

Suplico a vocês, jovens professores, ambicionem mais da santidade secreta, aquela que não deseja ser vista — tratando com Deus de modo simples e honesto no privado — muita oração secreta e meditação na Palavra, resumindo, uma vida de consagração verdadeira a Deus. Você pode profetizar, se for a vontade Deus, e talvez expulsar demônios. Eu espero que sim, e em nome de Cristo você pode fazer coisas maravilhosas, mas, antes de tudo, "necessário vos é nascer de novo". Devem tornar-se como crianchinhas sentadas aos pés de Jesus e aprender dele. Devem obedecer a Seus mandamentos e render-se a Ele, ou, do contrário, estarão fatalmente enganados, qualquer que seja a profissão de fé que façam.

4. Agora, por último, desejo relembrar-lhes de que ESSAS PESSOAS DESCOBRIRAM SEU ERRO DA FORMA MAIS TERRÍVEL.

Ó, se pudessem apenas havê-lo descoberto antes! Possivelmente, frequentavam um ministério que era muito tranquilizador. Ou, se ouviram um sermão que parecia lhes reprovar, disseram: "O pregador é muito duro, ele não tem amor suficiente" — como se não fosse o mais verdadeiro amor incitar os homens a se sondarem, testarem-se e experimentarem-se, para que não se enganem e assim estejam perdidos. Há alguns cuja pregação é toda doçura, ela é boa para impressionar, mas sem utilidade alguma para ganhar almas.

Custar-me-ia mais que minha alma vir aqui e persuadi-los a uma confiança mentirosa. Assim, enquanto esses lábios puderem falar, não haverá um homem autoenganado aqui pela falta de aviso e ardente exortação para que se coloque diante de Deus e peça que Ele o sonde, o prove e veja se há nele algum caminho mau e o guie ao caminho eterno. Não é suficiente sentir-se seguro quanto ao Céu e começar a cantar "Dia feliz! Dia feliz!".

Suponham que, no fim de tudo, você não esteja salvo. "Ah!", diz alguém, "Não posso suportar tal hipótese!". Não, caro amigo, mas talvez possa ser verdade, e, se for, que misericórdia será se o descobrir agora, quando, num momento, você pode olhar para Jesus e encontrar vida eterna, ao passo que, se não o descobrir até o tempo em que os homens e as mulheres infelizes, mencionados no texto, descobriram, ou seja, "naquele dia", então o saberá tarde demais! Uma vez que se torne um falido no grande empreendimento da vida, estará falido para sempre. Uma vez perdido na batalha da vida, sua derrota será eterna. Não imaginem nem sonhem, não se encantem com alguma noção falsa ou grande esperança para que não afundem, no final, em uma decepção mais profunda.

"...como diz o Espírito Santo, se ouvirdes hoje a sua voz, não endureçais o vosso coração", mas Ele não nos diz para lhes oferecer qualquer esperança que não a deste breve momento em que vocês existem. "Crê no Senhor Jesus Cristo e serás salvo", "Quem crer e for batizado será salvo; mas quem não crer será condenado". Isso é parte da Grande Comissão que Cristo deu a todos os Seus discípulos, e aquele que ousar se desviar disso, ou ir além disso, é um traidor de seu Senhor e um assassino das almas dos homens. Oramos para que nunca sejamos assim.

Notem como essas pessoas descobriram seu erro fatal. Descobriram-no daquilo que Cristo disse: "nunca vos conheci". Não emocionalmente, ou em ira, mas em tom austero, triste e solene, afirmou "nunca vos conheci". "Mas usamos Teu nome, Senhor." "Sei que o fizeram, mas eu nunca os conheci, e vocês jamais me conheceram verdadeiramente." Quase posso imaginar alguns virando para o lado, "naquele dia", e dizendo a algum cristão que costumava se sentar no mesmo banco da igreja: "Você me conhecia!". Ao que responderão: "Sim, eu o conhecia, mas isso não é defesa porque o Mestre não o conhecia!". Posso ver alguns de vocês chorando ao seu pastor: "Pastor, você não nos conhecia? Certamente você se recorda do que costumávamos fazer!". O que ele pode responder? "Ah, sim! Com tristeza afirmo que eu o conheço, mas não posso ajudá-lo. É somente o conhecimento de Cristo a seu respeito que poderá ser alguma defesa para seu caso!"

Notem também *o terror que está implícito naquilo que Cristo não disse*. Ele falou: "apartai-vos de mim, vós que praticais a iniquidade", mas quem pode dizer tudo o que essas palavras significam? O que aconteceu com essas pessoas depois que a sentença foi pronunciada sobre eles por Cristo? Foi sobre esse "infortúnio anônimo" que cantamos há pouco. Não há palavra que possa descrever completamente o seu estado de infortúnio se Cristo não o conhecer e disser que nunca o conheceu. Se você não tiver relacionamento com o Redentor — se em Seu coração amoroso não houver reconhecimento de você —, se Ele lhe disser "nunca o conheci", ah, então, ai! Ai! Ai! — Mil vezes, ai de você! sem esperança, pois ser desconhecido dele é ser desprovido de esperança para todo o sempre.

Talvez a pior de todas as coisas foi *a solene verdade do que Cristo disse*. Ele nunca mente, então, se alguma vez disser a um homem "nunca o conheci", Suas palavras são verdadeiras. Pensem por um minuto apenas sobre essa pequena frase, imagino se ela é verdade com relação a qualquer um de vocês agora. Cristo conhece todos os que buscaram a Sua face com arrependimento e fé, mas essas pessoas, embora tenham profetizado em Seu nome, expulsado demônios e feito muitas maravilhas, nunca se arrependeram ou creram em Jesus. Vocês se lembram dos versos de autoria de John Newton —

Perguntas-me quem sou eu?
Ah, Senhor, conheces o nome meu!
Mas a questão vem apelar,
Para meu caso contigo apoiar.

Uma vez, um pecador perto do desespero,
Buscou Teu propiciatório em apelo.
A misericórdia o ouviu e libertou;
Senhor, essa misericórdia a mim chegou.

Se isso é verdade para qualquer um de vocês, podem dizer ao Senhor: "Tu me conheces, Senhor, pois a ti me cheguei e pedi que tivesses misericórdia de mim, um pecador". No entanto, "naquele dia" esses dissimulados terão de relembrar o que jamais fizeram. Davi disse ao Senhor: "conheceste a minha alma nas angústias". Amados, alguns de vocês sabem o que é ir a Deus com cada problema que lhes sobrevém, mas esses hipócritas não o sabem e tiveram de lembrar "naquele dia" que jamais recorreram a Deus — nunca tiveram comunhão com Cristo — nunca, na verdade, se tornaram conhecidos dele.

"Não", diz Cristo, "nunca o vi aproximar-se de minha porta como um pedinte. Jamais o vi sentado aos meus pés como um discípulo. Nem como um humilde seguidor trilhando em meus passos. Ou como uma ovelha que conhecesse minha voz e me seguisse. 'Nunca o conheci'. Você era um estranho para mim, nós nunca trocamos uma palavra um com o outro. Não éramos amigos. Você nunca reclinou sua cabeça em meu peito. Você não tinha nada comigo e agora eu não tenho nada com você". Se Cristo alguma vez o deixar de lado e lhe disser "nunca o conheci", você verdadeiramente ficará abandonado. Pode ser que minhas palavras sobre esse tema solene o aflijam, mas quanto mais lhe afligirão as a palavras de Cristo quando Seus próprios amados lábios lhe disserem "nunca o conheci"!

Ó Cristo de Deus, nunca digas essas palavras para qualquer um de nós! Bendito Cordeiro de Deus, tu que és toda a nossa salvação e todo nosso desejo, sabemos que nunca poderás dizer tais palavras para alguns de nós, pois nos conheces desde a eternidade, e há muito que te conhecemos! Conheces aqueles a quem escolheste, conheces aqueles a quem remiste com Teu precioso sangue, e aqueles que foram chamados por Tua graça, aqueles a quem despertaste e preservaste e mantiveste até este dia. Porém, ó, jamais nos deixes entre os que enganam a si mesmos, que "naquele dia" te ouvirão dizer "nunca vos conheci"! Há mais trovões nessas três palavras do que os ouvidos em meio à mais terrível tempestade que já se passou sobre nossas cabeças. Não há qualquer pegada ou olhar como o fogo para as acompanhar, elas são pronunciadas calma e deliberadamente e, mesmo assim, são terríveis e esmagadoras — "nunca vos conheci!".

Julguem vocês mesmos, queridos amigos, se conhecem ou não a Cristo e se Ele os conhece. E, à medida que se julgam, qualquer que seja o veredito, aceitem essa última palavra de conselho: quer Ele os conheça ou não, venham a Ele, confiem nele e descansem nele. Enquanto meditava nesse assunto, pensei: "bem, talvez meu Senhor não me conheça", então me assegurei de que Ele me conhecesse, pois o busquei naquele mesmo momento e lugar e os exorto a fazer o mesmo. Se temem a possibilidade de não o conhecerem, confiem nele agora mesmo. Então, se estiveram enganados até agora e realmente não o conhecem, começarão a conhecê-lo hoje. E se já o conhecem, serão renovados em seu relacionamento com Ele de maneira abençoadora, e a questão que os atribula desaparecerá. Você poderá dizer: "Sim, Senhor, bendito seja o Teu nome, verdadeiramente te conheço, e tu me conheces e me conhecerás desde agora e para sempre". Que o Senhor conceda essa bênção a cada um de nós, por amor a Jesus! Amém!

13

OS DOIS CONSTRUTORES E SUAS CASAS[69]

*Todo aquele, pois, que escuta estas minhas palavras
e as pratica, assemelhá-lo-ei ao homem prudente,
que edificou a sua casa sobre a rocha. E desceu a chuva,
e correram rios, e assopraram ventos, e combateram
aquela casa, e não caiu, porque estava edificada
sobre a rocha. E aquele que ouve estas minhas palavras e
as não cumpre, compará-lo-ei ao homem insensato,
que edificou a sua casa sobre a areia. E desceu a chuva,
e correram rios, e assopraram ventos, e combateram
aquela casa, e caiu, e foi grande a sua queda.*
(Mateus 7:24-27)

Estas foram as palavras de encerramento do sermão mais famoso de nosso Salvador sobre o monte. Alguns pregadores concentram todo o seu poder num esforço de

---
[69] Este sermão foi pregado no Metropolitan Tabernacle em 27 de fevereiro de 1870.

concluir com algo refinado chamado peroração, que, interpretado, significa o acender dos fogos de artifício retóricos em cuja glória o pregador desvanece. Certamente eles não têm o exemplo de Cristo neste discurso para lhes autorizar a essa prática.

Aqui está a peroração do Salvador, e mesmo assim é tão simples quanto qualquer outra parte do discurso. É uma evidente ausência de todos os artifícios de oratória. A plenitude de Seu Sermão do Monte era intensamente austera, e essa austeridade foi sustentada até o fim, de modo que as palavras de encerramento são como carvões em brasa, ou tão penetrantes como as flechas de um arco. Nosso Senhor encerra não exibindo Seus próprios poderes de elocução, mas ao dirigir simples e afetuosamente um alerta àqueles que, tendo ouvido Suas palavras, pudessem ficar satisfeitos com o ouvir e não iriam adiante e as colocariam em prática.

De acordo com a experiência, um pregador aquece seu assunto à medida que avança e se torna mais intenso quando se aproxima das frases finais. Assim devemos dar mais atenção às palavras que estão agora diante de nós, com as quais o Senhor de todos os pregadores concluiu Seu memorável discurso.

Jesus havia dito muitas coisas, mas estas são as duas palavras às quais Ele aludiu especialmente quando disse: "Todo aquele, pois, que escuta estas minhas palavras e as pratica, assemelhá-lo-ei ao homem prudente". A primeira é "Entrai" (Mateus 7:13) e a segunda é "Acautelai-vos" (7:15). Nosso Senhor falou da "porta estreita" do "caminho estreito" e dos poucos que a encontram, e Sua exortação urgente foi "entrai". Não, "aprendam tudo sobre ela e se satisfaçam", nem "encontrem os defeitos nos viajantes e na estrada", muito menos "procurem alargar a porta e o caminho", mas "entrai". Sejam obedientes ao evangelho, creiam em seu testemunho acerca de Jesus, entrem em comunhão com seus mistérios, recebam suas bênçãos, sejam viajantes por suas estradas. "Entrai". Aquele que ouve sobre o caminho ao Céu, mas não entra nele, é homem tolo; aquele que ouve da porta estreita e se esforça para entrar por ela é sábio.

Depois, nosso Senhor acrescentou outra admoestação: "Acautelai-vos"! "Acautelai-vos, porém, dos falsos profetas" e, após deter-se por um tempo nisso, acrescentou, em outras palavras: "Acautelai-vos das falsas profissões de fé". Tenham cuidado com os falsos profetas porque eles podem enganá-los, podem trazer diante de vocês uma salvação que não salva, uma mera miragem que parece um riacho puro, calmante e refrescante, mas que apenas zomba de sua sede. Atentem a todo ensino que pode conduzi-los para longe do único Salvador da alma dos homens. Então, Ele acrescenta: "Acautelai-vos das falsas profissões de fé", por mais alto que eles lhe façam clamar "Senhor, Senhor!". Na companhia dessas profissões de fé, você pode ter os dons mais sublimes, como o expulsar demônios, e as maiores habilidades, como aquelas que só os profetas possuem, mas eles não lhes trarão qualquer benefício. Naquele dia, quando o Mestre aceitará em Suas bodas somente os Seus companheiros de guerra na Terra, Ele dirá àqueles que não cumpriram a vontade do Pai: "Nunca vos conheci; apartai-vos de mim, vós que praticais a iniquidade". Esses são os dois ditos de Cristo e eles compreendem quase tudo o que Ele disse: "Entrai" e "Acautelai-vos". Cuidem de praticá-los tanto quanto os ouvem.

1. Agora procederemos à parábola do Mestre, e, por favor, observem primeiro OS DOIS CONSTRUTORES.

O sábio e o tolo estavam, ambos, envolvidos exatamente na mesma ocupação, e, até certo ponto, atingiram o mesmo desígnio: ambos empreenderam a construção de uma casa, ambos perseveraram nesse intento, ambos terminaram a casa. A semelhança entre eles é muito considerável. *Estavam igualmente sensibilizados com a necessidade de construir uma casa.* Perceberam a necessidade de abrigo contra fortes chuvas, estavam igualmente desejosos de ficarem protegidos contra enchentes e resguardados contra os ventos. A vantagem de se ter uma casa para habitar era evidente a ambos.

Mesmo agora, neste tempo, temos muitos nesta congregação que estão sensibilizados com a convicção de que precisam de um Salvador. Deleito-me em descobrir que há uma agitação entre meus ouvintes e confio que seja um movimento do Espírito Santo de Deus, e, como consequência, muitos de vocês sentem profundamente que necessitam de um refúgio contra a ira vindoura. Agora admitem que precisam ser perdoados, justificados, regenerados e santificados e seus desejos são fervorosos, e por isso tudo sou profundamente grato, mas também fico profundamente ansioso. Vocês estão nas multidões desejosas de se tornar construtores e, embora alguns sejam sábios e alguns tolos, até aqui não vemos diferença entre vocês, pois parecem igualmente convencidos de que precisam de vida eterna e de uma boa esperança para o mundo porvir.

A semelhança não termina aqui, pois os dois construtores estão igualmente *decididos a obter o que precisam* — uma casa, e sua determinação não é apenas em palavras, mas em obras, visto que ambos se põem a trabalhar resolutamente. Da mesma maneira, há entre nós, nesta mesma hora, muitos que estão decididos de que, se devem se apossar de Cristo, eles o possuirão, e se há essa coisa de salvação, eles a encontrarão. Estão muito determinados, intensamente determinados e, embora alguns venham a falhar e outros a ter sucesso, ainda assim, até este ponto, ambos são iguais, e ninguém, exceto Aquele que sonda todos os corações, pode discernir a menor diferença.

Olho com tristeza para esses dois peregrinos, com sua face voltada em direção a Sião, e suspiro, à medida que reflito sobre qual deles encontrará a Cidade Celestial e qual se unirá à Formalista e à Hipocrisia[70], perecendo nas montanhas escuras. Alegramo-nos em ouvir de corações anelantes e resolutas determinações, mas,

---

[70] Alusão a personagens do livro *O peregrino* (Publicações Pão Diário, 2020).

infelizmente, não há trigo que cresça em milharais, nem tudo que reluz é ouro. As aparências trazem muita, muita esperança, porém, elas normalmente enganam. Pode haver um senso profundo de necessidade e uma decisão firme para que a necessidade seja suprida, e, ainda assim, entre os dois exploradores, um pode encontrar o que precisa e o outro perder, um pode ser tolo e o outro sábio.

Esses dois construtores pareciam ser *igualmente bem qualificados em arquitetura.* Tanto um quanto outro podia construir uma casa sem receber mais instruções. Não creio que tenha havido descanso ou pausas da parte de qualquer um deles pelo fato de que não conseguissem envergar um arco ou fixar uma armação. Evidentemente ambos eram trabalhadores habilidosos, bem familiarizados com a arte. É assim com muitos aqui. Eles sabem, no que tange à teoria, qual é o plano da salvação tanto quanto eu. No entanto, mesmo que o conhecimento seja o mesmo, o resultado final pode variar. Dois homens podem ser igualmente instruídos nas Escrituras, porém, um pode ser sábio e o outro tolo.

O conhecimento sobre o que é fé, arrependimento, qual é a boa esperança em Cristo, pode ser todo seu e, todavia, ele pode aumentar seu sofrimento eternamente. Se você sabe essas coisas, será feliz se as praticar. Não é o ouvinte, mas o praticante da Palavra que é abençoado. O conhecimento ensoberbece, o amor edifica. Meus amados irmãos, espero ardentemente que aqueles de vocês que estão desejosos de encontrar a vida eterna possam não se contentar com qualquer escassez de uma pura, profunda e verdadeira obra da graça em seu coração, pois nenhuma clareza de conhecimento mental, nenhum zelo natural de propósito ou desejo anelante poderá salvá-lo. Sem um interesse em Cristo Jesus, você estará perdido eternamente. "Necessário vos é nascer de novo", vocês precisam ser trazidos à união vital com o Salvador vivo, ou sua esperança acabará em opressora destruição.

Mais uma vez, *esses dois construtores perseveraram e terminaram sua estrutura.* O tolo não começou a construir e depois parou seu trabalho porque não tinha capacidade para concluí-lo. Mas, até onde eu sei, sua casa foi terminada exatamente como a outra e, talvez, tenha sido muito bem mobiliada. Se você olhasse as duas estruturas, elas pareceriam igualmente completadas desde o fundamento até o teto, e, no entanto, havia uma grande diferença entre elas em um ponto muito essencial. Do mesmo modo, infelizmente, muitos perseveram em buscar a salvação até que imaginam que a tenham encontrado, permanecem por anos na crença total de que estão salvos e então clamam "Paz! Paz!" e se incluem entre os benditos. No entanto, um erro fatal está na base de toda a sua religião, todas as suas esperanças são vãs e o trabalho de sua vida se provará ser um completo fracasso!

Os construtores são muito semelhantes até esse ponto, contudo, na realidade estão tão distantes quanto dois polos tanto em sua obra quanto em seu caráter. Um deles é sábio, o outro, tolo; um é superficial, o outro substancial; um, pretencioso, o outro, sincero. A obra do sábio era honesta naquele lugar onde os olhos dos homens não conseguem julgar; a do outro, bem forjada acima do solo, mas não havia realidade alguma nas partes ocultas. E, assim, no devido tempo, o primeiro construtor se alegrou quando viu que sua casa sobreviveu à tempestade; enquanto o outro foi varrido para total destruição juntamente com sua casa.

2. Sendo isso acerca dos dois construtores, passemos agora a meditar sobre SUAS CASAS.

Uma diferença principal entre os dois edifícios provavelmente foi esta: que *um deles construiu sua casa mais rápido do que o outro*. O sábio teve que passar um bom tempo no trabalho da fundação. Lucas nos diz que ele "cavou, e abriu bem fundo, e pôs os alicerces sobre a rocha". Esse explodir da rocha, a escavação e o corte do rígido granito devem ter consumido dias e semanas. O construtor tolo não encontrou esse atraso, a areia estava toda macia e pronta para ele, assim conseguiu começar de uma vez a lançar suas camadas de tijolos e levantar as paredes com toda rapidez.

Mas toda pressa não significa boa velocidade; há alguns que viajam rápido demais para conseguirem se sustentar. Os professos que são vacilantes são, muitas vezes, muito rápidos em seu suposto crescimento espiritual. Ontem eram não convertidos, hoje se converteram, amanhã começam a ensinar e no dia seguinte se tornam perfeitos. Parecem ter nascido em estatura de adulto, equipados em todos os pontos, como Minerva quando, de acordo com a fábula, saltou do cérebro de Júpiter[71]. Eles surgem numa noite e, infelizmente, com muita frequência, como a aboboreira de Jonas, perecem também em uma noite.

Agora, não levanto questão sobre o caráter genuíno de conversões repentinas. Creio que elas estão entre as melhores e mais verdadeiras formas de conversão. Peguem, por exemplo, aquela do apóstolo Paulo. Contudo, ainda há entre aqueles que professam ter se convertido repentinamente, uma infeliz numerosa companhia que corresponde à descrição que já dei, pois construíram muito, muito rápido; rápido demais para que a alvenaria seja bem construída e duradoura.

Pode ser que algum pranteador esteja lamentando amargamente que faz um progresso muito lento na graça. "Tenho buscado a Deus em oração estes meses", diz alguém. "Tenho me humilhado e quebrantado sob a consciência do pecado por semanas, e até o momento só tenho vez por outra um vislumbre de esperança quando volto meus olhos para o Salvador crucificado. Ainda tenho algumas consolações, e muitas dúvidas. Eu alegremente teria toda a luz do amor em meu coração, mas o amanhecer está lento em seu despontar". Bem, amigo, você está construindo lentamente, mas, se for com convicção,

---

[71] Minerva é uma deusa romana, equivalente a Atena dos gregos. Filha de Júpiter e da titânide Métis. Júpiter teria devorado Métis e, após uma dor de cabeça muito forte, recorreu a Vulcano (deus do fogo), que lhe abriu a cabeça para aliviá-lo da dor. Neste momento, Minerva salta para fora do cérebro de seu pai.

não terá razões para se arrepender de cavar profundamente. Terá poucas causas por que prantear de que tenha levado mais tempo para chegar à paz do que seu amigo apressado, se for para essa paz durar eternamente para você, ao passo que a esperança dele será posses em meio às nuvens, que são levadas pelo vento.

Daquelas duas casas, uma foi construída, não duvido, *com muito menos problemas do que a outra*. Cavar o alicerce em rochas firmes toma tempo, como eu disse, mas também envolve esforço. Muitas vezes aquele sábio construtor teve de parar para enxugar o suor de sua fronte, frequentemente ele foi descansar em sua cama esgotado com o trabalho do dia, e, mesmo assim, não havia uma pedra sequer aparecendo sobre o solo. Seu vizinho, ao contrário, subiu rapidamente as paredes, chegou à empena[72], estava quase colocando o telhado, antes que mal houvesse dois metros acima do solo da estrutura do construtor sábio. "Ah!", diz aquele da fundação de areia, "sua labuta é desnecessária, e você não tem nada para mostrar por causa dela. Veja como foi rápido levantar minhas paredes, e ainda assim não me escravizei como você. Faço as coisas do jeito mais fácil e nem me incomodo com rochas, e veja como minha casa brotou rápido! E ela não parece esmerada? Seus métodos antigos são absurdos. Você escavou e bateu até em baixo como se quisesses perfurar o centro da rocha. Por que não usa o senso comum e vai em frente como eu? Afaste seus suspiros e gemidos, faça como eu e regozije-se logo! A ansiedade vai matá-lo".

As almas verdadeiramente avivadas são, dessa maneira, como "tocha desprezível, na opinião do que está descansado"[73]. Um homem salta, por assim dizer, para dentro da paz e se vanglória de estar seguro, quer esteja ou não correto em sua confiança. Não pausa para questionar, está confortável demais para inquirir sobre o assunto. Sua

---

[72] "Parte superior, de forma triangular, das paredes na fachada menores de uma construção cujo telhado é de duas águas, na qual se apoia a cumeeira; hasteal, outão" (Houaiss, 2009).

[73] Jó 12:5

propriedade é boa, por que se preocupar com a escritura? O banquete está farto, por que ater-se às vestimentas nupciais? Se uma dúvida surgir, o homem carnalmente seguro a atribui a Satanás e a coloca de lado, mas é sua própria consciência e a voz de alerta do Céu que o convida a atentar e a não ser enganado. Ele nunca oferece sinceramente a oração para que o Senhor o sonde e prove seu coração e seus pensamentos. Tal homem não gosta de autoexame e não consegue suportar que lhe digam que deve haver fruto de arrependimento. Ele faz as coisas como que por adivinhação, chega a conclusões precipitadas e fecha os olhos a fatos desagradáveis. Ele sonha que é rico e abastado em bens, ao passo que está nu, é pobre e miserável. Infelizmente, quando ele despertar, será terrível!

Seu companheiro, mais sério, que se levantou ao mesmo tempo, é, por outro lado, muito mais modesto e não autoconfiante. Quando ora, seu coração lamenta diante de Deus, mas ele teme não orar direito e nunca se levanta de sobre seus joelhos satisfeito consigo mesmo. Ele não se satisfaz com a realidade de sua fé, como o outro. "Talvez", diz ele, "no fim de tudo, não seja a fé do eleito de Deus". Ele se examina para saber se está em fé. Treme para que não tenha a forma de piedade, negando o poder dela. Teme as fraudes e enganos e apoia a compra de ouro refinado no fogo. Ele diz: "Estou certo de que meu arrependimento é uma verdadeira repugnância ao pecado como pecado, ou apenas derramei uma ou duas lágrimas sob a euforia de um culto de reavivamento? Tenho certeza de que minha natureza é renovada pela obra do Espírito Santo, ou será isso uma mera reforma?". Vocês percebem que esse segundo homem tem exercitado muito a sua alma, esforça-se para entrar no descanso para que, por qualquer meio, não pareça ficar fora dele. Tem muitas lutas, muitas ansiedades, muitas sondagens de coração porque é sincero e teme estar enganado. O reino do Céu sofre violência por parte deste homem; ele descobre a porta e o caminho estreitos e que os justos são salvos com dificuldade.

Seja agradecido, querido ouvinte, se você estiver entre esse segundo tipo, pois esses são os verdadeiros filhos de Deus e herdeiros da imortalidade! Sua casa lhe custa mais para ser construída, mas esse custo valerá a pena. Tome cuidado para não vestir a pele de ovelha sem ter a natureza de ovelha. Acautele-se ao dizer "Senhor, Senhor!" enquanto ainda serve ao pecado. Tome cuidado para não suscitar a religião ficcional, emprestando sua experiência de biografias, selecionando santidade de segunda mão proveniente de sua mãe, seu pai, ou amigos e conhecidos. Independentemente do quanto lhe custar de tristezas e agonias, cuide que o fundamento certo seja alcançado e a casa assim construída, pois ela resistirá às provações que inevitavelmente a testarão. Eu alegremente saturaria meu discurso com lágrimas, de tão pesada e necessária que sinto ser essa precaução tanto para mim quanto para vocês.

Eu deveria achar que, com o decorrer do tempo, embora o construtor tolo construísse com custo muito menor e tão mais rapidamente, *suas paredes estariam sujeitas a um assentamento muito feio.* Paredes que não possuem fundação e são empilhadas sobre a areia, de vez em quando, se escancararão com horrorosas rachaduras, as pedras se partirão aqui, as madeiras deslizarão ali, o que requereria muito cimento e preenchimentos. Que trabalho dá para um pintor e um rebocador fazerem um edifício arruinado se parecer com uma alvenaria decente! Muito provavelmente quando a rachadura de um assentamento for coberta em um lugar, outra aparecerá na parede ao lado, pois com tal alicerce seria difícil manter a estrutura bem unida, e, em longo prazo, não me surpreenderia se custasse mais dores ao construtor tolo para manter seu edifício condenado do que custou ao sábio, que esforçou-se tanto com seu fundamento no início.

Notem bem que a mera religião formal e a hipocrisia, no fim das contas, tornam-se muito difíceis de serem mantidas. O homem tem de se esforçar para remendar sua reputação, sustentá-la com novas mentiras e reforçá-la com revigoradas dissimulações. Uma vez, será algo não renovado que se rebelará ferozmente, e ele terá de fingir uma resignação à aflição; depois uma luxúria não dominada exigirá indulgência, e ele terá de disfarçar o pecado com mais engano duplamente destilado; a forma de oração se torna cansativa, e ele precisará se contorcer numa horrorosa farsa, enquanto isso sua vida exterior sempre estará à beira de cometer um deslize, e ele teme ser descoberto. De uma forma ou de outra, ele está continuamente amedrontado, como um ladrão que teme que a polícia o encontre. A cada soprada do vento, sua habitação ameaça cair sobre sua cabeça. Ele quase deseja que, afinal, tivesse tido os problemas para escavar um fundamento sobre a rocha, mas, com determinação desesperada, afasta de si a voz de alerta e não admite nenhuma de suas reprimendas.

Ó, queridos ouvintes, descansem seguros de que a verdade, no fim de tudo, é mais barata e mais fácil no longo prazo. Seu banho de ouro, seu verniz, sua pintura e sua hipocrisia logo se desgastarão, ao passo que a verdade não lhes sacrificará o embelezamento. Até como uma questão de consideração por esta vida, será mais difícil, no longo prazo, sustentar o fingimento do que manter a verdade, e, no último caso, você terá o apoio de Deus, e Ele rejeita tudo que não é verdadeiro. Eu lhes suplico que não emplastrem suas paredes com argamassa mal temperada, não apenas para que elas não venham a ruir quando vocês mais precisarem se abrigar atrás delas, mas que, agora mesmo, começam a demonstrar sinais alarmantes de enfraquecimento.

Quanto mais alto o construtor tolo edificar, mais esforço terá para mantê-la adequada, pois, naturalmente, cada camada de tijolos que ele colocar tornará o peso maior e causará a movimentação na areia. Quanto mais perto do céu for o construtor, mais cedo sua parede se encurvará para sua queda. O homem que só faz seu objetivo ser considerado respeitável por frequentar um local de adoração, pode muito bem conseguir sustentar uma parede tão baixa mesmo sem fundamento; outro, que se una a uma igreja mundana — uma igreja que não faça questão de pureza —, também pode ser facilmente bem-sucedido. Contudo, quem se unir à Igreja de Jesus Cristo, que busca cuidadosamente preservar a pureza em sua membresia, terá muito trabalho para atingir o padrão dele requerido.

Suponham, ainda mais, que ele se torne um diácono ou um presbítero e seja desprovido de graça; seu elevado objetivo lhe custará, de longe, muito mais, pois há mais pessoas para observá-lo e há mais para se requerer dele. Agora, ele ora em público, fala uma palavra de instrução para quem lhe inquire, e a que dificuldades e mudanças o pobre homem é conduzido, quão constantemente ele é condenado por aquilo que sua boca fala. "Ora", diz ele, "não sei sobre nada disso em minha alma e, mesmo assim, tenho que falar e agir como se Deus o houvesse ensinado a mim". Se ele se tornar um pregador, estará em uma condição ainda mais lamentável. Nesse caso, como deve ser difícil sustentar o personagem!

Quando a torre se eleva, camada sobre camada, sobre um alicerce tão frágil, ela se inclina como a torre de Pisa e, assim como essa estrutura singular, ameaça cair espatifando-se. Pouco a pouco esse ouropel desmorona em completa ruína, e sua alta estatura ajuda a acelerar a catástrofe. Então, queridos ouvintes, quanto mais espiritualidade tiverem como alvo e quanto mais batalharem por serem úteis, pior para vocês, a menos que tenham um bom alicerce para começar, em verdadeira sinceridade e fé. É tão ruim o curso da religião falsa, que quanto mais longe forem com ela, pior ela se torna.

A maior diferença, no entanto, entre as duas casas não está nessas rachaduras e assentamentos, nem no baixo custo ou rapidez da construção — *está oculta aos olhos, debaixo da terra*. Era tudo uma questão de alicerce. São muitos os que supõem que aquilo que está longe dos olhos está, também, longe do coração! Quem vocês acham que cavaria para ver qual é o alicerce? Alguém diz: "Bem, não vejo necessidade de ser exageradamente preciso, não creio em ser tão meticuloso. Aquilo que ninguém vê não pode significar algo". Muitos concordam com a canção desprovida da graça —

Pela fé e pela graça, deixe que os tolos zelotes lutem;
Não podem estar errados aqueles cuja vida está correta.

"Você doa generosamente para a igreja, frequenta um lugar de adoração, toma o sacramento, é caridoso, faz suas orações e não se preocupa com nada mais" — essa é a ideia popular. "Qual a utilidade de perturbar seu coração? Tudo isso é despropósito transcendental. O que isso pode significar?" Era assim que o construtor tolo se consolava; e ele, sem dúvida, zombava do construtor sábio como uma criatura miserável, que era excessivamente justo e de sua melancolia. A aparência é tudo entre os homens, mas não é nada para Deus. A diferença essencial entre os verdadeiros filhos de Deus e os meros professores não é rapidamente descoberta, nem mesmo por mentes espirituais, mas o Senhor a vê. O Senhor valoriza aquilo que é um segredo misterioso, pois Ele "conhece os que são seus". Ele separa o que é precioso do que é vil. Afasta os fingidos como escória, mas não permitirá que o coração sincero seja destruído.

O quê? Então, essa questão é importante? Respondo que é apenas isto: amado ouvinte, se você for construir sobre uma rocha, veja que tenha *um verdadeiro senso de pecado*. Não digo que o senso de pecado seja uma preparação para Cristo, e que temos que afastar os homens do evangelho até que tenham sentido seu pecado, mas creio que, onde quer que haja verdadeira fé em Jesus, com ela vem uma profunda aversão ao pecado. A fé sem contrição é uma fé morta e indigna. Quando encontro professores que falam levianamente sobre o pecado, tenho certeza de que eles construíram sem um alicerce. Se já houvessem sentido a espada da convicção, a qual pertence ao Espírito e que fere e mata, eles fugiriam do pecado como se foge de um leão ou urso. Pecadores verdadeiramente perdoados têm pavor do pecado, como uma criança que se queimou teme o fogo. O arrependimento superficial sempre leva a um viver negligente. A fé que nunca foi orvalhada com o arrependimento jamais trará as flores da santidade. Orem com zelo por um coração quebrantado. Lembrem-se de que Deus se agrada do coração contrito. Não acreditem que podem ter espaço para se alegrar se jamais viram razão para se lamentar. O consolo prometido é garantido apenas para aqueles que choram (Mateus 5:4).

Logo, busquem a *fé verdadeira*. Muitas coisas que os homens chamam de fé não são a preciosa fé dos eleitos de Deus. A confiança sincera em Jesus Cristo é falsificada de mil maneiras e é frequentemente imitada tão precisamente, que é somente por um rígido autoexame que você descobrirá o engano. Vocês precisam estar totalmente apoiados em Cristo, a Rocha, devem depender inteiramente dele, e toda a sua esperança e confiança devem estar nele. Se vocês creem com o coração, e não nominalmente, estão seguros, mas nunca de outra forma. Precisam ter o verdadeiro arrependimento e a fé verdadeira, ou serão construtores tolos.

Além disso, busquem ter uma *fraguada experiência da verdade divina*. Peçam que ela seja forjada em vocês. Por que as pessoas abandonam as doutrinas da graça se caírem nas mãos de eloquentes advogados do livre-arbítrio? Por que renunciam ao credo ortodoxo se encontrarem os astutos argumentadores que o contradizem? Porque jamais receberam a Palavra no poder do Espírito Santo e assim tê-la selada em seu coração. Estremeço por nossas igrejas, agora que as falsas doutrinas abundam, pois temo que muitos não estejam firmados na verdade. Oro a Deus por vocês, meu querido rebanho, para que possam conhecer a verdade sendo ensinados pelo Senhor porque assim não serão colocados de lado. Os ladrões virão, mas como ovelhas de Cristo vocês não os ouvirão. Uma coisa é ter o credo, outra, completamente diferente, é ter a verdade gravada nas tábuas de seu coração. Muitos falham aqui porque a verdade jamais se tornou deles por experiência própria.

Acima disso, orem para que sua *fé produza santidade pessoal*. Não acreditem que são salvos do pecado enquanto vivem nele. Se conseguem encontrar prazer nas luxúrias da carne, vocês não são filhos de Deus. Se são dados à embriaguez — e notem, muitos professos o são, só que bebem em casa e não são vistos nas ruas — como a graça divina habita em vocês? Se vocês sentem prazer em canções tolas e em frequentar lugares de vão divertimento, não precisam se demorar em se pesar, já estão encontrados em falta[74]. Se já fossem renovados no espírito de sua mente, não amariam mais essas coisas do que um anjo as amaria. Precisa haver uma natureza nascida de novo implantada, e onde ela não estiver exemplificada em santidade de vida, vocês poderão construir muito alto e tagarelar em alta voz sobre seu edifício, mas ele será uma pobre e miserável choupana, no final das contas, e cairá no próximo furacão.

As deficiências de nossa época são a ausência de profundidade, de sinceridade, de realidade na religião! A falta de um olhar sobre Deus na religião, de um tratamento sincero com a própria alma, a negligência no uso da lanceta[75] em nosso coração, em buscar a garantia que Deus dá contra o pecado, a falta de cuidado acerca do viver para Cristo, a muita leitura sobre Ele, de conversas a Seu respeito, mas o pouquíssimo alimentar-se de Sua carne e do beber de Seu sangue — essas são as causas das profissões de fé vacilantes e esperanças sem alicerces.

Assim procurei abrir a nossa parábola, e não tenho como propósito desencorajar qualquer alma sincera, meu objetivo é lhes dizer: "Façam de seu chamado e eleição algo garantido. Construam sobre o amor, a sinceridade e o desejo de Cristo, sobre a obra do Espírito Santo e não sejam enganados".

---

[74] Conforme Daniel 5:27.
[75] "Instrumento dotado de lâmina dupla, curta, larga e com pontas afiadas, usado frequentemente em cirurgias" (Houaiss, 2009).

3. Agora chego, no terceiro ponto, a destacar A PROVAÇÃO EM COMUM ÀS DUAS CASAS.

Quer sua religião seja ou não verdadeira, ela será provada; quer seja palha ou trigo, o grande ventilador do Grande Vinheiro certamente será colocado em ação sobre tudo o que está na eira. Se você tem coisas a tratar com Deus, você o fará com o "fogo consumidor". Quer seja um cristão verdadeiro ou nominal, se você se aproximar de Cristo, Ele o provará como a prata. O julgamento deve começar pela casa de Deus, e se você ousar chegar à essa casa, esse julgamento começará com você. A propósito, permita-me observar que, se há tais provações para aqueles que professam ser cristãos, o que será de você que não professa fé alguma? Se o justo é salvo com dificuldade, onde aparecerão o ímpio e o perverso? Se o julgamento começa pela casa de Deus, qual será o fim daqueles que não creem? Que pensamento terrível!

Mas, voltando ao assunto. As provações virão à profissão de fé, quer ela seja verdadeira ou falsa. Se eu não estiver errado, a referência no texto à chuva, inundação e ventos mostra que essas provações serão de três tipos, pelo menos. A chuva tipifica *as aflições que vêm do Céu*. Deus lhes enviará adversidades como chuva pesada, tantas tribulações como as gotas de orvalho. Entre o agora e o Céu, ó cristão, você sentirá o martelar da tempestade. Como os demais homens, seu corpo adoecerá, ou se não, terá problemas em sua casa, seus filhos e amigos morrerão, ou as riquezas criarão asas e voarão como uma águia em direção ao céu. Você terá provações da mão de Deus e, se não estiver repousando em Cristo, não conseguirá suportá-las. Se não for um com Cristo, por meio de fé verdadeira, até as chuvas divinas serão demais para você.

Contudo, também surgirão *provações vindas da Terra* — "correram rios". Em dias passados, as inundações da perseguição foram mais terríveis do que são agora, mas a perseguição ainda é sentida, e, se você for um professor, terá de suportar certa medida dela. Zombarias cruéis ainda são usadas contra o povo de Deus. O mundo não ama mais a

Igreja de Cristo hoje do que amava na antiguidade. Você pode suportar a calúnia e a rejeição por Jesus? Não, até que esteja firmemente enraizado e firmado. No dia da tentação e perseguição, as plantas sem raízes do solo rochoso murcharam. Atentem a isso!

Então virão as *misteriosas provações* tipificadas pelos "ventos". O príncipe do poder do ar os atacará com sugestões blasfemas, tentações horríveis ou astutas insinuações. Ele sabe como lançar nuvens de desânimo sobre o espírito humano, pode atacar os quatro cantos da casa de uma vez por seus misteriosos agentes; ele pode nos tentar de diversas maneiras, ao mesmo tempo, e nos levar ao nosso limite. Ai de você, então, a menos que tenha algo melhor em que se agarrar do que a mera areia de sua profissão de fé!

Onde há um bom alicerce, as provações não serão ameaça, porém, onde não há um fundamento, elas frequentemente trarão a profissão de fé de um homem à ruína, mesmo nesta vida. Quantos perdem sua religião já no começo! Flexível e Cristão saíram em rumo à Cidade Celestial, ambos aspirando à coroa de ouro, mas caíram no Pântano do Desânimo, e então, enquanto um lutou para sair pelo lado do pântano mais próximo à sua casa e voltou para a Cidade da Destruição, o outro esforçou-se corajosamente a alcançar a extremidade mais longínqua[76]. A diferença entre o peregrino sábio e o tolo ficou clara.

Depois que os cristãos tiverem avançado adiante, eles serão provados de outras formas. As infidelidades normalmente os tentam, quero dizer, as dúvidas sobre aquilo que é primordial à fé e todas as suas doutrinas, e aqueles que não são bem cimentados na rocha são facilmente movidos à incredulidade. Esta é a era das infidelidades, mas aqueles que estão na rocha, por meio de uma experiência verdadeira, não são movidos.

---

[76] Referência ao livro *O peregrino*, de John Bunyan (Publicações Pão Diário, 2020).

Disseram, certa vez, a um homem negro que a Bíblia não era verdadeira. Agora, nosso pobre amigo jamais pensara que alguém pudesse duvidar da Bíblia, mas sua rápida maneira de colocar a inédita dificuldade foi: "Aquele Livro não é verdadeiro? Ora, eu o levo para minha casa e sento-me para lê-lo, e ele faz meu coração rir! Como pode ser que uma mentira faça meu coração rir? Eu era um bêbado, um ladrão, um mentiroso, e esse Livro falou comigo e me fez um novo homem. Esse Livro não é mentira!". Essa é a melhor prova do mundo, pelo menos para o próprio homem, se não for para os demais. Nós, que tivemos nosso coração levado a rir pela Palavra de Deus, não podemos ser atraídos a rir fora da fé. Vivemos pautados na Palavra e provamos sua veracidade por experiência, e, portanto, somos invulneráveis a todos os ataques, ao passo que os estranhos a essa experiência ficam cambaleando.

Onde o coração está fundamentado na verdade, vocês descobrirão que as heresias, bem como as infidelidades, têm pouco efeito. O cristão firme é como uma pedra — se for lançado na piscina das falsas doutrinas, ele pode se molhar, mas não a recebe em seu interior, ao passo que o professo, que é instável é como uma esponja: absorve tudo em avidez e retém tudo o que absorve.

Quantos há que são tentados pelo mundanismo, e este devora o coração deles como uma gangrena se sua religião é apenas mera confissão de boca, e eles se tornam como os outros! Se, no entanto, o coração do cristão está correto com Deus, ele se retira e é separado, e o orgulho desta vida não o aprisiona.

Nos casos de desvio quando há um coração sincero com Deus, aquele que se desviou é logo trazido de volta. Contudo, quando o coração está apodrecido, o transgressor vai de mal a pior. Fiquei impressionado com a história de dois homens acostumados a exortar em reuniões, que estavam brigados um com o outro. Um de seus irmãos, que lamentava pensar que dois servos de Deus pudessem ter diferenças entre si, buscou reconciliá-los. Ele chamou o primeiro e disse: "João, lamento muito saber que você e o Tiago discutiram. É uma grande pena e traz muita desonra à Igreja do Senhor". "Ah", disse o João, "também lamento muito, e o que me pesa mais é que eu sou a única causa disso. Foi somente porque falei tão amargamente, que o Tiago se ofendeu". "Entendi", disse o bom homem, "logo, resolveremos essa dificuldade, então". E ele foi ter com o Tiago. "Tiago, sinto muito que você e o João não consigam concordar." "Sim", ele respondeu, "é triste que não concordemos, e devemos concordar, pois somos irmãos. Mas o que mais me entristece é que é tudo culpa minha. Se eu não tivesse levado em conta uma pequena palavra que o João falou, isso teria chegado ao fim". A questão, como vocês podem prever, foi logo retificada. Vocês percebem que, no fundo, havia uma amizade verdadeira entre eles, de modo que a pequena dificuldade foi logo removida. Da mesma maneira, onde há uma verdadeira união entre Deus e a alma, o desvio será logo resolvido.

4. Para encerrar. Tendo mencionado as provações em comum e os efeitos produzidos nesta vida, agora, permitam-me lembrar-lhes dos DIFERENTES RESULTADOS DAS PROVAÇÕES com relação à vida porvir.

Em um dos casos, a chuva desceu muito pesadamente e ameaçou levar a casa, mas ela estava construída sobre a rocha e não somente permaneceu, mas o homem que estava nela encontrou grande conforto. Ele podia ouvir a torrente que martelava no telhado, e sentar com cânticos, e, quando as rajadas se lançavam contra as janelas, ele ficava mais feliz em saber que possuía tal abrigo. Então, veio a enchente. Se pudessem, elas teriam enfraquecido e minado os alicerces, mas não tiveram efeito sobre a rocha de granito. E, embora o vento tivesse uivado ao redor da habitação, cada pedra estava tão bem cimentada e tudo amarrado, como se com amarras de ferro à grande e antiga rocha, que o homem ficou seguro e feliz no interior da casa.

Acima de tudo, grato por ter construído tal fundação. Ele podia se assentar e cantar —

O agitado oceano pode em alta voz bramir,
Em sagrada paz, habita minha alma.

O cristão repousa pacificamente em Cristo. Os problemas vêm um após o outro, mas eles não o varrem, apenas tornam mais preciosa a esperança que é fundamentada sobre Cristo Jesus. E quando por fim a morte chegar, aquela horrível inundação que debilitará tudo o que puder ser removido não conseguirá encontrar qualquer coisa para abalar na esperança do construtor sábio. Ele descansa naquilo que Cristo fez, a morte não pode afetar isso. Crê em um Deus fiel, e morrer não abala isso. Crê na aliança assinada, selada e ratificada, em todas as coisas bem ordenadas. Apodera-se de todas as promessas e mandamentos do Deus imutável, todos selados com o sangue do Redentor, a morte não pode afetar qualquer deles. E quando a última grande trombeta soar e o último fogo que provará a qualidade da obra de cada homem vier do trono de Deus, o homem que em sinceridade e que por experiência verdadeira fundamentou-se em Cristo não temerá essa hora tremenda.

E quando a trombeta tocar muito alto e por longo tempo, os mortos despertarem, os anjos se reunirem ao redor do grande trono branco, os pilares do céu tremerem, a Terra for dissolvida e os elementos se derreterem com o calor fervente, o homem de Deus sentirá que a rocha sobre a qual construiu jamais pode falhar com ele e a esperança que a graça lhe deu nunca poderá ser retirada. Ele sorri serenamente em meio a todo esse cenário.

No entanto, olhem para o caso do homem cuja esperança é construída sobre a areia! Ele pouco conseguia suportar as provações da vida, quase caiu na tentação comum, virou a casaca na hora da perseguição, porém, provações mais dolorosas o aguardam. Alguns hipócritas foram ainda reforçados nos últimos momentos e talvez nunca souberam que estavam perdidos até que sentissem que estavam perdidos, como o rico, sobre quem está escrito "no Hades, ergueu os olhos, estando em tormentos". Ele jamais erguera seus olhos antes, não conhecia sua condição até que realmente a percebeu em toda sua miséria. Mas a maioria dos homens que chegou sob a solidez do evangelho e fez profissão de fé, se tiver sido um enganador e o descobrir na morte, deverá ser terrível fazer essa descoberta quando a dor for aguda e a partida for amarga!

Ah, querido amigo, se você estiver enganado, que o descubra agora e não em seu leito de morte. Que sua oração seja: "Senhor, mostra-me o pior do meu caso. Se minha confissão de fé tem sido um engano, não permita que eu construa e sustente algo apodrecido, mas ajuda-me a construir sobre a Rocha Eterna". Faça essa oração, eu lhe imploro. Lembre-se de que se a morte não lhe ensinar toda a verdade do caso, o julgamento lhe ensinará. Não haverá erro lá e nenhuma oportunidade para arrependimento. Aquela casa em ruína jamais foi reconstruída, não houve salvação da total destruição. Perdido, perdido, perdido, não há palavra depois disso, pois, uma vez perdido, perdido para sempre!

Querido ouvinte, eu o convido: se você tem nome de que vive, mas está morto[77], levante-se dos mortos e Cristo lhe trará vida. Eu lhe suplico: se você está buscando, não adie por causa de falsas esperanças e confianças vãs. Compre a verdade e não a negocie. Agarre a vida eterna. Busque o verdadeiro Salvador e não se contente até que o tenha, pois, se ficar perdido, sua ruína será terrível.

Ó, *aquele lago*! Vocês já leram as palavras "foram lançados no lago de fogo. Esta é a segunda morte"? O lago de fogo e almas lançadas nele! A imagem é pavorosa! "Ah", diz alguém, "isso é uma metáfora". Sim, eu sei disso, e uma metáfora é apenas uma sombra da realidade.

---

[77] Conforme Apocalipse 3:1.

Então, se a sombra é um lago de fogo, o que deverá ser a realidade? Se dificilmente conseguimos suportar pensar sobre o "bicho [que] não morre" e um "fogo [que] nunca se apaga"[78], e de um lago com ondas de fogo que fervem as almas imortais e sem qualquer esperança, o que deverá ser o inferno na realidade?

As descrições das Escrituras são, afinal, condescendências à nossa ignorância, revelações parciais de mistérios insondáveis. Mas, se essas são tão terríveis, como será a realidade plena? Não o provoquem, meus ouvintes, não tentem o seu Deus, não negligenciem a grande salvação, pois, se o fizerem, não escaparão. Não brinquem com sua alma, não sejam imprudentes e negligentes das realidades da eternidade, mas que agora mesmo Deus ouça sua oração enquanto a expiram do íntimo de sua alma e lhes conceda a verdadeira lavagem no precioso sangue e os salve efetivamente por Ele, em quem há plenitude de verdade e graça. Amém!

Meu Deus, noto com temor
Quantas esperanças fenecem,
E caem, no dia da provação,
Como a casa do tolo construtor.

Talvez entre esta multidão,
A uma alma esquadrinhas
Cujas esperanças estão firmadas em areia,
Pergunto, então: "Senhor, é a minha"?

Mil dúvidas se erguem,
Trago-as todas a ti;
Estou inconscientemente enganado?
Senhor, sonda meu coração e vê.

---

[78] Conforme Marcos 9:48.

OS DOIS CONSTRUTORES E SUAS CASAS

Ó, ensina-me a até o fundo escavar
Essa sólida rocha,
Que, ao me assolarem os tornados,
Minha casa possa o choque suportar.

Jesus, somente tu és
A inabalável pedra fundamental,
Firme como as eternas montanhas.
Sobre ti construirei minha casa pessoal.

Seguramente consolidada em ti,
Nenhuma pedra é fixada em vão,
Minha esperança derrota o ataque do inferno,
A chuva, o vendaval, a inundação.